广东海洋大学文学院
广东省雷州文化研究基地
主办

流寓文化研究

第一辑

主编／张学松

中国社会科学出版社

图书在版编目（CIP）数据

流寓文化研究．第1辑/张学松主编．—北京：中国社会科学出版社，2015.10

ISBN 978-7-5161-6649-9

Ⅰ.①流… Ⅱ.①张… Ⅲ.①地方文化—雷州市—文集
Ⅳ.①K296.54-53

中国版本图书馆CIP数据核字（2015）第170461号

出 版 人 赵剑英
选题策划 郭晓鸿
责任编辑 熊 瑞
责任校对 闫 萃
责任印制 戴 宽

出 版 中国社会科学出版社
社 址 北京鼓楼西大街甲158号
邮 编 100720
网 址 http://www.csspw.cn
发 行 部 010-84083685
门 市 部 010-84029450
经 销 新华书店及其他书店

印 刷 北京君升印刷有限公司
装 订 廊坊市广阳区广增装订厂
版 次 2015年10月第1版
印 次 2015年10月第1次印刷

开 本 710×1000 1/16
印 张 17
插 页 2
字 数 272千字
定 价 66.00元

凡购买中国社会科学出版社图书，如有质量问题请与本社营销中心联系调换
电话：010-84083683

《流寓文化研究》编委会

目录

流寓文化理论与流寓文学研究

雷州半岛及其他地区流寓文人研究

苏东坡的流寓人生与文学研究

流寓文化理论与
流寓文学研究

“流寓”论略

张学松*

内容提要 考察历史文献，尤其是古代方志“流寓门”有关流寓的论述，参照权威辞书的释义，所谓流寓，指“不得已”离开本土而移居他乡。流寓从规模上可分为群体流寓和个体流寓。从性质上可分为四类：因仕宦、求学、经商等而客居外地；因被流放贬谪而客居外地；因躲避天灾人祸而客居外地；政府有组织地将一部分人迁居外地，或个人、群体自发地迁居外地。流寓原因从大的方面说有两种：一是社会原因；二是个体原因。而社会原因是主要的，起主导作用，社会原因又分政治、军事（战争）、外交、经济等，而有些流寓原因则是多重的。不同时代不同原因的流寓者之流寓地是不同的，社会历史变迁，文明程度的发展，决定了流寓地的不同。

关键词 流寓 “不得已” 类别 原因

一 何谓流寓

查《四库全书》（电子版），“流寓”一词共出现2119次。其中一些是误检，错将上句尾字“流”与下句首字“偶”或“寓”合为一词。前者如“寒声萧萧霜叶秋，石路硗确穿林幽。云横远岫若平断，风约小溪如倒流。偶经名蓝亦终日，喜有胜士同兹游。移床果茗咄嗟办，曳杖欲归仍更留。”（《屏山集》卷十七，宋刘子翚撰）后者如《宋端石绶带砚歌》：

* **作者简介**：张学松，广东海洋大学文学院教授、院长，广东省雷州文化研究基地主任。

“端溪之石润溪濑，谁凿为砚刻绶带。盖不出乎热中流，寓意乃在不言外。铁崖改绶以为寿，欲藉砚田永年久。”（《御制诗二集》）还有相当一部分是重复的。除此以外，应有1500条左右。在这1500个左右的词条中，一部分“流寓”是作为名词出现的，这又分为四种，一是“方志”中，“流寓”作为一门，如《大清一统志》言其体例曰：“每省皆先立统部，冠以图表，首分野，次建置沿革、次形势、次官职、次户口、次田赋、次名宦，皆统括一省者也。诸府及直隶州又各立一表，所属诸县系焉，皆首分野，次建置沿革、次形势、次风俗、次城池、次学校、次户口、次田赋、次山川、次古迹、次关隘、次津梁、次堤堰、次陵墓、次寺观、次名宦、次人物、次流寓、次列女、次仙释、次土产。”二是科举考试中，“流寓”作为一科，如《元故国子祭酒孔公神道碑》：（孔公）“十九年迁礼部尚书，知贡举。时四方士避乱多集都邑，公请设流寓科以取之。”（《文宪集》卷十八，明宋濂撰）三是“流寓”即“流寓者”，如《岭海舆图·地理三》“各府图叙俱择其乡贤、名宦、流寓人品功业之卓然者表之。”四是“流寓”即“流寓地”，如《宋书·武帝本纪》：“伏惟陛下垂矜万民，怜其所失，永怀鸿雁之诗，思隆中兴之业，既委臣以国重，期臣以宁济，若所启合允，请付外施行。于是依界土断，唯徐、兖、青三州居晋陵者不在断例，诸流寓郡县多被并省。”而更多部分，“流寓”是作为动词出现的，如《后汉书·廉范传》：“范父丧遭乱，客死于蜀汉，范遂流寓西州。西州平，归乡里。”

“流寓”一词最早的文本记载大概即上引《后汉书·廉范传》所载。不过《礼记·郊特牲》中“诸侯不臣寓公，故古者寓公不继世”之“寓公”已含流寓之意。“寓公”指失去领地而寄居他国的诸侯，后来泛指寄居他乡之官吏身份的人。如唐权德舆《金紫光禄大夫司农卿邵州长史李公墓志铭》：“时刘展阻命，东方愁扰，闾里制于萑蒲，守臣化为寓公。”宋范成大《石湖集·次韵乐先生除夜三绝诗》：“天边客里五迎冬，争信还乡似寓公。”

什么叫“流寓”？

流，《辞源》：“水移动。”《辞海》：“水移动，引申为淌出或淌开。”《汉语大辞典》：“水或其他液体移动。”寓，《辞源》：“寄居。”《辞海》：“寄住。”《汉语大辞典》：“寄居。”流寓，《辞源》：“寄居他乡。”《辞海》：“在异乡日久而定居下来。”《汉语大辞典》：“在异乡日久而定居。亦作‘流廡’：流落他乡居住。”三本权威词典对流寓的释义的一个共同点是在他乡（异乡）居住。但《辞源》曰“寄居”，寄居是暂时的，且没有时间限定。《辞海》与《汉语大辞典》皆曰“日久而定居”，有时间限定，但非常模糊，“日久”只有相对的意义，而“定居”则说明是永久的了，以后不再“移动”（流）了。从流寓的实际情况来看，在异乡（包括异国）永久居住下来的有之，而更多的则是寄居他乡、他国。其实，《汉语大辞典》说流寓“亦作‘流廡’：流落他乡居住”似乎更切合实际，这样一来，“寄居他乡”是流寓，“在他乡日久定居”也是流寓。但“流落”又指“漂泊外地，穷困失意”。以“水移动”的“流”的本义来看，其负面的意义还是大些。水怎么移动？从哪儿移向哪儿？揆之常理，水总是从高处往低处移动，所谓“人往高处走，水往低处流”。这样一来，说流寓是“流落他乡居住”也就有道理了。

流寓的本质是离开本土而移居他乡。《南史·谢岐传》：“谢岐，会稽山阴人也。父达，梁太学博士。岐少机警好学，仕梁为山阴令。侯景乱，流寓东阳景平。”《陈书》卷二十七《江总传》：“总第九舅萧勃先据广州，总又自会稽往依焉。梁元帝平侯景，征总为明威将军、始兴内史，以郡秩米八百斛给总行装。会江陵陷，遂不行，总自此流寓岭南积岁。”《四库全书总目》：“《四易通义》六卷。明程观生撰。观生，字仲孚，歙县人，流寓嘉兴。”《四库全书总目》：“《诗经考》十八卷。明黄文焕撰。文焕，字维章，永福人。天启乙丑进士。崇祯中由山阳县知县擢翰林院编修，坐钩党与黄道周同下诏狱。后释，流寓南都以终。”流寓者与土著，流寓地与故土（桑梓）总是相对而言。如宋范处义《诗补传》卷二十三注《公刘》之“庐旅”曰：“庐则本为豳民，犹后世所谓土著也，旅则迁徙而至，犹后世所谓流寓也。”宋李心传《建炎以来系年要录》卷一百七十三：“臣窃谓土著流寓皆陛下赤子。”宋秦田《五礼通考》卷二百五十：“又析唐县南阳汝州之地为桐柏、南台、伊阳三县，使流寓土着（按：应为著）参错而居。”《皇朝文献通考》卷七十二：“又热河本无土著，凡流寓民人身家清白寄籍二十年者俱准考试。”宋司马光《资治通鉴》卷二百二十二：“自东晋以来，人多侨寓，士居乡土百无一二，请兼广学校，保桑梓者乡里举焉，在流寓者庠序推焉。”

这里有一个不容回避的问题：离开本土到京城居住算不算流寓？答案是肯定的。陆机，吴郡人，年二十而吴国灭亡。晋太康末年（289）与弟云俱入晋之京都洛阳。《晋书》本传载：“初机有骏犬，名曰黄耳，甚爱之。既而羁寓京师，久无家问，笑语犬曰：‘我家绝无书信，汝能赍书取消息不？’犬摇尾作声。机乃为书以竹筒藏之而系其颈，犬寻路南走，遂至其家，得报还洛。”又，“太安初，颖与河间王颙起兵讨长沙王乂，假机后将军、河北大都督，督北中郎将王粹、冠军牵秀等诸军二十余万人。机以三世为将，道家所忌，又羁旅入宦，屯居群士之右，而王粹、牵秀等皆有怨心，固辞都督。”史书作者谓“羁寓京师”，陆机自谓“羁旅入宦”，皆谓陆机入洛乃“流寓”。杜甫在长安十年求仕，其诗《奉赠韦左丞》“旅居京华春”，把在京城十年的求仕生活说成“旅居”，也是流寓。《十国春秋》卷一百二：“梁震，邛州依政人也。初名霭，会唐郎中刘象随僖宗入蜀，震以所业诗诣象，象曰：‘君才思敏妙，定成大器。若不更名，将虑小阻。缘制名雨下从谒，以雨谒人未得輙见。请易震字，震从‘辰辰者龙也’，龙遇雨变化必矣，因改今名。未几，登进士第，流寓京师。梁开平初归蜀道，过江陵，武信王喜其才识，留之不遣，欲奏为判官。震自以唐臣耻为强藩属吏，即亡去。”《宋史·苏易简传》：“蜀人何光逢易简之执友也，尝任县令，坐赂削籍，流寓京师。”宋德祐二年（1276），南宋灭亡，其年三月，恭帝赵显等被押元之京城大都（今北京），五月至上都（元之陪都，政治中心在此），元朝授开府仪同三司、检校大司徒，封瀛国公，汪元量诗《平原郡公夜宴月下待瀛国公归寓府》，将宋恭帝赵显在元之京都的住处称为“寓府”，显然赵显在元之京都居住也是流寓。明末陈之遴中榜眼后授官翰林院编修，至清后位至大学士，后来在回忆自己初进京为官的那段岁月时称“丁丑通籍后，侨居都城西隅。”① “明武宗时……林某……去留无所，乃流寓京师卖字。”② 明皇甫汸《皇甫司勋集》卷十九《酬周公瑕七夕见赠》：“京国俱流寓，禅堂独病栖。徒怀七襄咏，犹恋

① 徐灿：《拙政园诗余》，黑龙江大学出版社2010年版，第271页。

② 朱克敬：《暝庵杂识》卷四，《笔记小说大观》第33册，江苏广陵古籍刊印社1984年版，第24页。

六尘迷。金锁秋声飒，银河夜色低。不堪摇落意，脉脉凤城西。”今人向达《唐代长安与西域文明》①：“唐代流寓长安之西域人，大致不出四类：魏周以来入居华夏，华化虽久，其族姓犹皎然可寻者，一也。西域商胡逐利东来，二也。异教僧侣传道中土，三也。唐时异族畏威，多遣子侄为质于唐，入充侍卫，因而久居长安，四也。”上述诸例均说明离开本土迁居京城也为流寓。

阅《四库全书》所载各地方志“流寓”门有关论述，大凡迁谪、仕宦、游学、避乱乃至“问奇揽胜”等而移居外地者皆为流寓。《云南通志》卷二十三《流寓》：“滇云万里，难逾蜀道，蹑屦而至者鲜矣。然自汉唐以来，贤士大夫或宦游而买支遁之山，或避地而筑少陵之室，清风高躅有足挹者。若夫晦迹从亡，批鳞遣戍，精诚所贯，薄日月而感风雷。稽彼芳踪，顽廉懦立，不且与苍山滇海并垂不朽乎！其他骚人羁客如雍陶贾岛辈，大雅不群，远投蛮徼，亦空谷足音也。志‘流寓’。”《福建通志》卷五十二《流寓》：“天地一蘧庐耳，随寓而安何所不可。虽然，亦有不得已者焉。逐臣去国游子离乡，当年忧愁幽思无可告诉，岂意百世而下有夸为盛事传为美谈者乎！乃知地以人重，人不以地重也。晋自南渡以来，衣冠之族侨寓于闽者众，乃若骚人逸士选胜寻幽，载遨载游，爰居爰处，文采风流遍十郡矣。夫物不产于闽可宝者多，况于高贤而至止者乎？用综芳躅以志景行可矣。志‘流寓’。”《河南通志》卷六十九《流寓》：“古者诸侯大夫各守其国，世其爵禄。然列国有寓公之礼，而大夫亦往往游仕他邦，如防叔自宋迁鲁为孔氏祖，尧之后在晋为范氏，在秦为刘氏，记所称别子为祖者皆是也。后世郡县宇内，天下一统，士得安其土著，食旧德服先畴，幸矣。然或仕宦而乐其风土，或遭乱而播迁。杜甫流落剑川后人犹援以为重，赤甲东屯之名与山川相辉映，岂非地以人灵而文章气节有不可得而泯者耶？中州为四方戾止地，汉晋以来，游梁入洛者勿论，迨宋元祐诸老，致政闲居，与伊川尧夫并卜宅于洛水之上，德星聚矣。志‘流寓’。”《湖广通志》卷七十三《流寓志》：“楚为鱼稻之乡，加以山水清旷，是以四方之客问奇揽胜卜居着籍者后先相望焉。夫庄舄鼓琴，王粲作赋，他乡

① 向达：《唐代长安与西域文明》，生活·读书·新知三联书店1957年版，第10页。

吾土之感，谁实忘之？然而开径锄茅，愿结芳邻，或依师友，或长子孙，无论寓公、迁客、才子、逸民，倘税驾于斯土而能表见于当世者，其姓名行谊采而识之，宁敢略与?”然也有择取谨严者，如《山东通志》卷三十一《流寓》:“旧志所载流寓寥寥无几，而中可议者如陈良陈相之系于滕，臧纥陈完之系于齐，虽考其迹则是，而例推之则指不胜屈矣。盖必其人与东省有足取重而流连于此，或长其子孙，或存其丘陇，斑斑可考，而后裒聚之，使知所本也。至于高贤税驾，信信宿宿，亦必志其行踪之所自，不同于过都越国者。不然，齐鲁四达之区，往来行李岂胜殚述耶！兹不分郡邑而以时统之，于简严之中略寓详慎尔。”

流寓总有一种“不得已者”。明魏浚《易义古象通》卷八注“旅”:“旅，流寓也。止则流寓而怀土著之心。”“天子诸侯之旅，非必播迁，失国即巡狩，述职、出征、视师皆有旅意。人情安土重迁，凡离其所居即有许多不便处。”故流寓总有一种流落漂泊的意味。《五言古诗》:“白鹭下平田，平田绿秧美。低徊独拳立，奄忽双飞起。周原风日好，远客亦戾止。三茅三家邨，烟尘不曾已。人生本萍梗，流寓随所以。”（《伊滨集》卷三，元王沂撰）彭孙遹《已亥庚子夜归山寺》:“浮萍泛素波，千里相沿泝。孤蓬振朔风，飘摇随所遇。人生作远游，踪迹伤流寓。但逢萍水人。无复飞蓬顾。”（《松桂堂全集》卷六）《赠奉议大夫刑部郎中郭公尚礼墓碑铭》:“惟公其后，卓尔不群。遭时澒洞，蒙犯风尘。东西流寓，备尝苦辛。事定来归，爰抚桑梓。”（《金文靖集》卷九，明金幼孜撰碑铭）《桃溪记》:“自余遭乱，流寓无常处，恒郁郁不乐，思得幽忧之地，营半亩之室以宁厥居。”（《始丰稿》卷二，明徐一夔撰）《唐书》卷三十五《五行志》:“天宝后诗人多为忧苦流寓之思。”这些诗文中的“流寓”就是“漂泊”的代名词。

综上所述，所谓“流寓”，其基本含义是离开本土而移居他乡，但流寓总有一种无奈与“不得已”，据此我们可以给流寓下个这样的定义：“不得已”离开本土而移居他乡。这样就不至于使流寓的含义过于宽泛。比如进京考进士，一举得中而释褐命官，或在京城或在地方，都可排除在“流寓”之外；而在京屡考不中，旅居多年如杜甫就叫“流寓”，或遭“贬谪”或受排挤自请外放到非故乡的地方做官——如苏轼——就叫“流寓”。再比如出国留学或讲学暂居国外可排除在“流寓”之外，而由于政治等原因流亡国外或离开本土四处游学游宦——如孔子等——就叫“流寓”。

流寓与流亡。流亡是指因在本乡本国不能存身而逃亡流落在外。流亡者或久居一地或一直漂泊居无定所。就流落在外居住而言，流亡也是流寓。但流亡不等于流寓。流亡是流亡者“因在本乡本国不能存身而逃亡流落在外”，完全是被迫离乡背井。而流寓则非完全被迫，虽然有些“无奈”，但主体的选择还是有些主动性，如京官自请外放。

流寓与羁旅。“羁”本义为马笼头，引申为束缚、拘系、牵制之义。“旅”本义为古代军队编制单位，五百人为一旅。唐孔颖达《周义正义》释“旅”字为：“旅者，客寄之名，失其本居而寄他方，谓之为旅。”清段玉裁《说文解字注》“旅”字：“又凡言羁旅，义取乎庐；庐，寄也。”今人姜亮夫先生说：“羁旅，古成语。动宾复合词。羁于旅舍之人也。”就“失其本居而寄他方”而言，羁旅也是流寓。但羁旅不等于流寓。主要区别是羁旅有“羁”字，旅者被束缚而不得自由，流寓则包含有主动选择而寄居他方之意。

流寓与贬谪。贬谪指古代官员被降职，派到远离京城的地方。远离京城但并非被派往本土本乡，也是一种流寓。贬谪与流放意近，流放是将犯罪者放逐到边远的地方，贬谪与其不同者，是将所谓犯错误（其实是与当朝统治者意见不合）者放到边远地区。流放与流配同意。流放、流配都有寄居他乡之意，都是流寓。但贬谪、流放、流配不等于流寓，尽管贬谪是流寓的一种主要形式，就流寓文化而言，其创造的主体多为贬谪者，因为贬谪者多为政府高官、著名文人，如屈原、韩愈、苏东坡等，但流寓的含义要宽泛得多。

二　流寓类别

流寓从规模上可分为群体流寓和个体流寓两类。

周民族祖先立国后曾有两次举族迁徙。《诗经·大雅·生民》写周之祖先后稷教人稼穑，“即有邰家室”，在“邰”（今陕西武功县）立家。《诗经·大雅·公刘》叙述公刘统率部落从邰迁豳（今陕西邠县）的事迹：“笃公刘！于豳斯馆。”《毛传》说：“公刘居于邰，而遭夏人乱，迫逐公刘。公刘乃避中国之乱，遂平西戎，而迁其民邑于豳焉。”《诗经·大雅·绵》叙写古公亶父（即太王）由豳迁歧（岐山）的事迹：“自土沮漆，古公亶父……

率西水浒，至于岐下。”《史记·周本纪》：“古公亶父复修后稷公刘之业，积德行义，国人皆戴之。熏育戎敌攻之，欲得财物，予之。已复攻，欲得地与民。民皆怒欲战。古公曰：‘有民立君，将以利之。’今戎敌所为攻战，以吾地与民。民之在我与其在彼何异？民欲以我为攻战，杀人父子而君之，予不忍为。乃与私属遂去豳渡漆沮，踰梁山，止于岐下。豳人举国扶老携弱，尽复归古公于岐下。”这是先民为生存所迫的两次群体流寓。

王朝更迭，战乱爆发，灾荒出现等都会伴随大规模的群体流寓。宋钦宗靖康年间（1126—1127），金人攻破汴京，掳徽、钦二帝，高宗赵构于南京（今河南商丘）即位，后迁都临安（今之杭州）。随着政治中心的转移，宫廷皇室、文武百官，大批士人及百姓纷纷迁徙，漂泊江南。靖康之变，可谓举国流寓。天宝十五年（756），安史叛军攻陷两京，六月唐玄宗“幸蜀”，“乙未，凌晨，自延秋门出，微雨沾湿，扈从惟宰相杨国忠、韦见素，内侍高力士及太子、亲王，妃主、皇孙已下多从之不及……车驾至蜀郡，扈从官吏军士到者一千三百人，宫女二十四人而已。”（《旧唐书·玄宗本纪》）一年后，唐玄宗等方返回长安。这“一千”余人的“幸蜀”，其实就是一次群体流寓，只不过流寓的首领是皇帝。《汉书·食货志第四下》载：（武帝时）“山东被水灾，民多饥乏，于是天子遣使虚郡国仓廪以振贫。犹不足，又募豪富人相假贷。尚不能相救，乃徙贫民于关以西，及充朔方以南新秦中，七十余万口。”汉武帝时山东遭水灾，郡国仓廪中的粮食用完又向富豪借贷，“尚不能相救”，于是就把70余万灾民迁徙到函谷关以西——当年秦始皇派蒙恬打退匈奴后在朔方以南所建的“新秦”。这是因水灾，官方有组织的群体流寓。至于自发的族群流寓，史多有之：宋周去非《岭外代答》卷三“五民”：“钦民有五种；一曰土人，自昔骆越种类也。居于村落，容貌鄙野，以唇舌杂为音声，殊不可晓，谓之篓语。二曰北人，语言平易，而杂以南音。本西北流民，自五代之乱，占籍于钦者也。三曰俚人，史称俚獠者是也。此种自蛮峒出居，专事妖怪，若禽兽然，语音尤不可晓。四曰射耕人，本福建人，射地而耕也。子孙尽闽音。五曰蜑人，以舟为室，浮海而生，语似福、广，杂以广东、西之音。”[①] 此

① （宋）周去非：《岭外代答校注》，中华书局1999年版，第144—145页。

载钦州的“五民”有两种（北人，射耕人）皆流民而落籍钦州者。唐高祖《遣使安抚益川诏》：“西蜀僻远，控接巴夷，厥土沃饶，山川遐旷。往者隋末丧乱，盗寇交侵，流寓之民，遂相杂挠，游手坠业，其类实繁。”①

“有鸟自南兮，来集汉北。”（屈原《九章·抽思》）“当陵阳之焉至兮，淼南渡之焉如。”（屈原《九章·哀郢》）屈原，湖北秭归人，在楚怀王时“自放汉北”，顷襄王时“流放江南”，后者达九年之久（“自今九年而不复”），这是中国历史上著名文人的个体流寓。西汉洛阳才子贾谊二十多岁到中央做官，引起同僚特别是一批元老的嫉恨，被贬为长沙王太傅，“谪居长沙”数年。“西京乱无象，豺虎方遘患。复弃中国去，委身适荆蛮。”（王粲《七哀》）王粲，山阳高平（今山东邹县）人，8岁时，黄巾起义爆发，14岁时，汉献帝刘协迁徙长安，他也随家同迁，16岁时，王允、董卓互相杀戮，长安大乱，王粲离开长安前往荆襄依附荆州刺史刘表，寄居16年之久。李白青年即“仗剑去国，辞京远游”，离开故乡四川，“酒隐安陆，蹉跎十年”（《秋于敬亭送从侄端游庐山序》）。由于才华横溢，名高天下，天宝元年（742）奉召入京，供奉翰林。三年后“赐千金放还”，自此一生漂泊流徙，客死安徽当涂。杜甫，京兆杜陵人，生于河南巩县。20岁南下吴越，24岁回洛阳，翌年东游齐赵。30岁时回洛阳，往来偃师、洛阳之间。33岁在洛阳遇李白，后又遇高适，三人同游梁、宋。不久又北上齐鲁。天宝五载（746）到长安，旅居京华十年，“朝扣富儿门，暮随肥马尘。残杯与冷炙，到处潜悲辛。”（《奉赠韦左丞》）安史之乱爆发，杜甫被叛军所俘，逃离长安后辗转至成都，依靠严武在浣花溪畔筑草堂而居。永泰元年（756）离成都经渝州出峡，漂泊湖、湘。与李白一样，杜甫一生都在流寓。柳宗元于唐顺宗五年（805）参与改革失败，被贬永州（今属湖南）司马，10年后又贬柳州（今属广西），47岁死于柳州贬所。宋苏轼年轻时写了一首《和子由渑池怀旧》：“人生到处知何似？应似飞鸿踏雪泥。泥上偶然留指爪，鸿飞那复计东西？老僧已死成新塔，坏壁无由见旧题。往日崎岖还记否，路长人困蹇驴嘶。”这首诗似乎成了苏轼一生流寓经历的谶言。他自21岁出蜀离开故乡往京城应试，除父母去

① （清）董诰等编：《全唐书》卷三，第一册，中华书局1983年版，第27页。

世短暂回四川外，一生都在宦游，遭遇三次重大贬谪，45岁因“乌台诗案”贬黄州，59岁贬惠州，62岁贬儋州，65岁遇赦北归客死常州，最后连灵柩也未运回家乡，而是葬在河南郏县。上述皆个体流寓。相比较群体流寓而言，个体流寓者大多为遭贬的历史文化名人。当然也有一些昏君佞臣被流放贬谪的。如《国语·周语上》所记载的周厉王暴虐无道又不听劝谏，公元前842年，被国人放逐到“彘”（今山西省霍县境内）。北宋末年，蔡京擅权祸国，靖康元年（1126）被贬儋州（今属海南岛），道死于潭州（今湖南长沙）等。

流寓从性质上可分为四类：因游宦、游学、经商等而客居外地；因被流放贬谪而客居外地（此流寓者被称为“流人”）；因躲避天灾人祸而客居外地（此流寓者被称为“流民”）；政府有组织地将一部分人迁居外地，或个人、群体自发地迁居外地（此流寓被称为“移民”）。

三　流寓原因和时代地理特征

流寓的原因是多方面的，从大的方面说有两种：一是社会原因；二是个体原因。而社会原因是主要的，起主导作用，社会原因又分政治、军事（战争）、外交、经济等，而有些流寓原因则是多重的。

个体原因。李白一生的流寓尽管也有社会原因，但更多是他个人的原因。他少年时代深受道家思想的影响。蜀中是道教气氛浓郁的地方，青城、峨眉的好几位著名道士，是开元年间很受朝廷重视的人物。李白家附近的紫云山是道教圣地，青城山是道教十大洞天之一。环境对他的神仙道教信仰影响至大。青年时期他隐居大匡山读书，从赵蕤学纵横术。蜀中又是一个有任侠风气的地方，侠士风概对李白也有影响。刘全白《唐故翰林学士李君碣记》说他“少任侠，不事产业，名闻京师”。道教与侠士之风的影响，使李白形成了任侠使气、豪迈纵横、落拓不羁的个性。此外，李白少年家境甚好。他“一生好入名山游”，“散财千金”多与此相关。这并不是说李白不热衷功名，他其实是个功名心很强的人，有着很强的“济苍生”“安社稷”的儒家用世思想。但他既看不起白首章句的儒生，不愿走科举入仕之路，又不愿从军边塞，而是寄希望于风云际会，始终幻想着“平交王侯”，“一匡天下”而“立抵卿相”，建立盖世功业之后功成身退，归隐江湖。天宝元年他奉召入京，供奉翰林，“一朝君王垂拂拭，剖心输丹雪胸臆。忽蒙白日回景光，直上青云生羽翼。幸陪鸾驾出鸿都，身骑飞龙天马驹。王公大人借颜色，金章紫绶来相趋”（《驾去温泉宫后赠杨山人》）。此时是他人生最得意之时，也是他建立盖世功业的大好机遇，但他“粪土王侯”、不受约束的个性以及政治上的幼稚不成熟，不久便因得罪权贵而被迫离开长安。

古今中外，为改变命运，博取功名，负书担橐，远离家乡外出游学、游宦之士，如苏秦、张仪等，其流寓主要为个体原因。

社会原因。政治原因之流寓。据《史记》卷六《秦本纪》、卷八十五《吕不韦传》载：秦王政九年（前238），有人告发长信侯嫪毐与太后私通，已“生二子，皆匿之”，且二人私下决定，等政死后，立嫪毐之子为王。政闻奏大怒。同年四月，政至雍（今陕西凤翔南），在蕲年宫举行加冠礼，准备亲政。不料嫪毐乘机矫诏发兵，并召其门客等举行叛乱，攻打蕲年宫。秦王政调兵镇压，斩首数百，俘获嫪毐等人，将以嫪毐为首的20余人枭首，车裂，灭其宗族。其门客重者处死，轻者为鬼薪（即罚徒役三年），被剥夺爵位，迁于蜀地，安置房陵（今湖北房县）者4000余家。这4000余家万余人流寓蜀地乃因宫廷之政治斗争（实质是一场宫廷政变）。古代历朝历代被贬官员的流寓皆为政治斗争使然，概莫能外。

军事（战争）原因之流寓。据张荣芳《南越国史》[①]载：秦始皇平定百越之后，50万大军留居岭南。这50万大军皆由北方招募而来。《史记》卷一百九《李将军列传》载：汉之飞将军李广之子李陵于天汉二年（前99）率大军5000人北击匈奴，被匈奴8万军围困，弹尽粮绝，援兵不至，被迫投降，流寓匈奴20余年，过着困窘孤独的生活：“身之穷困，独坐愁苦。终日无睹，但见异类。韦鞴毳幕，以御风雨；膻肉酪浆，以充饥渴。举目言笑，谁与为欢？胡地玄冰，边土惨裂，但闻悲风萧条之声。凉秋九月，塞外草衰。夜不能寐，侧耳远听，胡笳互动，牧马悲鸣，吟啸成群，边声四起。晨坐听之，不觉泪下。”（李陵《答苏武书》）最后病死匈奴。晋怀帝（司马炽）永嘉五年（311），匈奴攻破洛阳，掳走怀帝，杀王公士

① 张荣芳：《南越国史》，广东人民出版社2005年版。

民3万余人，大量人口为避乱从中原迁往长江中下游，即所谓“永嘉之乱，衣冠南渡”，这是战乱导致的第一次中原汉人大规模南迁，主要有林、陈、黄、郑、詹、邱、何、胡八姓。根据谭其骧《晋永嘉丧乱后之民族迁徙》① 的计算，此次南迁侨民约65万人。

外交原因之流寓。苏武的故事在中国家喻户晓。苏武，字子卿，杜陵（今陕西西安东南）人。武帝天汉元年（前100），苏武奉命以中郎将身份持节出使匈奴被扣留，流寓匈奴19年。他在北海（今贝加尔湖）牧羊，渴饮霜雪，饥吞毡毛，掘鼠食草，“节旄尽落”，过着极其艰苦的生活。但始终心念祖国，匈奴多次劝降而不从，气节凛然。清人江恂《咏穹庐雪》诗曰：“穹庐雪，嚼复咽。毡毛已尽雪不歇，雪能冷骨不冷心，十九年来觉长热。风沙大地惨无春，只有手中之节冻不折。”对苏武的流寓生活和节操做了概括描写和高度赞颂。苏武是因出使而被扣留流寓匈奴。西汉另一位举世闻名的女子则是为和亲而流寓匈奴的。《汉书》卷九十四下《匈奴传》：公元前54年，匈奴呼韩邪单于被他哥哥郅支单于打败，南迁至长城外的光禄塞下，同西汉结好。汉元帝竟宁元年（前33），呼韩邪入朝，汉对之礼赐有加。“单于自言愿婿汉氏以自亲。元帝以后宫良家子王墙（按应为嫱）字昭君赐单于。单于欢喜，上书愿保塞上谷以西至敦煌，传之无穷，请罢边备塞吏卒，以休天子之民。”王昭君乃西汉南郡秭归（今属湖北）人，17岁被选入宫。昭君流寓匈奴几十年，死后葬在匈奴（其坟墓称为青冢）。她到匈奴虽被封为王后（宁胡阏氏），但内心依然幽怨悲伤。其《怨词》曰：“秋木萋萋，其叶萎黄，有鸟处山，集于苞桑。养育毛羽，形容生光，既得升云，上游曲房。离宫绝旷，身体摧残。志念抑沉，不得颉颃。虽得委食，心有徊惶，我独伊何，来往变常。翩翩之燕，远集西羌，高山峨峨，河水泱泱。父兮母兮，道且悠长，呜呼哀哉，忧心恻伤。”

经济原因之流寓。古今商贾行旅之流寓无不为经济贸易。这里举一个特例，即中国古代丝绸之路开辟者张骞。公元前139年，汉武帝为结盟西域之大月氏国共击匈奴，派遣张骞出使西域。张骞带领100多人的团队，从都城长安出发，打算穿过河西走廊，到达远迁康居（今巴尔喀什湖和咸

① 谭其骧：《长水集》上册，人民出版社1987年版。

海之间）的大月氏国。不幸途中被匈奴扣留，流寓匈奴达 10 年之久。前 129 年张骞逃出，经过长途跋涉到达大月氏。但大月氏不愿与匈奴为敌，联盟的目的没有达到。前 128 年张骞返程东归，再次被匈奴俘虏，两年后又成功逃脱，于前 126 年返回长安。前 119 年，汉武帝派张骞再次出使西域，联络乌孙共击匈奴。张骞率 300 多人顺利到达乌孙，并派副使访问了大宛、大月氏、大夏等国，其足迹遍布中亚、南亚的许多地区，最远曾至罗马帝国与北非。这次出使因乌孙国内乱而联盟失败。前 115 年，张骞在乌孙国使者护送下回到长安。张骞两次出使西域，其初衷是联合大月氏、乌孙两国抗击匈奴，具有外交目的和政治目的，二者都未达到。但他两次出使，将中国的丝绸、作物栽培法，以及先进技术等传到了西域，又把西域各国的奇珍异宝带回中国，取得了丰硕的经贸果实。自此，东西方商贾往来络绎不绝，一条商路出现在东西方之间，寂寞的沙漠从此响起了东西方商队的驼铃声。因中国经这条商路运的货物以丝绸制品影响最大，1877 年，德国地理学家李希霍芬在其所著《中国》一书中将其命名为“丝绸之路”。故而，作为丝绸之路的开辟者，张骞的流寓西域，其经济因素超过了外交和政治因素。

古代因水旱等灾害，或个人或集体结伴，乃至族群的迁徙，历代统治者为开发边疆而有组织的移民，其流寓的主要原因也可归为经济。

不同时代、不同原因的流寓者之流寓地是不同的。简而言之，社会历史的变迁，文明程度的发展，决定了流寓地的不同。因战乱灾荒而发生的流寓，流寓者往往迁徙到较为安宁、富庶的地方，如永嘉之乱“衣冠南渡”；因犯罪而被流放和被统治者贬谪，其流寓地往往是远离京城与繁华的僻远荒凉的地方，如先秦巴蜀，汉唐湖广，宋明清之岭海（岭南、海南岛）、东北和西北等；政府有组织的移民往往是到尚未开发或开发不充分的边疆。

文学地理学的四个主要问题*

曾大兴**

内容提要 文学地理学的研究在中国源远流长，在国外也零星可见，但是这种研究只是文学研究的一种视野和方法，或是文学史研究的一个补充。把文学地理学作为一个学科来建设，是近年来在中国本土发生的事情。本文从文学地理学学科建设的角度，首次对文学地理学的研究对象、学科定位、知识体系及其多方面的意义作了初步的探讨。

关键词 文学地理学 研究对象 学科定位 知识体系 意义

一个学科能不能成立，关键在于有没有其独特的研究对象，有没有一个准确的学科定位，有没有一套相对完备的知识体系（包括概念体系），有没有重要的学科意义、理论意义与实践意义。文学地理学学科之所以能够成立，就在于它已经具备了这些必要条件。

一 文学地理学的研究对象

文学地理学是研究文学与地理环境的相互关系所形成的现象分布与变化规律的科学。文学地理学的研究对象，概括来讲，就是文学与地理环境的关系；具体来讲，就是文学家的地理分布，文学作品的地理空间及其形

* 本文系作者主持的国家社会科学基金项目“中国文学地理研究”（14BZW093）及理论粤军·广东地方特色文化研究基地建设资助项目“广府文学地理”的部分成果。

** 作者简介：曾大兴，广州大学人文学院教授，中国文学地理学会会长，广东省广府文化研究基地常务副主任。

成要素，文学景观的分布、内涵与价值，文学接受与文学传播的地域差异及其效果，文学地理区的划分及其意义。

文学与地理环境的关系这句话表明，文学与地理环境之间是一种相互影响、相互作用的状态：一方面，地理环境影响文学；另一方面，文学也对地理环境构成某些影响。因此，就有一系列的问题就被提了出来：

第一，地理环境是如何影响文学的？或者说，它通过什么途径来影响文学？

第二，地理环境影响文学的表现有哪些？结果又如何？

第三，地理环境与文学相互作用的结果是什么？

第四，文学是如何影响地理环境的？或者说，它通过什么途径来影响地理环境？

事实上，地理环境只能通过文学家这个媒介来影响文学，地理环境影响文学的表现和结果只能通过文学作品看出来，文学只能通过文学接受者这个途径来影响地理环境，地理环境与文学相互作用的结果则是文学景观与文学地理区的出现。因此，关于以上系列问题的解答，就不能不包括以下几个主要方面的内容：

1. 文学与地理环境的关系。所谓地理环境，就是人类活动及其赖以生存的环境，包括自然环境和人文环境。自然环境包括地貌、水文、气候、生物、生态环境和自然灾害等要素，人文环境包括政治、军事、经济、宗教、文教、风俗、语言等要素，自然环境与人文环境的各个要素都能对文学构成影响，文学也能对地理环境构成一定的影响。那么，在自然环境与人文环境的各个要素中，哪些要素对文学的影响最为重要？它们通过什么途径来影响文学？文学又通过什么途径来影响地理环境？这些问题都是文学地理学所必须研究和解答的问题。

2. 文学家的地理分布。关于文学家的研究，不同的学科可以有不同的角度，但文学地理学只能从地理这个角度来进行。它必须考察文学家（包括由文学家所组成的文学家族，以及那些带有地域性质的文学流派、文学社团与文学活动中心）的地理分布（包括静态分布与动态分布），通过文学家的地理分布，结合有关背景材料和文学作品本身，分析文学家所接受的本籍文化与客籍文化的影响，从而了解文学家的地理基因、地理体验、地理意识和地理情感。因为地理环境只有通过文学家的地理基因、地理体验、地理意识和地理情感才能对文学作品构成影响。

3. 文学作品的地理空间。地理环境通过文学家这个媒介来影响文学，文学的完型形态则是各式各样的文学作品，因此，文学地理学研究的重心只能是各式各样的文学作品。文学作品包含思想、情感、人物、景观、事件、体裁、语言、风格等诸多要素，正是这些要素构成了文学作品的形态各异的地理空间，这些形态各异的地理空间既有客观世界的投影，又包含了文学家的主观想象、联想和虚构，是客观世界与主观世界的统一，也是地理思维与文学思维的统一。因此，从文学地理学的角度研究文学作品，必须把文学作品的地理空间作为重中之重。

4. 文学接受与文学传播。按照接受美学的观点，文学的意义和特点是通过文学接受这一环节才得以显现的，文学接受者参与和最终完成了作品的创造。文学地理学吸纳了这一观点。文学地理学认为，正是通过文学接受者这个途径，文学实现了对地理环境的某些影响，尤其是对人文环境的影响。文学接受离不开文学传播，因此文学地理学既要研究文学接受，也要研究文学传播。

5. 文学景观。文学景观是地理环境与文学相互作用的结果，它是文学的另一种呈现，既不是传统的纸质呈现，也不是新兴的电子呈现，而是一种独特的景观呈现。许多景观（包括自然景观和人文景观）虽是已然存在的，但是知名度并不高，只是由于文学家与文学作品的作用和影响，它们的知名度才得以提升，甚至名满天下，于是这些景观就成了文学景观。还有一些景观原本是不存在的，是人们根据文学家的事迹和文学作品的内容而专门建造的，因而是很纯粹的、原生态的文学景观。传统的文学研究并不涉及文学景观，文学景观研究是文学地理学的独特内容。

6. 文学地理区。所谓文学地理区，是指具有相似文学特质和风貌的地理区域。文学地理区又可称为文学区域、文学地域或文学圈，它是以相对稳定的自然和人文地理环境为依托，由一定数量的在特质与风貌上比较接近或相似的文学要素（包括文学家、文学作品、文学接受者和文学景观）所形成的一个分布范围。文学所产生的自然和地理环境有差异，文学的特质与风貌也会出现相应的差异，根据这两种差异，世界各地可以划分为许多大大小小的文学地理区。文学地理区是文学与地理环境相互影响、相互作用的典型范本，文学地理区研究则是最能集中体现文学地理学研究之特色的内容之一。

二 文学地理学的学科定位

20 世纪 90 年代以来，“文学地理学”这个词成了文学界的一个热词，“文学地理学”的研究也成了文学研究领域的一个热门课题。但是，“文学地理学”究竟是什么？是一种研究方法？还是一种研究视野？或是一个学科？似乎并没有一个明确的定位。综观这些年来有关的讨论的情况，大约有四种观点。

第一种观点认为，文学地理学是文化地理学的一个分支。文化地理学界的学者普遍持这一观点，文学地理学界也有学者持这一观点。例如陶礼天就认为：“从文学与地理学的关系看，文学地理学既是人文地理学的子学科即文化地理学的一个分支，也是美学的分支即艺术社会学的一个支脉，因而文学地理学实质是一门边缘学科。”①

第二种观点认为，文学地理学是一种学术方法。这个观点以杨义为代表。杨义在《文学地理学会通》的前言中的第一句话就是：“文学地理学的学术方法，如今已经逐渐成为古今文学研究的当家重头戏之一。”在这本书第一章的结尾部分，他又强调：“文学地理学是一个值得深度开发的文学研究的重要视野和方法。”②

第三种观点是把文学地理学作为文学史研究的一个补充，或者称为“补救”。这个观点以梅新林为代表。梅新林认为：文学地理学是“融合文学与地理学研究、以文学为本位、以文学空间为重心的新兴交叉学科或跨学科研究方法，其发展方向是成长为相对独立的综合性学科”。初看起来，他对文学地理学有三个定位：新兴交叉学科、跨学科研究方法、相对独立的综合性学科。但是他又强调，文学地理学的最终目的，是“超越当前文学史研究的局限而重新构建一种时空并置交融的新型文学史研究范式”。

① 陶礼天：《北“风”与南“骚”》，华文出版社 1997 年版，第 5 页。
② 杨义：《文学地理学会通》，中国社会科学出版社 2012 年版，第 1、55 页。

而“当前中国文学史研究现状的明显缺失”，就是忽视了“文学空间”，因此必须进行“反思与补救”。文学地理学的三个定位最后变成了一种对文学史的明显缺失进行的“补救”，使之成为“一种时空并置交融的新型文学史”①。梅氏的观点与法国学者的观点不谋而合。2009年10月20日，法国巴黎第三大学的歇乐·科洛教授应邀来北京师范大学演讲，演讲的题目就是“文学地理学”。据他介绍：“文学地理学在法国，还只是文学史的一个补充，现在文学史在法国仍然是统治性的学科。”

第四种观点是笔者的观点。笔者明确主张并多次强调：“文学地理学研究的目标之一，就是建立一门与文学史学科双峰并峙的文学地理学学科”，也就是隶属于文学这个一级学科的二级学科。②

笔者认为，文学地理学虽然要借鉴地理学的某些理论和方法，但是它的目的，还是为了解决文学的问题，而不是地理学的问题。也就是说，它的出发点和落脚点都是文学，不是地理学。文学地理学必须以文学为本位。既然以文学为本位，那它就是文学的一个分支学科，而不是文化地理学的一个分支学科。

文学地理学不应仅仅是文学史研究的一个补充。文学地理学与文学史，各有自己的研究对象和思维特点。文学地理学的研究对象是文学与地理环境的关系，是文学的地理分布与地域特征。文学史的研究对象是文学与时代的关系，是文学的历史演变与时代特征；文学地理学的思维主要是空间思维，文学史的思维主要是时间思维。当然，地理和时代、空间和时间是有联系的，文学地理学和文学史也是有联系的。一个地域的文学是由不同时代的文学所累积的，一个时代的文学是由不同地域的文学所组成的。在考察一个地域的文学时不能没有时代的眼光，在考察一个时代的文学时也不能没有地域的眼光。因此，文学史可以作为文学地理学的一个补充，文学地理学也可以作为文学史的一个补充。但是，文学地理学不能仅仅作为文学史的一个补充，它应该有自己的独立性，一如文学史也不能仅仅作为文学地理学的一个补充，它也有自己的独立性。如果文学地理学仅

① 梅新林：《中国古代文学理论形态与演变》，复旦大学出版社2006年版，第2页。

② 曾大兴：《建设与文学史双峰并峙的文学地理学》，《文学地理学研究》，商务印书馆2012年版，第9—41页。

仅是文学史的一个补充，那么它就不是一个独立自足的存在，它只是为了文学史而存在，这样它的发展就会受到文学史的思维惯性与研究模式的诸多限制，它就不可能成长为一个独立的学科。

文学地理学也不应仅仅停留在一个方法的层面。通常大家所说的文学地理学方法，其实就是借用地理学的方法，其中主要是人文地理学或文化地理学的方法，真正的文学地理学方法迄今并未形成。用地理学或者人文地理学的方法来研究文学，其实古已有之，并不是20世纪80年代以后才有的。如果从周朝人编辑《诗三百》中的“十五国风”及《左传·襄公二十九年》所载吴国公子季札对“国风”的评价算起，这样的方法在中国，至少也用了2500年。2500年来，中国学者研究文学，并没少用地理学或者人文地理学的方法，可是文学地理的研究迄今并没有达到成熟之境，原因之一，就是大家所使用的只是地理学或者人文地理学的方法，而不是真正的文学地理学的方法。

文学地理学的方法迄今没有形成。根本的原因，就在于它没有一个独立的且有自己的内涵、品质和规范的文学地理学学科做支撑，也就是说，文学地理学学科还没有建成。学术史上的无数事实证明，一种学术研究方法的形成，有待于它所属的那个学科的建成。例如我们今天研究文学，通常要使用文艺美学的方法、文艺心理学的方法，或者文化人类学的方法等，试问，这些方法背后哪一个没有一个已经建成的学科在做支撑呢？

文学地理学学科还没有真正建成，相应的学科规范也没有真正建立，因此它的研究方法也就没法形成，只能是借用别的学科的方法。在一个学科没有真正建成、相应的学科规范也没有真正建立之前，借用别的学科的方法是完全可以理解的，也是必要的。但是，不能总是借用别的学科的方法，更不能满足只是借用别的学科的方法。文学地理学终究要有自己的方法。自己的方法的形成，有待于文学地理学学科的顶层设计与整体建设。所以笔者坚持认为，文学地理学的研究不能仅仅停留在一个方法的层面，因为有关学者所说的方法，其实并不是文学地理学自己的方法。我们应该花大力气从事文学地理学的学科建设，只有文学地理学学科建成了，文学地理学才会有自己的方法。

文学地理学的准确定位，就是一个文学地理学学科，也就是文学这个一级学科下面的二级学科。在文学这个一级学科所属的全部二级学科中，文学地理学是与文学史双峰并峙的，虽然它目前还在建设之中，还比较矮小，但是根据它的发展趋势，不需要太长的时间，它就可以达到这一高度。

如上所述，世间万事万物，都是在特定的时间和空间产生并发展起来的，文学也不例外。几乎所有的学科，都有时间和空间这两个维度，也就是说，既有解释其时间关系的分支学科，也有解释其空间关系的分支学科。例如历史学有通史、断代史、专门史，也有历史地理；语言学有语言史，也有语言地理或方言地理；经济学有经济史，也有经济地理；军事学有军事史，也有军事地理；植物学有植物史，也有植物地理……为什么文学有文学史，而不能有一门文学地理呢？

中国古代最伟大的历史学家司马迁在《报任安书》中讲过这样几句话："究天人之际，通古今之变，成一家之言。"所谓"究天人之际"，就是讲做学问要考究天人关系，要阐明人与自然的关系，要有广阔的空间意识；所谓"通古今之变"，就是讲做学问要贯通古今，要把握历史的变化规律，要有深邃的时间意识。只有达到时空交融、天人合一、上下五千年、纵横八万里的境界，这个学问才有可能"成一家之言"。司马迁的这几句话一直为人们所广泛认同。所以，大凡产生在中国的学问或者学科，一般都有时间和空间两个维度。文学地理学学科的产生，就是为了从空间这个维度来研究文学，从而与从时间这个维度来研究文学的文学史相对应，进而使文学这个学科真正达到"究天人之际、通古今之变"的境界。这也是文学地理学这个学科在中国产生的思想背景。

有人认为，文学地理学作为一个独立的二级学科，有它成立的理由，但能不能与文学史双峰并峙，则是一个问题。如果文学地理学与文学史双峰并峙，那么文学这个一级学科下面的其他二级学科，例如文学理论、文学批评等，又是一个什么地位呢？

其实这个问题并不复杂。文学地理学研究文学与地理环境的关系，考察文学的横向分布与特点；文学史研究文学与时代的关系，考察文学的纵向发展与演变。一个是空间维度，一个是时间维度。只有文学地理学与文学史才有可能双峰并峙。虽然文学地理学在今天还只是一个新兴学科，还没有真正建成，还比较矮小，但是在不远的将来，它就可以和文学史双峰并峙、比肩而立了。文学批评的对象是具体的作家作品和文学现象。如果从历史的角度批评作家作品和文学现象，它就成了文学史的批评；如果从地理的角度批评作家作品和文学现象，它就成了文学地理学的批评。文学理论的研究对象，不是具体的作家作品，也不是具体的文学史或文学地理，而是在文学批评、文学史、文学地理学的基础之上，抽象出某些理论、原理或者规律。如果它抽象出来的理论、原理或者规律，属于文学批评方面的，那就是文学批评的理论；属于文学史方面的，那就是文学史的理论；属于文学地理学方面的，那就是文学地理学的理论。文学批评是一个最基础的二级学科，文学史和文学地理学是两个并列的较高级的二级学科，文学理论是一个最高级的二级学科。图示如下：

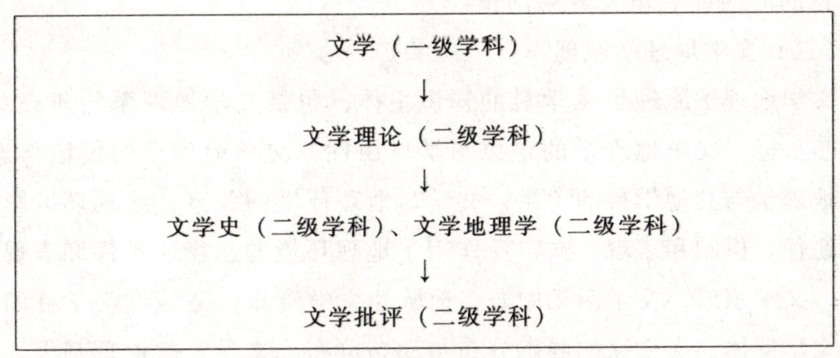

文学学科结构平面图

三　文学地理学的知识体系

文学地理学学科的知识体系主要有五大板块：一是文学地理学学术史；二是文学地理学原理；三是文学地理学研究方法；四是文学地理学批评；五是各式各样的文学地理。

（一）文学地理学学术史

文学地理学学术史是本学科的文献根基与思想根基。没有学术史的学科是根基肤浅的学科。文学地理学虽然是一门新兴学科，但是它的思想可谓源远流长。它的文献资料虽然多是零散的，不成系统的，但也弥足珍贵。文学地理学学术史的任务，就是要对此前中国和外国的各种文学文献、地理学文献，以及其他文献中的文学地理学资源，进行全面的搜集、挖掘和整理，哪怕是只言片语也不要遗漏。包括辑录有关资料，编辑有关目录，整理、校勘、笺注和翻译有关著作，然后在此基础上展开深入的研究，最后形成系统的、各式各样的《文学地理学学术史》。这是一项繁重的历史信息的收集、整理和利用工作，需要学术界同人的长期努力。人民出版社2012年出版的《文学地理学》一书收录了一份《文学地理学论著目录索引（1905—2011）》，这份《目录索引》给学者们的研究提供了必要的信息资源，应该说是很受欢迎的，但是这份《目录索引》的收录时间和收录范围都很有限，只能说是为文学地理学学术史料的整理开了一个头，更多的工作还要靠后来的学者们完成。现在中国大陆已有学者专门从事文学地理学学术史的整理和研究工作，相信不用太长的时间即有重要成果问世。

（二）文学地理学原理

文学地理学原理是本学科的知识主体，包括文学地理学的研究对象、内容与目标，文学地理学的定位与学科属性，文学地理学的价值与意义，文学地理学与其他学科的关系；文学与地理环境的关系，地理环境影响文学的途径、机制和表现，文学反作用于地理环境的途径、条件和表现；文学家，文学家族，文学活动中心，地域性文学流派，地域性文学社团，地域性文学群体，文学家的静态分布与动态分布，文学家的地理基因、地理体验、地理认知与地理情感，文学家的童年记忆，本籍文化与客籍文化，文学家应对客籍文化的心理机制；地域文学，文学的地域性，文学与方言，文学与民俗，文学作品的地理空间；文学地理景观，虚拟性文学景观与实体性文学景观；文学的地域分异，文学版图，文学源地，文学区；文学传播的空间与路径，文学接受与文学批评的地域性；文学地理学的学术体系，概念体系；等等。需要指出的是，文学地理学的研究在中国是以实证研究见长的，这一方面的成果占了绝大多数，而理论研究则相对滞后。近年来，中国学者已经意识到这个问题，部分学者已经开始由实证研究转入理论研究。2013年，中国国家社会科学基金批准了李仲凡副教授主持的“文学地理学基本理论问题研究”这一项目，相信不用太长的时间，文学地理学理论研究的滞后状态就会得到改变。

（三）文学地理学的研究方法

这是本学科的工具系列。广义的研究方法包括两类：一类是指导和规定学术研究应该如何开展的规则和程序，即学术规范；另一类是从事学术研究的技术方法。仅就技术方法来讲，文学地理学的方法又包括一般方法和特殊方法。凡是文学的其他二级学科能使用的方法，例如古典文献学的方法、文学史的方法、比较文学的方法、文艺学的方法、文艺心理学的方法、文艺社会学的方法等，文学地理学都可以使用。这类方法属于一般方法。还有一类方法，就是文学地理学自己的方法，也就是特殊方法。如上所述，文学地理学至今没有形成自己的方法，它所用的还是地理学的方法，其中主要是人文地理学或文化地理学的方法。在文学地理学这个学科还没有真正建成之前，在相应的学术规范还没有正式建立之前，借用地理学、人文地理学或者文化地理学的方法是完全可以理解的，也是必要的。这些方法主要有文献考证法、逻辑推证法、统计计量法、数理模型法等。

需要强调的是，文学地理学的研究与文学史的研究是有明显不同的。文学史的研究可以关在书房里利用所能找到的文献资料进行归纳，文学地理学的研究除了使用文献资料，还必须走出书房，对文学家的出生成长地、流寓迁徙地、文学作品的产生地，以及文学作品本身所描写的自然、人文景观与地理空间等进行实地考察，所以文化人类学的田野调查法特别值得借鉴。值得注意的是，每一种方法都有其长处和短处，文学地理学学者应根据研究对象的实际需要，用其所长而避其所短。在方法的使用上，要尽量做到三个结合：田野调查与文献考证相结合，地理分析与文学分析相结合，文字表述与图表呈现相结合。

（四）文学地理学批评

文学地理学批评是文学地理学的理论与方法在批评实践中的具体应用。文学地理学批评的范围是很广的，所有的作家、作品和文学地理现象，包括大大小小的实体性文学景观，如黄鹤楼文学景观、西湖文学景观、敬亭山文学景观等，都属于文学地理学批评的对象。文学地理学批评至少有两个目的：一是解读、评价具体的作家、作品和文学地理现象，解读、评价有关的文学地理景观；二是为各式各样的文学地理的写作积累个案材料。好的文学地理学批评应熟练使用文学地理学的方法和概念术语，充分体现地理意识和空间意识，充分体现文学地理学的思维特点，严格遵守文学地理学的学术规范。中国从事文学地理学研究的学者，有许多同时也是从事文学史研究的学者，由于文学史的思维定式的影响，使得许多人的研究对象虽然是文学地理学的，但是其思维方式还是文学史的思维方式。这个转变是需要一定时间的。

（五）各式各样的文学地理

各种各样的文学地理，包括各种类型、各个层面的文学地理，不仅仅是文学地理学研究的重要对象或重要内容，而且是文学地理学研究成果的最终呈现，就像各式各样的文学史是文学史研究成果的最终呈现一样。如果按地域来划分，最大规模的文学地理是世界文学地理。最近，由苏联学者集体编撰的多卷本《世界文学史》已由中国学者译成中文，并由上海文艺出版社出版，[①] 相信今后也会有一部多卷本的《世界文学地理》问世；其次是洲别文学地理，如亚洲文学地理、欧洲文学地理、美洲文学地理等；再其次是国别文学地理，如中国文学地理、法国文学地理、英国文学地理等；再往下分，则有各个国家不同省份文学地理，如浙江文学地理、湖北文学地理、山东文学地理等。如果按文化区来划分，则可以有基督教文化区文学地理、伊斯兰教文化区文学地理、佛教文化区文学地理等，或闽台文学地理、吴越文学地理、燕赵文学地理等。当然还可以按语言分为大大小小的文学地理，如英语文学地理、法语文学地理、葡语文学地理、华文文学地理，或者吴语文学地理、粤语文学地理、闽语文学地理等。也可以按文体分为小说地理、诗歌地理、戏剧地理、散文地理等。另外还有文学家分布地理、文学传播地理等，也都可以有多种层次。总之，可以有各式各样各种层次的文学地理。

这五个板块之间有一种内在的逻辑关系。文学地理学学术史是这门学科的学术根基，文学地理学原理是这门学科的基础理论，文学地理学研究方法是这门学科的学术规范与操作方法，文学地理学批评是这门学科的基础理论与研究方法在实践中的具体应用，各式各样的文学地理是这门学科的研究成果。五个板块相互匹配，有机衔接，由此构成了文学地理学学科

① 李晓璐：《〈世界文学史〉中文版重磅出版》，《广州日报》2014年8月22日。

知识体系的“整体关联性”。

需要说明的是，文学地理学作为一门新兴的可持续发展的学科，可以不断地激发人们的想象力和创造力，可以不断地容纳新的知识，它的知识体系是开放的。今天我们所设计的这个知识体系，只是就我们今天所能想到的而言，并且只能言其大概，相信今后会有人来进一步丰富和完善它。

四　文学地理学的意义

文学地理学作为一门新兴学科，之所以受到人们的普遍关注和欢迎，是因为无论就文学欣赏、文学创作、文学批评来讲，还是就文学的学科建设来讲，甚至就自然和人文生态建设来讲，它都有着非常重要的意义。

（一）文学地理学对文学欣赏的意义

凡是在学校里听过老师讲文学课的人，都会有这样的印象：老师在讲到某个文学作品时，第一件事，就是介绍它的时代背景。许多老师甚至郑重其事地把“时代背景”这四个字写在黑板的正中，或者放在课件的首页。事实上，不仅老师讲课是这样，几乎所有的文学史著作、文学批评著作和文学鉴赏类读物，在讲到某个作品时，也都是把时代背景的介绍放在首位，这成了人们的一个习惯。而当某些作品的时代背景并不明显时，人们就要花费很多时间和精力去进行考证、推测或者索隐，甚至闹出许多令人啼笑皆非的笑话。

重视文学作品的时代背景本身并没有错，问题是不能仅仅重视它的时代背景。因为文学作品的产生，除了特定的时代背景，还有特定的地理环境。世间万事万物，都是在特定的时间和空间产生的，文学也不例外。可是长期以来，文学教师、文学鉴赏家和文学批评家在介绍文学作品时，往往就把地理环境给忽略了。忽略地理环境的后果，就是使得许多作品的地域文化内涵与地域审美特色被遮蔽，使得广大学生和文学爱好者在欣赏文学时失去了地域美感和空间美感。就像许多人食用来自全国各地或世界各地的美食，只是用它们来填充肚子，而领略不到它们各具特色的地方风味或异域风味。

文学地理学首先是为读者服务的。它传达给读者的一个最基本的信息，就是文学是有地域性的，欣赏文学，不要忽略它的地域美感。如果读者掌握了文学地理学的基本知识，就会通过文学作品所描写的各地的自然山水、人文景观、生产方式、生活方式、民俗风情、宗教信仰以及它那富有地域特色的语言、风格等，来认识作品所营造的文学地理空间，进而结合自己的地理体验、地理认知与地理情感，丰富、补充、完善作品所营造的文学地理空间，甚至在想象中建构自己的文学地理空间，这样就进一步丰富了作品的意义，进一步丰富了自己的审美感受，也进一步增强了阅读欣赏的喜悦或感动。

（二）文学地理学对文学创作的意义

中国是一个疆域辽阔的国家，地貌、水文、生物、气候等自然地理环境复杂多样，各地的物产和生产方式、生活方式、宗教信仰、风俗习惯、语言、民族构成、文化积淀等人文地理环境丰富多彩，因此，产生于不同时代和不同地域的文学作品，除了具有显著的时代性，还具有鲜明的地域性。在中国，无论是古代的文学，还是现代的文学，无论是政治分裂时期的文学，还是政治统一时期的文学，都有其地域性。

曾经有学者认为："以地域关系区分文学派别，本来无可非议，不过只适宜于交通不便、政治不统一的时候。"[①] 意思是说，文学的地域性只出现在交通不便、政治不统一的时候。一旦交通便利、政治统一之后，再以文学的地域性来区分文学流派就没什么意义了。这个观点曾经得到少数学者的认同，但事实上是站不住脚的。诚然，当政治分裂、交通阻隔的时候，文学的地域性显得比较突出，如中国魏晋南北朝时期（220—580）的文学；当政治统一、交通便利的时候，文学的地域性在某些方面可能会有所淡化，如隋唐时期（581—907）的文学。但是，地域性的淡化并不等于地域性的消失。因为政治的统一与交通的便利，虽然可以在不同程度上促进各个地区之间的经济和文化交流，从而缩小各个地区之间的差别，但是并不能完全消除各个地区之间的差别。因为这种差别就其实质来讲，乃是自然地理环境和人文地理环境的差别。这种环境是人们赖以生存、发展和创造的土壤。只要这种土壤的性质不发生根本性的

① 胡小石：《李杜诗之比较》，《胡小石论文集》，上海古籍出版社1980年版，第108页。

改变，人们在此土壤之上形成的生活方式和文化心理等就不会发生根本性的变化，这种生活方式和文化心理等就会对文学产生影响，从而构成文学的地域之别。唐代李白和杜甫的诗歌，明代“吴江派”和“临川派”的戏剧，现代“山药蛋派”和“荷花淀派”的小说等，都是在政治统一、交通便利的条件下产生的文学作品，但是，它们各自所具有的鲜明的地域性，谁又抹杀得了呢？

尤其是在20世纪80年代以后，中国的政治仍然高度统一，交通则比以往任何一个时代都要发达，而且面临一个全球化的经济背景，中国的对外开放程度又是历史上最高的，中外文化的交流也是历史上最频繁的，可是中国文学的地域性不仅没有减弱，反而比以往任何一个时代都要鲜明和强烈。中国当代文坛一大批有影响的作家，如山东的莫言、张炜，河南的李凖、刘震云，陕西的贾平凹、陈忠实、路遥，山西的李锐，河北的铁凝，北京的刘恒、王朔，天津的冯骥才，黑龙江的迟子建，宁夏的张贤亮，内蒙古的张承志，新疆的刘亮程、李娟，上海的王安忆，浙江的李杭育、余华，江苏的汪曾祺、陆文夫、叶兆言、苏童、毕淑敏，湖北的方方、池莉、陈应松，湖南的古华、韩少功、叶蔚林，四川的魏明伦，贵州的何士光，等等，都是以其作品的鲜明、强烈的地域性而为读者所喜爱。这是为什么呢？

关于这个问题的合理解释，只能从文学与地理环境的关系入手，或者说，只有运用文学地理学的基本理论和方法，才能给出一个正确的答案。事实上，文学地理学不仅可以对已有的地域文学予以合理的解释，还可以为作家们创作出更多更好的地域文学提供理论支撑。尤其是在所谓“全球一体化”的背景之下，文学家的地域性写作正在遭遇某些理论的困扰。例如有人就这样讲：“在全球一体化的背景之下，再谈文学的地域性已经没有什么意义。”[①] 这种说法看似时尚，其实并不符合实际。且不说2008年发生的世界性的经济危机，已经打破了所谓“全球一体化”的神话，即便真的有所谓“全球一体化”，那也只是经济的一体化，而经济的一体

① 李敬敏：《全球一体化中的地域文化与地域文学》，靳明全主编：《区域文化与文学》，中国社会科学出版社2003年版，第154页。

化并不等于文化的一体化。即便有所谓文化的一体化（这个说法更像神话），那也只是制度文化的一体化，而制度文化的一体化并不等于精神文化的一体化。在精神文化方面，在风俗习惯方面，在人们的文化心理方面，不仅不可能一体化，而且还将长期保持其民族性和地域性。之所以如此，是因为造成文化的民族性和地域性的自然和人文地理环境，通过人的生活方式的中介，在人们的文化心理上留下了深深的烙印，这种烙印是难以挥之即去的。如果人们赖以生存的自然和人文地理环境不发生根本的改变，人们因此而形成的生活方式和文化心理等就不可能发生太大的变化，这已是被中外历史文化发展的诸多事实所一再证明了的一个颠扑不破的真理。

也有人这样讲："强调本土性，必然强调发掘本土民族文化资源；而强调全球化，就必然消除本土、本民族文化的独特性，向世界主流文化认同。"[①] 这似乎是一个"两难"的问题，其实这个"两难"完全是理论操作的结果，实际的情形正好相反：越是强调全球化，在文学和精神创造的其他领域就越是重视并开掘自己本土和本民族的东西。当一个民族走向世界，向世界主流文化表现出认同愿望的时候，它如果仅仅是作为世界主流文化的"消费者"厕身其间，没有丝毫的主体地位和独立价值，它会心安理得地去接受这样一种消极命运吗？实际情形正如大家所看到的那样，它会更加主动、更有创造性地彰显自己的地位和价值。从世界主流文化方面来讲，之所以具有强势的力量成为主流，是因为它具有海纳百川的包容气度，具有聚集或荟萃各民族、各地域文化之特性的能力，因此它鼓励所有的民族、所有的地域贡献出自己最经典最富有特征的文化传统和文化样态参与进来。正是基于这样的理路和事实，文学地理学赞成这样的说法："越是民族的，越是世界的"，也赞成根据这两个"越是"所作的很有价值的引申："越是地域的，越是民族的；越是民族的，越是世界的。"越是在"全球一体化"的情势下，文学的民族化、地域性问题就越应该受到重视。"全球一体化"的趋势，与文学的民族性和地域性不仅不互相矛盾，反而凸显了其必不可少的价值和意义。因此，文学地理学鼓励有出息的文学家

① 刘登阁：《全球文化风暴》，中国社会科学出版社2000年版，第53页。

应该更加积极地从事地域文学创作，努力为世界文学提供更优质的、更有个性的地域文学作品。文学地理学可以为这样的写作保驾护航。

（三）文学地理学对文学批评的意义

文学地理学对文学批评的意义，就是恢复或重建了两种批评模式：一是地理批评，二是自然批评。这样就打破了半个多世纪以来的时代批评与社会批评的一统天下的局面，使文学批评回归到正常轨道，并更加丰富多彩。

中国最早的文学批评，应该是《左传·襄公二十九年》所载吴公子札关于"国风"的批评，这种批评就是文学的地理批评。这之后才有文学的时代批评。在中国古代最伟大的文学批评著作《文心雕龙》里，时代批评与地理批评是并举的，既有《时序》篇，也有《辨骚》和《物色》篇。在《时序》篇里，作者强调"歌谣文理，与世推移"，"文变染乎世情，兴废系乎时序"①；在《辨骚》和《物色》篇里，则强调"楚人之多才"②，指出"若乃山林皋壤，实文思之奥府。……然屈平所以能洞鉴风骚之情者，抑亦江山之助乎？"③ 事实上，在整个中国古代文学批评史上，时代批评与地理批评都是并行不悖的，问题出在1949年以后的30年。著名地理学家吴传钧先生指出："在解放初的20世纪50年代，我国'一边倒'学习前苏联，于是地理学也基本上按照苏联模式来进行教学与研究。虽然苏联地理学中关于生产配置、生产地域综合体、自然区划、农业区划、经济区划等方面的理论丰富了地理科学的内容；但另一方面，苏联关于地理学发展的二元论切断了人文地理学和自然地理学的有机联系，再加上由于左的政治干预，对人文地理学的一些分支如政治地理学、文化地理学、社会地理学、民族地理学等却进行了政治性批判。那时，我国地理学界也随样画葫芦，出现了所谓学术批判，致使人文地理学各门分支学科的发展呈现了极不平衡的畸形局面。"④ 在这个时间段，由于文化地理学遭到批判，与

① 刘勰：《文心雕龙·时序》，范文澜：《文心雕龙注》，人民文学出版社1958年版。

② 刘勰：《文心雕龙·辨骚》，范文澜：《文心雕龙注》，人民文学出版社1958年版。

③ 刘勰：《文心雕龙·物色》，范文澜：《文心雕龙注》，人民文学出版社1958年版。

④ 吴传钧：《〈人文地理学词典〉译序》，［英］R. J. 约翰斯顿主编：《人文地理学词典》，柴彦威等译，商务印书馆2004年版，第1页。

文化地理学关系密切的文学地理批评也随之停止。直到1980年以后，随着国内学术环境的逐渐宽松，文化地理学的研究在中国重见天日，中断了30年的文学地理批评才得以恢复。

恢复文学的地理批评，就是为了解释文学与地理的关系，就是为了重建文学批评与地理的联系，就是为了让文学研究重新“接上地气”。杨义指出：“好端端的文学研究，为何要使它与地理结缘呢？说到底就是为了使文学研究‘接上地气’，通过研究文学发生发展的地理空间、区域景观、环境系统，给文学这片树林或者其中的特别树种的土壤状况、气候条件、水肥供应、种子来源，以一个扎实、深厚、富有生命感的说明。”① 正是为了让文学研究重新“接上地气”，30多年来，文学的地理批评在中国的文学批评界蔚然成风。学者们从文学与地理环境的关系着眼，考察文学家所处地理环境对文学创作的影响，探讨文学作品的地域特点与空间差异，研究各种地域性的文学群体及其创作实践，不仅拓展了文学批评的领域，也解决了文学的时代批评所不能解决的诸多问题，从而丰富和深化了人们对文学家、文学作品、文学理论和各种文学现象的认识和理解，展示了文学地理批评的诱人前景。

文学的自然批评实际上也是文学的地理批评的一部分，因为地理本身就包括自然地理和人文地理。这里提出文学的自然批评，是相对文学的社会批评而言，与西方的生态批评比较接近。中国是一个历史悠久的农业大国。中国3000年的文学，至少有2900年的文学是在农业社会的土壤中产生的。这种文学与自然的关系是非常密切的。刘勰《文心雕龙·原道》讲：“文之为德也大矣，与天地并生者。”② 所谓“天地”，就是自然。《文心雕龙·明诗》又讲：“人禀七情，应物斯感。感物吟志，莫非自然。”③ 文学是与自然并生的，文学家感物吟志，无不是因为受了自然的启发，无不是一种自然的表现。刘勰的观点是很具代表性的。事实上，中国古代其他学者论文学，同样不乏自然的眼光。在中国古代文论中，诸如“神与物游”、“感物吟志”、“体物写志”、“睹物兴情”、“情以物兴”、“物以情观”、“应物斯感”、“写物

① 杨义：《文学地理学会通》，中国社会科学出版社2012年版，第3页。

② 范文澜：《文心雕龙注》，人民文学出版社1958年版，第1页。

③ 同上书，第65页。

图貌”、“象其物宜”这一类的语词，可以说是屡见不鲜。这个“物”字，在多数情况下都是指自然景物，或者物候，少数时候才指社会事物。也就是说，中国古代学者论文学，虽然也不乏社会的眼光，但是更多的，还是自然的眼光。中国文学批评的这个特点，就世界范围来讲，可以说是非常突出的。

西方早期的文学和文学批评也有这个特点。但是西方国家进入工业社会的时间比中国要早，所以西方的文学和文学批评与自然的疏离也比中国要早。20世纪以来，西方的文学批评向哲学的批评转变，与自然的批评可谓渐行渐远。但是这种现象也引起了有识之士的不满。因此，在今天的西方文学批评界，人们发出了一种对自然的呼唤。例如美国著名的自然写作文学家和生态批评家加里·斯耐德就在《空间里的位置：伦理、美学与分水岭》一书中说：“普通的好文章就像一座花园。在那里，经过锄草和精细的栽培，其生长的正是你所想要的。你收获的即是你种植的，所谓种瓜得瓜，种豆得豆。然而真正的好文章却不受花园篱笆的约束。它也许是一排豆角，但也可能是几株罂粟花、野豌豆、大百合、美洲茶，以及一些飞进来的小鸟儿和黄蜂。这儿更具多样性，更有趣味，更不可预测，也包含了更深广得多的智力活动。它与关于语言和想象的荒野的连接，给了它力量。……好文章是一种‘野生’的语言。”① 这就是文学的自然批评。类似这种带着浓厚的自然气息的文学批评，在中国古代文论里可谓比比皆是。

遗憾的是，20世纪50年代以后，由于深受苏联学界的庸俗社会学的影响，以及国内的一茬又一茬的政治运动的影响，中国文学的由来已久的自然批评传统遭到扼杀。那个时候的文学批评所追求的，就是社会性、阶级性、斗争性。整个文学批评界都在高扬所谓的“社会主义现实主义文学的大旗”，批判所谓的“封、资、修”的自然主义。那时候有一句非常响亮的口号，叫作“与天奋斗，其乐无穷；与地奋斗，其乐无穷；与人奋斗，其乐无穷”。全国上下都在鼓吹“人定胜天”，鼓吹改造自然、战胜自

① ［美］加里·斯耐德：《空间里的位置：伦理、美学与分水岭》，鲁枢元编：《自然与人文》，学林出版社2006年版，第992页。

然。本来是大自然的一分子的人类，在社会主义的中国，俨然成了大自然的主宰。在这样的时代背景和人文环境之下，不仅当代文学中的自然属性荡然无存，就是古代文学中那些以描写自然山水取胜的作品，如山水诗、山水散文等，也被当作“封、资、修”的东西而遭到严厉的批判。

“文革”结束之后，中国进入以经济建设为中心的历史时期，金钱和物质成为人们追求的第一目标，科学主义、技术主义、拜金主义甚嚣尘上。在这样的时代背景和人文环境之下，虽然古代文学中的山水诗、山水散文等不再遭到批判，但是文学与文学批评的自然属性依然十分稀薄。如果说，1949—1979年的中国文学与文学批评，是社会属性扼杀了自然属性，那么1979年以来的中国文学与文学批评，则是经济属性扼杀了自然属性。即使是在今天，在自然环境遭到空前破坏，人与自然的关系空前恶化，部分人的环保意识开始觉醒的情况下，文学与文学批评的自然属性仍然没有得到恢复。在西方的生态文学和生态批评日益繁荣，并逐步被引进中国的情况下，中国多数作家的创作与多数批评家的批评，对于文学的自然属性这一问题，基本上还是无动于衷的。当代澳大利亚生态批评学者凯特·瑞格比（Kate Rigby）指出：“文学批评家，特别还有文化研究的理论家对于文化、社会与自然界的关系的思考的变化反应迟缓，这已是臭名昭著的事实，而相邻的学科，首先是哲学，其次还有神学、政治学、史学，早在七十年代就开始对此进行表述。……从某些方面看对文学文本的研究竟伴随着对土地的忘却，这也许并不意外。尽管批评实践可上溯至古代对圣经及经典希腊文本的解释，现代文学批评只是在十九世纪早期才得以学院化为一种学术研究。而那正是‘自然’与‘人文’科学开始被生硬地割裂开来的时期。”① 虽然他所讲的是当代西方的文学批评现状，但是这种现状在当代中国的文学批评界同样存在，甚至更严重。当代中国的许多学者论文学，无论是论古代的文学，还是论现代的文学，依然被传统的思维定式所左右，依然习惯于时代批评和社会批评。当然，时代批评与社会批评并没有失去它们应有的价值，只

① Kate Rigby. *Ecocriticism*, in Julian Wolfreys ed., *Introducing Criticism at the 21st Century*, Edinburgh: Edinburgh University Press, 2002, p. 152. 鲁枢元编：《自然与人文》，学林出版社2006年版，第987页。

是许多文学现象，单纯地使用时代批评或社会批评根本解释不了。就读者来讲，这一类的批评也实在是太多了，早已令他们感到厌倦。

正是在这样的背景之下，文学地理学才会受到人们的普遍关注与欢迎。有学者撰文呼吁，要加强文学地理学的研究，认为文学地理学的研究可以帮助文学研究尤其是中国古代文学研究走出困境，实现学术的突围。[1]事实上，文学地理学所倡导的地理批评与自然批评不仅解决了文学的时代批评与社会批评所不能解决的众多问题，也给沉闷的、陈陈相因的文学批评界吹来了一股清新的风。相信不用太长的时间，中国文学批评界重时代批评和社会批评、轻地理批评和自然批评的局面就会扭转，而最终恢复时代批评与地理批评并重、社会批评与自然批评并重的活跃局面。

（四）文学地理学对学科建设的意义

文学地理学对学科建设本身的意义主要有两点：一是健全和完善文学这个学科；二是为世界学术贡献一个新的学科。

如上所述，几乎所有的学科，都有时间和空间这两个维度，既有解释其时间关系的分支学科，也有解释其空间关系的分支学科。历史学有通史、断代史、专门史，也有历史地理；语言学有语言史，也有语言地理或方言地理；经济学有经济史，也有经济地理；军事学有军事史，也有军事地理；植物学有植物史，也有植物地理……而文学这个学科长期以来却只有文学史，没有文学地理，因此文学这个学科实际上一直都是一个不完整的学科。

学科不完整，它的知识结构就不合理，它的功能就得不到很好地发挥，它所面对的一些问题也得不到合理的解决。文学地理学作为一个新兴学科，正是在文学这个一级学科现有的其他二级学科不能解决文学与地理环境的关系这个根本问题的情况下产生的。它的产生，一方面解决了别的二级学科所不能解决的诸多问题；另一方面又健全、完善了文学这个一级学科，推动了这个一级学科的创新和可持续发展，尤其是可以对文学理论（文艺学）这个二级学科形成某种“倒逼”之势，促使它正视并注意吸收文学地理学的研究成果，从而丰富自己的理论内涵，提升

① 李浩：《古代文学研究的困境与学术突围》，《河南社会科学》2003年第5期。

自己的实践品质，用杨义的话来讲，就是使文学理论研究“接上地气”。

国外有文学地理学的零星研究，但是没有文学地理学学科。文学地理学学科是在中国产生的。文学地理学之所以能够在中国产生，与中国特殊的地理环境、丰富的文学积累、时空并重的学术传统和源远流长的实践理性精神等有着密切的关系，从某种意义上讲，它在中国的产生也是一种必然。[①] 众所周知，20 世纪以来，中国学术界主要是从西方引进学科，很少在自己本土创立学科。例如在文学这个领域，文学史是引进的，文学理论（文艺学）是引进的，比较文学与世界文学是引进的，民间文学、儿童文学等也是引进的，引进固然没有什么不好，但是在一个拥有 13 亿人口和 5000 年文明史的大国，不能总是靠引进，总得要有自己创立的学科。而文学地理学就是在中国本土产生的一个学科，是一个地地道道的“中国创造”。这个学科建成了，就是中国对世界学术的一个贡献。

正如从国外引进的学科一般都有一个较长时间的本土化过程一样，在中国创建的文学地理学学科也会有一个较长时间的国际化过程。但是这个过程同时也是一个建设的过程，要通过与国外学术界的交流，随时听取不同意见，随时反省，随时改进，而不是要等到这个学科建成之后再把它推向世界（事实上也做不到这一点），因为我们不可能关起门来建学科，关起门来也不可能建成一个学科。事实上，中国文学地理学会自 2011 年成立以来，每年都召开一次年会，每次年会都有国外的学者应邀参加，这样就使得中国学术有了一个与世界学术对话的全新话题，而且是一个自己提出的全新话题。于是文学地理学学科的建设过程，就成了与世界学术交流、碰撞的过程。通过交流、碰撞，把已有的学术成果和学科建设信息传播出去，这也是对世界学术的一个贡献。

（五）文学地理学对人文和自然生态建设的意义

生态包括自然生态和人文生态，与地理学所讲的自然环境和人文环境相对应。文学地理学的研究对象是文学与地理环境的关系，文学家的长成

---

① 陈一军：《文学地理学学科创建的原因、意义及核心问题》，曾大兴等编：《文学地理学》（四），中山大学出版社 2015 年版。

与文学作品的产生，离不开良好的地理环境，包括自然环境和人文环境。文学作品本身对地理环境也有一定的作用，它通过文学接受者这个中介对地理环境构成影响。这包括两个方面：

一是对人文环境的影响。一个地方所产生的优秀文学家、优秀文学作品，以及与作家作品有关的文学景观、文学掌故，一个地方的良好的文学风气、文学传统等，都能对当地的人文环境构成重要影响，或者说，本身就是当地人文环境的重要组成部分。优良的人文环境对优秀文学家的长成和优秀文学作品的产生是极为重要的，正因为优良的人文环境具有这样的功能，所以一切爱好文学的人士，都会对人文环境的建设和优化提出要求，并亲身参与其中。优良的人文环境可以产生优秀的文学家和文学作品，优秀的文学家和文学作品又可以对人文环境构成重要影响，进而成为优良的人文环境的一部分。这样在优秀的文学与优良的人文环境之间，就形成了一个良性循环。这正是文化生态建设的目的之所在。文学地理学对文化生态建设的意义，就是可以通过自己的理论和方法，找到文学与人文环境之间的联系途径、机制及其互动方式，为文化生态建设提供智力支持。

二是对自然环境的影响。文学作品所描写的优美的自然环境，不仅可以给接受者带来审美愉悦，还可以唤起接受者对自然的回忆、想象和联想，从而恢复人与自然之间的联系，达到重新认识自然、亲近自然和保护自然的目的。尤其是在工业化、城市化高速发展，自然环境遭到严重破坏的今天，优秀的以自然为题材的文学作品确实可以起到环保的作用。美国哲学家欧文·拉兹洛指出："诗歌能有力地帮助人们恢复在20世纪在同自然和宇宙异化的世界中无心地追逐物质产品和权力所丧失的整体意识。所有伟大艺术也一样：美学经验使我们感觉与我们同在的人类，感觉与自然合而为一。"① 文学地理学对此表示高度认可。文学地理学对自然生态建设的意义，就是可以通过自己的理论和方法，找到文学与自然环境之间的联系途径、机制与互动方式，并提供一定的智力支持。

① ［匈］欧文·拉滋洛：《布达佩斯俱乐部全球问题最新报告》，王宏昌译，社会科学文献出版社2004年版，第129页。

贬谪地对贬谪文人的影响

——以明代杨慎为例

任群英　田志勇*

内容提要　明代才子杨慎因“议大礼”之争被贬往云南，半生流放功名成空，终生未获赦赎老死贬所。杨慎流寓云南的漫长岁月里，云南的官绅士民在物质上和精神上给予杨慎关怀照料，极大地减缓了杨慎的孤独和痛苦；云南的明山秀水滋润着杨慎，让他身心得到极大的安慰和放松；云南的朋友情深义重相知相惜，给蒙难中的杨慎最好的精神慰藉；云南的山川气候风俗民情成为杨慎创作的重要源泉和现实背景，带来的是杨慎文学创作内容风格的显著变化；云南的人、事、物、语开拓了杨慎学术研究的新领域，使杨慎在传统治学过程中将自身的知识素养和学术敏锐与云南地域文化结合起来。杨慎政治沉沦之后的人生思考、心灵创伤的修复、人生价值的选择、人格魅力的陶养、学术成就的实现，都与他长期流寓的云南有关。杨慎的人生经历说明贬谪地对贬谪文人具有重要的影响。

关键词　贬谪地　贬谪文人　影响　云南　杨慎

贬谪是中国古代独有的文化现象，中国历史上从不乏逐臣迁客的身影，从尧舜时的共工、驩兜，① 殷之太甲，② 周幽王之大夫，③ 到楚之屈原，

---

* 作者简介：任群英，红河学院人文学院教授。田志勇，红河学院人文学院教授。

① 《尚书·虞书·舜典》：“流共工于幽州，放驩兜于崇山，窜三苗于三危。”

② 《史记·殷本纪》：“太甲即立三年，不明，暴虐，不遵汤法，乱德，于是伊尹放之于桐宫。”

③ 《诗经·小雅·四月》的题旨为周幽王大夫被放逐江汉，心中哀凄惨淡，故作歌以告哀。

汉之贾谊，再到唐代的张说、张九龄、王昌龄、刘长卿、韩愈、柳宗元、刘禹锡、元稹、白居易、贾岛、李德裕；宋代的欧阳修、王禹偁、苏轼、黄庭坚、秦观……许许多多富有才华、拥有正义感、勇于斗争的文人都曾有过遭谗被贬这一痛苦的人生遭际，他们沦落天涯，忧愤恨别；他们饱尝孤独、屈辱、凄惶，身心备受煎熬。贬谪使多少才学之士寓居于穷荒僻远之地消磨生命，有的贫病交加终死贬所，有的咬定青山独善其身，有的嗟老叹贫意志消沉，有的出入佛老参破人生，有的历涉艰险凤凰涅槃。贬谪地既是流寓文人的噩梦之所，也是艰难险阻玉汝于成的人生历练场，流放于此的士人于生命沉沦之后的人生思考、心灵创伤的修复、人生价值的选择、人格魅力的锤炼、学术成就的实现、凤凰涅槃般的升华，这一切都与他长期流寓的贬谪地有关。探讨贬谪地对贬谪文人的影响，既有助于我们更加深入地了解贬谪经历对文人成长的推动作用和创作产生的重大影响，也可进一步探讨地域文化与流贬文人之间的关系。本文即选取众多被贬士大夫中的一员——明代杨慎为个案对此加以分析。

一　流寓云南的杨升庵：七十二年老迁客　骑马复走滇云陌

杨慎（1488—1599），字用修，号升庵，于明朝弘治元年十一月六日出生于四川新都一个著名的儒宦世家。杨氏一门书香浓郁，经学致用，为大明朝输送了一个贡生、一个举人、六个进士和一个状元，成为显赫一时的文化高门。杨氏家风严正，亦仕亦文，五世为官，杨慎之父杨廷和一生历经成化、弘治、正德、嘉靖四朝，于正德七年至嘉靖三年成为内阁首辅。杨慎凭借良好的家教、过人的天赋、卓越的才华，以华丽的姿态登上科举舞台，正德六年（公元1511），年仅24岁的杨慎殿试第一，武宗赐其进士及第，授翰林修撰（正五品），从此步入仕途。在父亲的教育和荫翼下，杨慎枕藉经史，博涉百家，谨严为官，曾上《丁丑封事》，劝谏正德皇帝的冶游，表现出刚正立朝、直言敢谏的品格。嘉靖三年（1524），由宗藩继位的明世宗朱厚熜欲将已逝的生父兴献王封为兴献帝，而以杨廷和为首的大臣则从礼制宗法出发，认为朱厚熜作为已故皇帝的从弟继统，应尊明孝宗朱祐樘为皇父。君臣双方争执日久，互不相让。世宗对大臣的反对极为不满，张聪等人窥到世宗“锐意尊所生”的心理，曲意附和。嘉靖三年七月十日，杨慎谐同九卿、翰林、给事中、御史、诸司郎官、六部等229人跪伏左顺门请愿，以致“撼门大哭”，“声振阙廷”，嘉靖皇帝为之震怒，命尽录诸臣姓名，并于十七日、二十七日廷杖请愿诸臣，其间18人被杖毙，被贬谪废黜者180余人，杨慎被打得死去活来，谪戍永昌，这就是明代历史上著名的“议大礼”之争。“议大礼”集中暴露了明代中叶皇权和相权的斗争，以及新进集团与内阁旧臣的尖锐冲突。杨慎成了这场错综复杂的政治斗争的牺牲品。这一年杨慎37岁。

嘉靖三年秋天，杨慎以戴罪之身踏上了前往云南的谪戍之路。被贬云南，是杨慎一生的转折点，他从庙堂之高贬往江湖之远，由京师备受推崇的翰林学士一变而为西南边疆的兵营走卒，由万千崇拜的状元郎沦落为江湖放逐客，从此终生未得赦赎。纵观杨慎一生，贵胄公子、得意状元、翰林学士、贬谪罪人，人生的反差极大，由京师、四川老家和谪戍地云南三点一线构成了杨慎一生的踪迹。以“议大礼”案为界，杨慎的一生分为前后两段，前半生37年，除却其间回乡守孝及告病回乡约10年的时间，他主要居住于京城。后半生35年贬戍滇云，受禁令所制，足迹未出滇川，其间除回乡探父和借戎役之故到四川老家和泸州散居外（前后加起来约12年时间），实际居滇时间达23年之久，直至嘉靖三十八年（1559），72岁的杨慎病死于贬所。云南已经成了杨慎名副其实的第二故乡。

流寓于云南的杨慎是什么样的？从现存于云南建水福东寺的杨升庵先生石刻像，可睹四百多年前升庵先生的风采，先生身着长袍，手拄竹杖，身形清朗，须眉端庄，一副风流儒雅的学者模样。据说升庵的竹杖高五尺许，以四川大节竹制，上自镌铭“中空外直，劲节虚心”八字，署名为“主杖子”。可以想见，当年的新都公子滇中迁客手拄这支镌铭竹杖，风尘仆仆漫行于云南大地的行状。失去政治作为的杨慎流寓云南的岁月里，或讲学碧峣精舍，或优游林泉古刹，或探访流连四方胜境，或醉心美景泼墨挥毫，或淹留学问埋头著述。人生的大逆转让杨慎的人生充满了传奇：一个博学的才子，却在云南的明丽山水中过着囚犯的生活；一个朝廷重犯，却与云南诸多民众融洽相处，成为云南家喻户晓的人物；一个偏居蛮荒的逐臣，却成了明世记诵之著述之富的第一人；一个远离政治中心功业无望的边缘人，却成了边疆民族地区传播文化、教育人才的领袖。人生如此错位，却不失辉煌，这期间除了杨升庵的勤奋自励外，更有贬谪地云南对杨升庵的影响。

二　云南给予状元郎的温暖：屏居三十年　宛如故乡陌

嘉靖帝对忤逆他意志的180名官员均廷杖下狱贬职废黜，其中丰熙、杨慎、邵经邦、王元正等8人处罚最重，敕令充军烟瘴。杨慎被押解到云南边地永昌服役，永不叙用。嘉靖七年，余怒未尽的嘉靖帝又剥夺了致仕在家的杨廷和的所有封赠与爵秩，将其削职为民，次年，这位亲手选定嘉靖继位的首辅大臣含愤离世。嘉靖十六年二月，皇子出生大赦天下，唯有杨慎等8人不在赦列。嘉靖二十七年，在吏部的一再提请下，因大礼案谪戍的人中有136人还归，丰熙、杨慎等8人却在不赦之列。按《大明律》规定，满60岁的充军者可以由子侄替役，年过七旬可以赎身，但年满60岁的杨慎主动申请却没人敢受理，直到68岁才以垂老之年请假返回靠近故乡的泸州居住，由于嘉靖皇帝的又一次询问，年迈多病的杨慎再次被押解回永昌戍所。对这痛苦的折磨，悲愤交加的杨慎和着血泪写下“七十余生已白头，明明律例许归休。归休已作巴陵叟，重到翻为滇海囚。迁谪本非明主意，网罗巧中细人谋。故园先陇痴儿女，泉下伤心也泪流”（《六月十四日病中感怀》）①。嘉靖不念师生之谊，对杨慎的怀恨是终生的，几十年中，深居大内的嘉靖皇帝对贬谪滇南的杨慎耿耿于怀，每问杨慎云何？阁臣以老病对，乃稍解。杨慎老死南荒后，嘉靖帝还派人前来查验，见穿戴着戍卒衣帽静躺棺内的杨慎尸身后才彻底放心。

与嘉靖帝的刻薄寡恩相比，云南却给予了杨慎春天般的温暖。嘉靖四年（1525）二月，落魄状元以廷杖重创之躯，行役万里到达戍所永昌，已是“肉黄皮皱形半脱”，幸得永昌知府严时泰悉心照顾，对此杨慎在《伏枕行赠严应阶》一诗中有详尽描绘：“衰迟远寻留药价，寂寞时供买山钱。同年意气同兄弟，异乡会合情尤异。”② 严时泰与杨慎是同年，不仅为杨慎安排了住宅，而且待他如宾客，尽力周旋存护，免他“荷戈团操”之役，患难之中得

---

① （明）杨慎：《升庵集》卷二十九，《文渊阁四库全书》第1270册，上海古籍出版社1987年版，第217页。

② （明）杨慎：《升庵集》卷三十九，《文渊阁四库全书》第1270册，上海古籍出版社1987年版，第269页。

此友情，分外珍贵。杨慎到永昌军中不久，在云南巡抚郭楠、黔国公沐绍勋、永昌知府严时泰等地方官员和友人的帮助下，被移置到多有温泉的安宁休养，并改修云峰书院供其居住。嘉靖七年（1528）春，安宁瘟疫，杨慎又被迁移至洱海城居住。嘉靖十年，李元阳等人在大理与杨慎探讨学术，并置写韵楼供其著述授徒。嘉靖十三年（1533），王颖斌特意建状元馆迎杨慎至阿迷讲学读书。士绅叶瑞也请杨慎到建水开馆讲学教授生徒，并让他寄寓在叶家宗祠。嘉靖二十五年（1546），杨慎移居昆明，与他同受廷杖而死的毛玉之子毛沂特意为升庵修建“碧峣精舍”供其休憩讲学。滇云官绅百姓极尽所能为杨状元建馆筑楼使之安居，三任黔国公沐始勋、沐朝辅、沐朝弼更在政治上、生活上、精神上给予杨慎很多照拂和存护，[①] 云南巡抚郭楠不仅在各方面给予杨慎方便，而且还上疏明世宗为杨慎求情，结果下狱并贬为庶民。杨慎谪戍滇云，当政者为解其思乡之苦，还以奉戎役的名义默许他数次往来于滇蜀，或回乡探父，或在四川老家及泸州散居，使他得与家人相聚。

杨慎流寓于天高皇帝远的云南，当时滇云的一些当权者和士绅百姓并没有把杨慎当作罪犯看待，相反对他的不幸遭遇充满了同情，对他的才华充满了景仰，因而杨慎不用穿着军卒的衣服，不用待在永昌“荷戈团操”服苦役。当地官府给杨慎提供了一个相对自由而宽松的环境，杨慎在贬谪地云南的生活是自由的，他可以自由出行，因而得以遍观滇云的山山水水；他可以与滇云人民自由地来往，因而滇中的野老村夫、妇人孺子多识其姓名，人们亲切地称他“杨状元”。云南给予贬戍者如此优厚的待遇在整个中国贬谪史上恐怕也是少见的。滇中官吏和士人的尊重、关心和照顾，带给苦难中的杨慎丝丝缕缕的温情，让“千里有家归未得，可怜长作滇南客”（《渔家傲》）[②] 的杨慎减缓了孤独、痛苦，身心得到极大的放松。杨慎内心深处也把云南当作了他的第二故乡，“高峣亦吾庐，安宁亦吾宅。屏居三十年，宛如故乡陌”，[③] 这是杨慎终老之前对云南这块土地和生活在

① 丰家骅：《杨慎与云南沐氏》，《南京师范大学文学院学报》2009 年第 3 期。

② （明）杨慎：《升庵长短句》卷二，《续修四库全书》第 1723 册，上海古籍出版社 2013 年版，第 467 页。

③ （明）杨慎：《晨发高峣东丘月诸杨墨池》，《升庵集》卷十六，《文渊阁四库全书》第 1270 册，上海古籍出版社 1987 年版，第 134 页。

这块土地上的人民深厚情谊的表达。

三　云南的山水滋养与诗酒唱和：天教一片滇南景　逐我多情万里来

（一）云南山水给予杨慎的滋养

杨慎是带着心灵和肉体的创伤来到云南的，肉体的创伤可以用医药治疗，心灵的创伤却迟迟难以愈合，愤懑、伤感、忧郁的情绪始终萦绕在状元郎的心头难以释怀，是云南的明山秀水滋润了杨升庵，让他身心得到极大的安慰和放松。在漫长的流寓岁月中，有了官绅士民方方面面的关怀和照料，杨慎的生活过得还算宁静安稳，渐渐地，游历滇云的山水几乎成了杨慎人生的一件要事。杨慎醉心山水，乐游四方，足迹所至，几遍云南。他以安宁和高峣两处住所为中心，游览了呈贡、嵩明、寻甸、晋宁、昆明等周边山水，将西山、碧鸡山、金马山、东西寺塔、华亭寺、三清阁、太华寺、筇竹寺、黑龙潭、圆通寺、太华山、曹溪寺、螳螂川、清水海、乌蒙山、邵甸山等美景一一游遍并记载于诗词之中。此外，他还常常应朋友之邀出游各地以至寓居，如嘉靖十三年（1534），杨慎应好友王廷表的邀请到阿迷（今开远）和建水住了几个月，游览了临安的新湖、燕子洞、限林寺、文庙、朝阳楼，通海的秀山，江川的碧玉峰、抚仙湖，石屏的异龙湖，蒙自南湖等滇南名胜，杨慎留恋这里纯净的湖和秀美的山，常把这儿和江南水乡相比，并在此吟诗作对。他还游览过滇东北的曲靖、宣威、沾益、盐津、彝良、大关、水富、绥江、鲁甸、昭通等地。滇西则是他远游最多的地方，因为疫病迁居洱海城的缘故，杨慎曾以较长时间游历大理周边的各个县，剑川石宝山、蒙化魏宝山、鹤庆方丈山、景东无量山、永平博雨山、宾川鸡足山等多处名山，以及洱海、碧玉泉、点苍山、感通寺、南诏德化碑等名胜常出现在其诗中。云南境内群峦起伏，山岭叠嶂，气候宜人，风光旖旎，寺庙、亭台、楼阁、塔桥比比皆是。每游一处，杨慎都流连忘返，凡遇名山胜水常诗兴勃发挥毫留题，“不是蟠胸多磊落，那知绝域有江山”，[①] 杨慎寄情山水，兴之所至，情之所由，无不放歌抒怀。

---

① （明）杨慎：《太守董约山访予高峣海庄胜言寻甸山水之嘉即事》，《升庵集》卷二十九，《文渊阁四库全书》第1270册，上海古籍出版社1987年版，第213页。

云南山水之美日复一日地洗刷着杨慎心头的愁怀苦闷，使杨慎感到“山川之美，触可登临，使余乐谪居而忘故里者，非兹泉也与”。[①] 杨慎从失落、愤懑、思乡到乐谪居而忘故里，心境渐趋于平静。更重要的是浸淫山水30余年，杨慎在领略绝域山水的同时，心灵得到抚慰，灵魂受到荡涤，在一次次的游走中感悟到天地之阔大，造化之恢宏，时间之苍茫，功业之渺小，明白了高天阔地之间，浪花淘尽千古英雄，帝王将相状元郎功名利禄是非成败皆转头成空。走出自负走出小我天地的杨慎，不再汲汲于一己之得失，将生死荣辱轻轻放下，繁华落尽之后，杨慎在偏僻的云南贬所直触到生命的真纯，大彻大悟，精神高远，以白发渔樵笑看风月的形象傲立于历史长河之中。

（二）杨慎与云南文士的诗酒唱和

杨慎出身显宦，在京师与诗文同道、仕宦名流都有交往，一朝贬往滇云，顿感冷寂，幸好云南并非风雅不开的荒蛮之地，当地也有不少文士，主要是在滇做官游历之人，或是本地的读书种子、辞官归乡之人。杨慎贬谪云南后，文人的本性使他更多地与当地的诗文同道交游。这里既有他的故交，如永昌人张含19岁游学京师时就与少年杨慎相识相交并结下终生不渝的友谊，杨慎入滇后，两人交往更密，诗酒唱和，直到生命的终点。升庵到云南后还新结识一批文友，与当时云南著名的文人学士往来交好甚密，如大理人李元阳，嘉靖五年进士，曾出宰江阳，授荆州知府，折监察御史，因议礼权臣而罢归乡里，杨慎和李元阳诗文来往甚密。太和人杨士云，正德十二年进士，授翰林院庶吉士，曾任户部给事中，为人刚直不阿，致仕后专心研究经学、文学、史学、地理学，曾与杨慎同游大理、洱源等地，寓居感通寺，其《弘山集》中与升庵的唱和诗有百余首。昆明人胡廷禄，正德十年进士，官至南京户部郎中，出任河南按察司副使，因忤武宗南巡事被削职归里，杨慎居高峣和安宁时与胡廷禄诗文来往甚密。王廷表是正德九年进士，在外为官冒犯权要被勒令致仕，因其父为升庵师，故与杨慎相交如兄弟，[②] 王廷表酷

① 王文才、万光治编：《杨升庵丛书·升庵文集》，天地出版社2002年版，第387页。

② 杨慎作《王钝庵墓碣》：“慎居安宁，形影相吊，公相慰者。凡六往返迎慎阿迷，建状元馆居慎者数月。逸翁吾师，公吾异性兄弟，海内恩义无比。”该文收于王廷表《桃川剩集》，《丛书集成续编》第115册，上海书店出版社1994年版，第136页。

爱诗文，与杨慎唱和最多，二人以梅花为题，留下了脍炙人口的《梅花唱和百首》。晋宁人唐崎，嘉靖五年进士，初仕定远县令，折监察御史，历官河南按察司签事，忤权要辞官回乡里，嘉靖二十七年春天，杨升庵会聚唐琦及当地文士游览晋宁、澄江等地，并创作了多首诗词。昆明人叶泰，正德十六年进士，授礼部主事，嘉靖初年起用为光禄寺丞，擢工部侍郎，致仕不出，与杨慎同游西山和昆明池，互有诗文往来唱和。临安人叶瑞，嘉靖二年进士，官户部主事，杨慎与叶瑞相识后，二人游览了许多滇南的名胜，诗酒唱和，成为挚友……

杨慎和这些诗文同道经常聚会唱和，其中有诗集刊行的就有三次聚会：苍山雅集、清音竞秀雅集、昆明池赏雅集。唱和者有李元阳、章懋、叶泰、谢瑜、程启充、敖英、胡廷禄、简绍芳、熊过、曾屿、刘大谟、张佳胤等人。另外，他们还举办汐社、紫房诗会等诗社。杨慎的许多诗词作品都是和朋友唱和之作。在众多唱和的文士中，杨弘山士云、王纯庵廷表、胡在轩廷禄、张半谷含、李中溪元阳、唐池南琦最为著名，号称“杨门六学士”。六子皆参加过科举考试，都曾到外地做官，都不屈从权贵，因而他们身份、地位、经历、学养相近，志趣相投，有杨慎的核心号召力，他们很容易结合在一起，互相欣赏，互相饮酒唱和于名胜之地。杨慎与诗友们唱和的这些诗章，真情实感，绝假纯真，从生活深处体验得来，也显得分外动人。杨慎病重弥留之际写下的绝笔诗——“魑魅御客八千里，羲皇上人四十年。怨诽不学离骚侣，正葩仍为风雅仙。知我罪我春秋笔，今吾故吾逍遥篇。中溪半谷池南叟，此意非公谁与传。”[①] 把人生最后的心里话托付给知己李元阳、张含、唐琦，可见杨升庵对朋友的倚重和信赖。

在多年的相处中，杨慎和这群诗友相知相惜，情深义重，成为须臾不可相离的知己。滇中朋友纯真的友谊和关怀，也给蒙难中的杨慎极大的精神慰藉。有了朋友相伴，杨慎才在崎岖艰难的道路上度过了漫长的35年的流放岁月。而杨慎在与云南文士交游的过程中，常以诗文相砥砺，关心云南文学的发展，为云南的学者文人的诗词文集批解注释、作序作跋。他奖

---

① （明）杨慎：《病中永诀李张唐三公》，《升庵集》卷三十，《文渊阁四库全书》第1270册，上海古籍出版社1987年版，第217页。

掖后进，注意发现培养当地民间初露才华的诗人，如拜访杨林诗人兰廷瑞，并在自己的论诗著作《升庵诗话》中收录了兰廷瑞几首较好的诗，这是对后学莫大的奖掖。杨慎推动云南文学创作，对云南文学的影响，很大程度上是通过这些人来实现的。杨慎与滇云文士的交往唱和，也让杨慎的创作打上了地域文学的烙印。

四　云南对杨升庵文学创作与学术成就的影响：知我罪我春秋笔今吾故吾逍遥篇

（一）国家不幸诗家幸　赋到沧桑句便工

谪居滇云，成就了杨慎独具特色的诗文创作。一般贬谪文人来到不熟悉的地方，所见所闻与原先生活反差很大，会更注意流寓地的奇异之处。杨慎从京都最强势的文化中心走进云南边地这文化弱势区域，原本熟悉的京城上流社会的景象和生活全然消失，代之而来的是迥异于中土的自然景物、山川地貌、气候风物、边地风情等边远地带特殊的地理特点和风土习俗。加之杨慎早年就具有很深的诗学修养，入滇之后，漫长的贬谪给杨慎提供了极其宽裕的创作时间，能够全面地了解滇云风物，能够悠闲自在地游览滇云山水，能够细致生动地考察和描述滇云的岁时风俗、民居、饮食、服饰等，并以极好的诗学感受把这一切写进其诗词中。杨慎到过的地方在他的诗词中几乎都有描述，其诗2000余首，其中吟咏云南事涉南疆的诗作占其全部诗文的三分之一。其词360首，基本上是贬戍滇云之后的作品。杨慎入滇以后的诗文创作最显要的变化是题材内容的扩大，主要表现为：

1. 杨慎以陌生化的审美眼光，写了大量反映边疆风土民俗的诗作，如“柳本诗家风物，滇南之柳独不吐丝不飞絮”，为此写下组诗《滇南柳枝词八首并序》；“天气常如二三月，花枝不断四时春”，四季如春的滇云物候表现在《滇海曲十二首》；“东寺云生西寺雨，奇峰吐，水椿断处余霞补”的奇丽美景，“松炬荧荧宵作舞，星回令节传今古”等佳节的细腻描写，在《渔家傲·滇南月节词》中都有如痴如醉的吟咏。

2. 杨慎繁复的诗篇中出现了不少揭露封建暴政、为民请命的诗文，如《元谋县歌》、《白崖》、《宝井篇》、《悯雨》、《观刈稻纪谚》、《九月地震二旬》、《滇池涸》、《海口行》、《后海口行》、《恶氛行》、《悯雨》等诗，流露出关心同情人民，与人民同甘共苦的情怀。杨慎一生以儒者自居，治国、治世的理想一直未曾忘怀，关心国事、时局、民生，即使在放逐滇南的漫长岁月里，济世救民的热情依然充满心怀。

3. 杨慎文学创作中出现了许多关注民间生活的诗文，杨慎从高居云端的社会上层坠入生活底层，得以实实在在地接触地气，对下层人民的生活有了更加深刻的了解和体验。例如1986年11月在云南腾冲县东南来凤山出土的《方田子郑国秀墓志铭》,[①] 为张含撰文，杨升庵书写，李元阳篆盖。该墓志铭年款为“嘉靖三十八年（1559）二月十七日”，为杨升庵晚年手笔。墓主人方田子郑国秀是永昌府腾越州乡间的一位普通农人，墓志洋洋二千余言如实叙述了墓主人磨肩挑担经商躬耕稼穑，供养兄弟儿子五人读书成才的事迹。杨、张、李三个大文人精美的书法、热情洋溢的文章、气韵生动的表现居然融会在一方名不见经传的农人墓志铭上，这方墓志的出土，更让我们感受到杨升庵的博大情怀。如果不是流寓南荒，作为人上人的杨慎怎会关注一个平凡的小人物？而甘愿为普通平民百姓树碑立传，这在封建社会的名流学者中恐怕也是少有的。这些都极大地拓展了杨慎诗文的创作范围。

表现的主体变了，主观情绪变了，杨慎诗文创作的风格也随之产生了变化，云南的山、水、人、事、物、景为杨慎诗作注入了新鲜的血液，视觉的反差给创作带来新奇的格调，杨慎带着一双发现的诗眼，看到人人有诗，代代有诗，处处有诗。杨慎将贬谪之痛、身世之悲融入滇云的风物之中，诗调悲凉，与他前期诗作的雍容华贵迥异。从杨慎个人来看，贬谪滇云成了他生命中最深沉的体验，也成为他文学创作主要的动力、源泉和最重要的现实背景，带来的是杨慎诗文题材内容风格的变化。从整个文学史来看，唐宋以来流寓文人对岭南、闽中、荆楚、巴蜀、越中、安西北庭等地域的描绘，使更多的人通过其诗作形象地了解到这些地域的文化特点，而云南很少进入人们的视野，杨慎吟咏滇云的诗作，无疑在开拓南国诗界疆域方面有极大的贡献。滇云有幸得遇杨慎，使滇云文化得以发扬；杨慎

---

① 杨复兴、彭文位：《云南腾冲出土杨升庵楷书石刻》，《四川文物》1988年第5期。

有幸寓居滇云，使其文学创作穷而后工。贬谪地与贬谪文人之间往往是相互作用、相互影响的。

（二）道屈才方振 身闲业始专

杨慎学术研究范围广博、研究成果丰硕，举凡经史、金石、声韵、文字、诗词曲赋、文学评论、书法音乐、诸子百家、天文、地理、医药、动植物学无所不包，这得益于他蒙受的苦难和人生的转型，谪居滇云成就了杨慎一生的功业，这是加害于他的暴君始料不及的。

1. 杨慎著作大多作于贬谪之后。中国历史上数百个状元，能够留名后世的并不多，杨慎是其中的佼佼者。如果杨慎人生一帆风顺，他会满怀激情地投身于变幻莫测的政坛，淹没在嘈杂的官场喧嚣和政坛纷争中，他的才情必然受损，甚至折杀。然而杨慎的人生演绎的却是另一种路径，他的仕途刚刚出现曙光时就黯然熄灭了，遭贬一去35年，光阴荏苒，萍踪万里，杨升庵半生流放，功名成空，归乡无望，身老江湖，虽遭受极不公正待遇，却没有消沉堕落一蹶不振，而是彻底摆脱了政事掣肘人事羁绊，将全部才情和精力投注到文学创作和学术研究之中。加之杨慎流寓云南期间受到官绅士民的厚爱，为他提供了一个相对安宁的外部环境，使之得暇遍览群书潜心治学，杨慎报答云南父老乡亲的唯一方式也是竭尽所学，惠泽滇云。于是，谪戍半生的杨慎找到了消解痛苦、安顿生命、体现自我人生价值的事业——悉心著述。“既投荒多暇，书无所不览。尝语人曰：‘资性不足恃，日新德业，当自学问中来。’故好学穷理，老而弥笃……明世记诵之博，著作之富，推慎为第一。”① 杨慎大量的著述作于他贬谪之后，嘉靖十六年，杨慎好友王廷表为他写《刻丹铅余录序》时，收录他的著述有《古音略》等23部。到嘉靖三十年，简绍芳编杨慎年谱，收录他的著述则增至117部。② 我们熟知的《升庵长短句》从创作到结集都是他贬戍滇云之后的作品。诗学理论著作《升庵诗话》也作于谪贬云南以后，多系偶有所识所得便录而辑之，先后共得750多条，其中还有近二十条是和当时云南的文人学者议论诗歌创作理论和论及南诏、大理国诗词歌舞的。杨慎著

---

① 《明史》卷一百九十二《杨慎传》，上海古籍出版社1996年版。

② 丰家骅：《杨慎评传》，南京大学出版社1998年版，第104页。

述立身的经历正应了白居易那句名言：道屈才方振，身闲业始专。

2. 云南士人对杨慎著述所给予的帮助

据杨慎友人简绍芳所言，“其平生著述四百余种”，《明史升庵传》则说“诗文外，杂着至一百多种，并行于世”。大致算来，杨慎生前已成书的达100余种，印刷流行的超过一半；杨慎身后由门人弟子、儿孙、学者整理的著作约有300种。云南本土士人在与杨慎的长期交往中结下了深厚的友谊，据学者统计，[①] 杨慎云南诗文中涉及云南人近两百，为云南著作家们书写过37篇书序、跋，为云南学者编著过8部书。同时，云南本土文人为杨慎写过近70篇书序，出版近50部著作。兹举云南人为杨慎编辑著作、为序跋、校订、出版的部分书籍：

《墨池琐录》4卷，杨慎撰，金齿张含跋。《南中集》7卷、《续集》4卷，杨慎撰，张含和阿迷王廷表序，蒙化朱光霏后序。《陶情乐府》4卷，杨慎撰，张含序，嘉靖间云南刻本。《李诗选》5卷，杨慎选批，张含序，张含刻板。《古文韵语》2卷，杨慎撰，张含序。《诗话补遗》3卷，杨慎撰，张含序，杨慎门人曹命编。《尺椟清裁》11卷，杨慎撰，张含序，王廷表后序，永昌刊。《升庵长短句》4卷，杨慎撰，王廷表跋，唐锜序。《古音复字》5卷，杨慎撰，王廷表序。《檀弓丛训》2卷，杨慎撰，张含跋，嘉靖年云南姚安府刊。《丹铅总录》27卷，杨慎撰，滇南梁佐编，梁佐和王廷表序，梁佐刊。《丹铅余录》17卷，杨慎撰，王廷表序。《石鼓文音释》3卷，附录1卷，杨慎撰，滇南张纪刊，云南泉司重刊。《玲珑唱和集》2卷，杨慎撰，嘉靖云南巡抚顾应祥刊。《词林万选》4卷，杨慎选，嘉靖癸卯楚雄知府任良韩刊。《词品》6卷，《拾遗》1卷，杨慎编，嘉靖甲寅云南洱江书屋刊。《水经注碑目》1卷，杨慎著，嘉靖丁酉云南按察使永康朱之刊。《史记题评》130卷，杨慎编，云南太和李元阳辑，嘉靖十六年李元阳刊。《奇字韵》5卷，杨慎撰，李元阳校，嘉靖间李元阳刻本（注：卷1为杨慎撰，卷2至卷5为太和董难撰）。《古音猎要》5卷，杨慎撰（注：卷1为董难撰），李元阳序，嘉靖年间李元阳校刊。《转注古音略》5卷，《古音略例》1卷，杨慎撰，嘉靖年间李元阳刊，又有云南巡抚

① 李朝正：《杨慎在川滇文化传播和交流中的作用》，《社会科学研究》1991年第4期。

顾应祥嘉靖十一年序，万历年间刊。《杨慎长短句》4卷，杨慎撰，云南唐绮序，嘉靖年间刊。《广夷坚志》20卷，杨慎著，门人夏林序，嘉靖二十年刊。《杨子卮言》，杨慎撰，成都刘大昌序，嘉靖四十年洱江书院刊……

从上述所举不难发现，张含、王廷表、唐锜、李元阳、梁佐等人以杨慎朋友、知交的身份做了大量的工作，他们默默地为杨慎编辑校订著作，为其著作写序跋，董难等人甚至还参与撰写、完成杨慎著作的一部分，还有友人乃至官府出资为杨慎出版刊印著作。从杨慎给自己著作写的跋也可知，杨慎著述的过程并非独自闭门造车，而是与一群志趣相投的朋友相互问学，在实际解决问题的过程中催生的学术成果。试想，如果没有众人的帮助和努力，升庵的许多学术著作不得付梓，而缺少定型文本的学术成果在传播过程中的影响力和持久性是有限的，更容易湮没在历史的尘埃中。杨慎宏富的著述结集问世及刊载流传，其中也有云南士人的功劳，很大程度上说，正是杨慎和云南士人的共同努力，成就了杨慎的学术辉煌。

3. 谪居滇云开拓了杨慎学术研究的新领域

杨慎恰闻博学，才艺兼擅，涉猎范围极广，艺术禀赋极高。如果杨慎不曾踏入云南这片神秘的土地，他的命运不曾与云南的人事发生交集，那么杨慎的学术研究领域绝对不会如此丰富而有特色。杨慎流寓云南数十年，在艰苦的环境中从未停止过思考和研究的脚步，“自蒙难以来，呕心苦志，摹文续经，延搜百氏，穷探古迹，凿石辨剥泐，破冢出遗忘”。[①] 杨慎将自身的知识素养和学术敏锐与云南的地域文化结合起来，故能在传统治学过程中发现新的学术增长点，并在诸多研究领域具有开山之功。

（1）注重发掘云南本地的碑刻。《升庵诗话·闾邱均》条记载：“成都闾邱均，在唐初与杜审言齐名……均亦曾至云南，有《刺史王仁求碑文》《爨王墓碑文》，皆均笔也。《爨墓碑》，洛阳贾馀绚书。予修《云南志》，以均与馀绚入《流寓志》中。”[②] 杨升庵简介了唐代成都文人、诗人兼书法家闾邱均在云南书写了几块碑以传播他的书法艺术的事迹，这几块唐代的

① 刘绘：《与升庵杨太史书》，该书附于《升庵集》卷六《答重庆太守刘嵩阳书》后，《文渊阁四库全书》第1270册，上海古籍出版社1987年版，第75页。

② （明）杨慎：《升庵诗话笺证》卷六，上海古籍出版社1987年版，第203页。

古石刻碑文《刺史王仁求碑文》、《爨王墓碑文》、《爨普碑》有着重要的史料价值和书法艺术价值，对此，杨慎以前的地方志中虽略有记载但未引起重视。升庵居安宁时，曾专门到石椿村察看了这块碑文，这表明杨升庵对古碑价值的重视，与此同时还写下《过石椿村访唐河东刺史王仁求碑》一诗，抒发墓碑湮没在青苔荒芜中的沉寂。在云南文苑还盛传着杨状元释《岣嵝碑》、补《石鼓》文的博识多知的故事。《岣嵝碑》（又名《神禹碑》），相传为古夏禹时所刻，碑上刻有77个字形怪异难辨的古篆体书，字形如蝌蚪，又似虫书，很难辨识，被称为“天书”，杨慎是唐宋以来第一个将这篇神奇的碑文破译出来的人。杨慎在云南时，对云南各地的古金石文都较为关注，他认为金石碑文是研究云南历史文化的重要材料，曾编《金石古文》十四卷，共一百来幅金石碑帖。这也说明杨慎能在传统治学过程中，注意从现实生活中发现新的学术增长点。

（2）注重云南山川地理气候的考察。杨慎流寓滇云，其游历之广、探寻之精细，无人能比。这样的流寓经历成就了杨慎学术生涯中地理学方面的研究成果。《滇南山川志》就是杨慎流寓云南期间游历云南各地后写的著作，该书翔实地记录了云南的山川风物、丧礼民俗，采集了许多民间风谣，对云南秀丽奇伟的名山大川，都清清楚楚地标明其源流疆域、地理位置。《滇程记》一书主要记载杨慎从中州地带经湖北进湖南入贵州一直到云南永昌的历程。杨慎入滇，由湖北江陵舍舟登陆，首程就是公安，从公安起极为详细地记载了每程的亭驿、地势的险峻、所见和当日游历的情况等。杨慎自己写的书跋中说：“余窜永昌、去都门，陆走万余三千里，买舟下江陵登陆，鬓流弓折，江陵以西，山川日以遐，目益以旷，心益以悲。壮趾怯来，梦想未到，岂诗人之登高，史家之足迹耶。然休旅之暇，犹不忘情性习，乃作《滇程记》。”[①] 此书在介绍一万三千多里的行程中，又兼及山川、花鸟、风物，因是作者亲身所见所闻，故较为翔实可信。《滇程记》万历乙巳年付梓后尚有过录本流传至今。[②] 此外，杨升庵还撰写有《滇候记》，通过自身的观察、感受、躬测、验证，记载滇境气候变化，

① 方国喻编：《云南史料丛刊》第五卷，云南大学出版社1998年版，第812页。

② 张德全：《第一部中原至云南的旅程指南〈滇程记〉》，《四川文物》1991年第2期。

升庵在《滇候记序》中说："余流放滇，越温暑毒草之地，鲜过从晤言之适，幽忧而屏居，流离而越时，感其异候有殊中土，辄籍而记之。"① 在四百余年前就有如此记载一地气候的专书，实不多见。遗憾的是《滇候记》现已不存。从以上著述可见出杨慎善于将自身的知识素养和学术敏锐与云南地域文化结合起来的一个治学特点。

（3）注重云南地方志的修撰。明代地方志的修撰进入全盛时期，各地普遍兴修府、州、县志和卷帙浩繁的方志，详细记载各地区历史上从自然到社会各方面的基本情况。升庵贬谪期间，较关心云南地方志的修撰，曾写过《云南乡试录序》、《云贵乡试录后序》、《楚雄府定远县新建儒学记》、《临安府乡贤祠记》，为云南各地编撰地方志提供了宝贵资料。同时，他也积极地为所修地方志写序，如《剑川志序》、《大理府志序》。杨慎本人还直接为云南编纂了一批地方志书，除《云南山川志》外，为云南白族修撰《滇载记》，这是记载南诏国始末因由的一本史书，杨慎曾自跋"余婴罪投裔，求蒙、段之故于图经而不可得也，问其籍于旧家，有《白古通》、《玄丰年运志》，其书用僰文，义兼众教稍为删正，令其可读，其可载者，盖尽此矣"。② 杨慎这一跋语，被李元阳修《云南通志》时编进卷十五《艺文》类中，题为《杨慎书〈滇载记〉后》，说明《滇载记》是根据旧家所藏《白古通字》、《玄峰年运志》进行翻译整理，删繁就简编成，该书扼要翔实地叙述了南诏历史，研究六诏史迹的源流，当以《滇载记》为较早的刻本。此外杨慎还把平日所搜集的资料，与滇人倪辂所集的《野史》荟萃成编，题名为《南诏野史》，该书虽经后人编改已非升庵原书旧样，但仍可见出杨慎当年著述的用心。

综上所述，明代才子杨慎因"议大礼"之争被贬往云南，半生流放功名成空，归乡无望终老贬所。杨慎流寓云南的漫长岁月里，云南的官绅士民尽可能在生活上、精神上给予杨慎关怀照料，这极大地缓解了杨慎的孤独和痛苦；云南的明山秀水滋润了杨慎，让他身心得到极大的安慰和放松；云南的朋友情深义重与杨慎相知相惜，给蒙难中的杨慎最好的精神慰

① （明）杨慎：《滇候记序》，《升庵集》卷二，《文渊阁四库全书》第1270册，上海古籍出版社1987年版，第25页。

② 杨国才、顾士敏：《杨慎与〈滇载记〉》，《大理师专学报》1987年第4期。

藉；云南的山川气候、风俗民情成为杨慎创作的重要源泉和现实背景，使杨慎的文学创作清丽不俗、别有一番风貌；云南的人事物语、历史古迹开拓了杨慎学术研究的新领域，使杨慎在传统治学过程中将自身的知识素养和学术敏锐与云南地域文化结合起来，并在诸多研究领域具有开山之功。杨慎生命沉沦之后的人生思考、心灵创伤的修复、人生价值的选择、人格魅力的陶冶、学术成就的实现，都与他长期流寓的云南有关。杨慎的人生经历说明，贬谪地带给贬谪文人的并非只有无尽的苦难和消极的影响，它所具有的深沉而内在的作用，值得我们细究。

《豫约》与“流寓客子”：李贽流寓寺院及其流寓观[*]

王小岩[**]

内容提要　李贽在《豫约》中赋予流寓反抗现实政治秩序和伦理道德的可能性，把流寓作为思想进入、进取的方式，流寓是思想超越的路径之一，这是李贽赋予流寓的新内涵。同时，李贽以自身流寓寺院的体验，落发，自任异端，到超越生死，将这些宗教仪式、自我孤立、独任大道的思想，注入他的流寓观里，不仅实现了身体流寓，也实现了思想流寓，做到了双重的自我放逐。

关键词　李贽　《豫约》　流寓　寺院　异端

敏泽先生《李贽》一书，介绍李贽生平时，专设“‘流寓客子’及其遭遇的迫害”一节，介绍李贽晚年辞官后，在黄安、麻城、南京、北京等地流寓和遭遇迫害的经历。“流寓客子”是李贽的自称，见于其晚年所作《豫约》一文。当时李贽已经70岁，为了在他死后龙湖上院的僧人能够严格自我约束，“豫作戒约”。在这篇文字里，李贽不仅写下了严格的寺院管理规定，且娓娓讲述了自己的流寓生涯和思想大略，《豫约》也成了晚年李贽的自我总结。本文就李贽在《豫约》中的流寓观作一阐释，并进一步揭示他流寓寺院的“自我放逐”式生涯与其思想形成的关系，以期对流寓文化研究作些补充。

---

* 本文系广东省学科共建项目《中国古代寺院与流寓文化研究》（编号：GD13XZW10）阶段性成果。

** **作者简介**：王小岩，广东海洋大学文学院、东北师范大学文学院讲师，文学博士。

一　《豫约》中的流寓观

李贽生于明朝嘉靖六年（1527），福建泉州（今晋江县）人。敏泽先生将李贽的一生分为三个阶段：第一阶段为嘉靖三十一年前，这是李贽在家乡学习，准备参加科举考试阶段。嘉靖三十一年，李贽考中举人。因为贫困，他不准备参加会试，拟以举人身份出任地方官员。但未想到，他被选为千里之外的共城教谕，从此开始了官宦生涯，也即他人生的第二阶段，他先后升任南京国子监、北京国子监等教职，一直到万历八年云南姚安府知府任满为止，这一年他 54 岁。从姚安府任满，李贽把妻子送回福建，由他的女儿、女婿照顾，他自己则流寓在湖北各地，寄住在朋友捐助的各类寺院之中，直到 76 岁在北京监狱自割而死，这二十多年的流寓客子生涯，是李贽的人生的第三阶段。[①] 李贽写作《豫约》时，如前文所述，是他感到生死只在旦夕之际，定戒约约束龙湖上院的僧徒，所以文字宛转清畅，不仅写了约文，还细细述及这些约文定制的原因，全文有“小引”、“早晚山门”、“早晚礼仪”、“早晚佛灯”、“早晚钟鼓”、“早晚守塔”、“感慨平生”七部分，[②] 他的“流寓观”见于“感慨平生”之中。

李贽说：

> ……我是以宁漂流四外，不归家也。其访友朋求知己之心虽切，然已亮天下无有知我者；只以不愿属人管一节，既弃官，又不肯回家，乃其本心实意。特以世人难信，故一向不肯言之。然出家遨游，其所游之地亦自有父母公祖可以管摄得我。故我于邓鼎石初履县时，虽身不敢到县庭，然彼以礼帖来，我可无名帖答之乎？是以书名帖不敢曰侍生，侍生则太尊己；不敢曰治生，治生则自受缚。寻思四字回答之，曰“流寓客子”。

李贽自称，他不肯归家，是出于本心，而关键一点是，他“不愿属人

① 敏泽：《李贽》，上海古籍出版社 1984 年版，第 1 页。

② （明）李贽：《焚书》，中华书局 2009 年第二版，第 176 页。本文所引《豫约》文字，均据此版本，不再一一注明。

管”，即他不肯被家人管，不肯被长官管，也不肯为所游之地的地方官员所管，他“漂流四外”，带有强烈的自我放逐之意，这种自我放逐，以脱身于受人管制的社会伦理秩序为宗旨，因此，他去掉了自己的一切名号，所谓“侍生”，所谓“治生”，以此实现自己的自由之身。“流寓客子”之引出，实际是为了达到个人自由，从社会伦理秩序下的形体自由，到程朱理学之下的思想自由。袁中道说李贽，从芝佛院开始，“自称‘流寓客子’。既无家累，又断俗缘，参求乘理，极其超悟。剔肤见骨，迥绝理路。出为议论，皆为剑刀上事”。[①] 由此可见，通过自我放逐式的寺院生活，李贽实现了思想的超越。所以，与我们以往对“流寓”的认识有所区别，李贽没有刻意强调流寓生涯的不稳定，“不得已”，没有强调流寓所带来的内心失落与感伤，反而强调了流寓生涯的独特性。

他继续说：

> 夫流寓则古今时时有之，目今郡邑志书，称名宦则必继之以流寓也。名宦者，贤公祖父母也；流寓者，贤隐逸名流也。有贤公祖父母，则必有贤隐逸名流，书流寓则与公祖父母等称贤矣。宦必有名乃纪，非名宦则不纪，故曰名宦。若流寓则不问可知其贤，故但曰流寓，盖世未有不是大贤高品而能流寓者。晦庵婺源人，而终身延平；苏子瞻兄弟俱眉州人，而一葬郏县，一葬颍州。不特是也，邵康节范阳人也，司马君实陕西夏县人也，而皆终身流寓洛阳，与白乐天本太原人而流寓居洛一矣。孰谓非大贤上圣而能随寓皆安者乎？是以不问而知其贤也。

在这段话里，李贽予流寓者以极高的评价。他以地方志撰写范式为例，着重分析了方志里“名宦”与“流寓”相继书写的方式。他认为流寓者具有三个重要的属性：第一，流寓者必是贤者，所以他与名宦先后排列。第二，流寓者必是隐逸者，这实际是赋予流寓者能够“随寓皆安”之意，也即流寓者能够在流寓地实现自我安适的生活方式。第三，流寓者必

① （明）袁中道：《珂雪斋集》卷十七《李温陵传》，上海古籍出版社1989年版，第720页。

是名流，也即显名于当时或身后。左东岭先生在论述李贽生平思想时指出，李贽有着强烈的重名思想，要留声名于后世，这是他思想超越、不断著述的一个重要原因。[①] 流寓者，要达到显名于当时或者后世，也属于李贽追其声名的表达之一。

当然，在李贽定义的"流寓者"里，位列第一的是大贤高品者，他列举的名人，如朱熹、苏轼苏辙兄弟、邵雍、司马光，以及白居易等，都是大贤，成就高品，他们因为种种缘故流寓异乡，却安于流寓。当然，这些人的流寓缘由及流寓经验，是否如李贽所说，另当别论。但是，李贽赋予了流寓者以非常高的认同和评价，在李贽看来，并非漂泊异乡者，都能被视为流寓者，流寓者必有大贤、大德和大声名。如果说，李贽所列举的这些流寓者，都因为政治上的不得已，或被贬谪，或以隐逸而自安，那么，在李贽自己，流寓则是他接续这些人的功名与思想的一种生存方式，用今人的话说，流寓作为方法，是自我超越的方式和路径之一。如果把流寓视为生存"向下"的自我实现方式，类似于苏轼在贬谪之中达成自我超越，李贽正是通过这种自我放逐的方式以期实现思想超越，也就是说，与苏轼等人的被动放逐不同，李贽追求主动的自我放逐。

李贽自称"流寓"者，又自称"客子"，所以他又继续辨析：

> 然既书流寓矣，又书客子，不已赘耶？盖流而寓矣，非筑室而居其地，则种地而食其毛，欲不受其管束又不可得也。故兼称客子，则知其为旅寓而非真寓，如司马公、邵康节之流也。去住时日久近，皆未可知，县公虽欲以父母临我，亦未可得。既未得以父母临我，则父母虽尊，其能管束得我乎？故兼书四字，而后作客之意与不属管束之情畅然明白，然终不如落发出家之为愈。

在这一段文字里，李贽补充了流寓者仍不得不受流寓地方管束，再以"客子"来强调他是旅寓而非真寓，"客子"仍是旅寓、无永久定居之意，也即辨析了流寓与旅寓的区别。在李贽看来，流寓者有可能终身定居于流

① 左东岭：《李贽与晚明文学思想》，天津人民出版社1997年版，第99页。

寓地，再次陷入地方政府的管束，无法达到自我放逐、追求自由的目的，“旅寓”、“客子”则凸显了流寓的短暂性。这种流寓的短暂性并不代表流寓的终结，而是强化了流寓的无限性。有了这样的“流寓客子”身份，县令虽要以“父母临我”也不可得。挣脱地方管束，是李贽不断诠释其身份的原因。不难看出，在李贽的自我放逐之中，政治实体、国家制度，是他最急于摆脱的，这也说明，思想自由、思想超越终以从地方政府的管治之中超脱为先，没有这一步，是不可能实现思想自由的。但无论流寓抑或客子，都属于方内人士，都不免受到社会伦理价值的约束，李贽要追求自由的彻底性，乃至选择“落发”：

> 盖落发则虽麻城本地之人亦自不受父母管束，况别省之人哉！或曰：“既如此，在本乡可以落发，又何必麻城？”噫！我在此落发，犹必设尽计校，而后刀得临头。邓鼎石见我落发，泣涕甚哀，又述其母之言曰：“尔若说我乍闻之整一日不吃饭，饭来亦不下咽，李老伯决定留发也。且汝若能劝得李老伯蓄发，我便说尔是个真孝子，是个第一好官。”呜呼！余之落发，岂容易哉！余唯以不肯受人管束之故，然后落发，又岂容易哉！写至此，我自酸鼻，尔等切勿以落发为好事，而轻易受人布施也！

首先需要注意的是，李贽的落发，虽形式类同僧侣，但他的本意并不只是要当和尚，他的目的是追求自由，形体和思想的双重自由。只当和尚，形体受寺院制度约束，思想受佛教经典的约束，从现实政治秩序进入宗教秩序，必无法实现真正的自由。所以，李贽虽落发，但他的思想不纯粹于佛典，他出入儒、释、道，主张三教合一，又企图超越三教思想，终以思想的自得、一家之言为主。所以，李贽落发虽与僧侣落发不同，但难免与世俗的道德伦理发生冲突，“真孝子”，“第一好官”，邓鼎石之母为了让邓鼎石劝李贽蓄发的这些词语，原本属于李贽思想中的肯定古人的语词，是李贽对世俗世界的人物与功名的最高评价，现在反而成了他自己追求形体自由的约束。李贽说，只是不肯受人约束而要落发，而落发不得不与自己思想里的世俗部分相抗争，落发在一定程度上，成了李贽思想上实现自我超越的一个仪式。他不认为"落发为好事"，正在这里。

综上《豫约》所引段落，李贽从自身为官的被迫漂泊写起，到辞官后的主动流寓，阐释了他的流寓观，他赋予流寓反抗现实政治秩序和伦理道德的可能性，把流寓作为思想进入、进取的方式，流寓是思想超越的路径之一，是自我放逐，是自我超越，为了确保流寓这一生存、思想策略的无限性，他又加以"客子"，加以"落发"，总之，流寓成了思想超越的外在形态，这是李贽赋予流寓的新内涵。而这流寓的新内涵，又与李贽的流寓经历密切相关，尤其值得关注。

二 流寓寺院·落发·异端·死人

上文述及李贽的流寓观，特别值得注意的是，李贽既以流寓作为思想超越的生存策略，他的流寓体验本身，就带了特有的主动意识。笔者在探讨汤显祖贬谪徐闻与其道学关系时，尝试指出，明朝出现了把贬谪经历作为进取道学的机遇，如此自觉地将贬谪、流寓体验与道学实践联系起来，与唐宋时期贬谪者自发的思想超悟相比，有明显的不同。笔者将这一新的体道模式，与王阳明的龙场悟道相联系。① 王阳明青年时期，曾研习朱熹格物之说，乃至有"格竹子"之事。但他入仕之后，历经官场沉浮，当其贬谪龙场之时，一念在"圣人处此当如何"，终于成就圣人之学。大体而言，王阳明的思想超越仍兼具时势与自身濒临患难的不得已，成就圣学仍带有被动性。李贽的不同之处在于，他虽多年作为底层官员漂泊无依，但真正的思想超越发生在他辞官之后的自我放逐式的流寓生涯里，他主动将流寓与道学实践结合于一身，实现思想超越。

万历九年（1581）到十二年，这3年多时间里，李贽住在湖北黄安耿定理家中，从事读书与著述。与接下来的流寓寺院生活相比，住在耿定理家中，是李贽较为安定的读书与著述时期。万历十二年，耿定理去世，给李贽带来的，不仅是知音逝去的伤感，更有耿定理的哥哥耿定向的排挤。耿定向亦为重要的理学家，但他论学，以维护名教为己任，与李贽格格不

① 王小岩：《汤显祖贬谪徐闻与他的〈贵生书院说〉》，《中国社会科学院研究生院学报》2013年第3期。

人。他认为李贽在耿家，教坏了子弟，他不能在学理上使李贽屈服于他，就依托自己在耿家的地位及自己的官位，挞伐和驱逐李贽，李贽不得已而离开耿家，离开黄安。当时李贽的处境极其困难，很多以名教自任者，都以排斥“异端”为己任，致使李贽求一能安心读书的居所而不得。在这种情况下，李贽不仅没有求一安稳的办法，反而将家眷送回福建家乡，将为官时的俸禄悉数给了妻子，孑然一身，在友人周友山、杨定见等人的庇护下，到湖北麻城龙湖芝佛院，继续从事读书与著述。寄寓寺院，也是李贽流寓生涯向前推进的选择。

寄寓寺院便涉及是否落发的问题。前文已经述及，李贽把落发作为舍弃自身社会身份的一个途径，把它作为流寓模式的一个补充。但落发与否，实际与体道、思想超越，并无必然的关系。在李贽看来，落发是一件自然而然之事。在《与曾继泉》信中，李贽论及落发与学道之间的关系：

> 我当初学道，非但有妻室，亦且为宰官，奔走四方，往来数万里，但觉学问日日得力耳。后因寓楚，欲亲就良师友，而贱眷苦不肯留，故令小婿小女送之归。然有亲女外甥等朝夕服侍，居官俸余又以尽数交与，只留我一身在外，则我黄宜人虽然回归，我实不用牵挂，以故我得安心寓此，与朋友嬉游也。其所以落发者，则因家中闲杂人等时时望我归去，又时时不远千里来迫我，以俗事强我，故我剃发以示不归，俗事亦决然不肯与理也。又此间无见识人多以异端目我，故我遂为异端以成彼竖子之名。兼此数者，陡然去发，非其心也。实则以年纪老大，不多时居人世故耳。如公壮年，正好生子，正好做人，正好向上。且田地不多，家业不大，又正好过日子，不似大富贵人，家计满目，无半点闲空也。何必落发出家，然后学道乎？我非落发出家始学道也。千万记取！①

前文已经指出，李贽体道，与做和尚不同，李贽落发只是为了全心全意体道，道的旨归，既是佛祖，也是孔子、老子，与纯粹佛教的禅修不

① 李贽：《焚书》，第52页。

同。他听闻曾继泉为了学道而准备剃发，便将自己未落发前即已学道，并且大有进境之事表露出来。李贽说，自己落发，与学道的进境无甚大关系，而实与摆脱家庭、朋友问询之拖累相关。李贽寄寓龙湖芝佛院，原以学者身份寄住，这与古代很多学者曾寄住僧院读书和著述的形式无异，但为了把自己从社会环境中摆脱出来，他不惜借助佛教落发仪式，以此拒绝家人、时人的造访与烦扰。当时李贽身份和声誉已广布天下，赞誉者多，毁誉者亦不少，在这种情况下，李贽采取了顺进的形式，因他落发，时人视其为“异端”，他便以“异端”自任。这里需要说明的是，孔子将儒家以外的思想视为“异端”，授意儒家可以攻击，“异端”即是儒家以外的思想表述，自承“异端”之名，也就等于承认自己是众人攻击的目标。从“落发”到作为“异端”，李贽不断把自己置于颠沛流离之中，不仅生存在异乡，而且把自己放逐到思想的异乡，流寓因此从身体放逐自然过渡到思想放逐中，尤其把思想置于正统之外，把思想置于质疑、攻击之下，通过这样的外在质疑与攻击，把自己置于重重困境之中，可以说，李贽再次提升了流寓的精神史和思想史意义。

在《答周二鲁》信中，李贽更把落发与“众人亦恶之”联系起来，自己不只是儒门之异端，更是众人之异端：

> 老子曰：“挫其锐，解其纷，和其光，同其尘。”“处众人之所恶，则几于道矣。”仆在黄安时，终日杜门，不能与众同尘；到麻城，然后游戏三昧，出入于花街柳市之间，始能与众同尘矣，而又未能和光也。何也？以与中丞犹有辩学诸书也。自今思之，辩有何益！祗见纷纷不解，彼此锋锐益甚，光芒愈炽，非但无益而反涉于吝骄，自蹈于宋儒攻新法之故辙而不自知矣。岂非以不知为己，不知自适，故不能和光，而务欲以自炫其光之故欤？静言思之，实为可耻。故决意去发，欲以入山之深，免与世人争长较短。盖未能对面忘情，其势不得不复为闭户独处之计耳。虽生死大事不必如此，但自愧劳扰一生，年已六十二，风前之烛，曾无几时，祝自此以往，皆未死之年，待死之身，便宜岁月日时也乎！若又不知自适，更待何时乃得自适也耶？且游戏玩耍者，众人之所同，而儒者之所恶；若落发毁貌，则非但儒生

> 恶之，虽众人亦恶之矣。和光之道，莫甚于此，仆又何惜此几茎毛而不处于众人之所恶耶？①

李贽从黄安寄居耿定理家，到麻城出入于花街柳市之间，可以称为一静一动之极致。在这段时间里，李贽积极与耿定向论战，写了不少与耿定向论战的书信。李贽最初只是借论战而澄清道学，但论战反而越来越集中于道德攻击的层面。在论战过程中，双方都表现出强烈的道德和道学体认的优越感，这使李贽深感论战不能解纷，反而成了各自炫耀。落发可免去争执，在仪式上结束自己不能忘情于社会、人情等。他说“生死大事不必如此”，仍在强调，若只是体认道学，实现思想超越的话，根本不必落发。这在一个侧面反映了，李贽以当时的声誉，落发实在由于不得已的现实境况，不在于道学体认。但李贽借助于落发，把自己“孤立”起来，抛弃儒家伦理道德，做儒家的异端；抛弃血缘、亲友关系，做众人的异端。成为众人所恶，使自己孤立无援，承担寂寞、孤独的思想体验，可以说，李贽又将自我放逐推进了一层境界。

寄旅寺院，等于身体流寓方外；自任异端，等于思想流寓方外；在这两层境界之外，李贽还采取以死自待的决绝，将超越生死的境界注入自我放逐之中。在《豫约》中，李贽说自他遣送家眷回福建，即自视为“死人”：

> 李四官若来，叫他勿假哭作好看，汝等亦决不可遣人报我死，我死不在今日也。自我遣家眷回乡，独自在此落发为僧时，即是死人了也，已欲他辈皆以死人待我了也。是以我至今再不曾遣一力到家者，以谓已死无所用顾家也。故我尝自谓我能为忠臣者，以此能忘家忘身之人卜之也，非欺诞说大话也。不然，晋江虽远，不过三千余里，遣一僧持一金即到矣，余岂惜此小费哉？不过以死自待，又欲他辈以死待我，则彼此两无牵挂：出家者安意出家，在家者安意做人家。免道途之劳费，省江湖之风波，不徒可以成就彼，是亦

① 李贽：《焚书》，第259页。

彼之所以成就我也。

李贽的思想是超越生死的，这段话正表明了这一点，他把自己的落发为僧，把自己的忘家忘身，归之于超越生死的境界。他不仅在自己活着时能够以死自待，他也期待他死之后，他的僧徒不必将他的死讯报知家人，如此才能一以贯之地超越生死。在这里，弃家流寓、体道、超越生死，成为李贽思想中的重要部分。回到李贽有关流寓的论述，他把大贤、隐逸、名流三个要素统筹至流寓者一身，而这样的大贤者，同时也是超越生死者。在上引这段话里，李贽称自己能为忠臣者，即在自己能超生死，以死自待，这正是前举朱熹、苏轼、苏辙等人的大贤的一部分。所以，李贽流寓寺院，以死自待，把超越生死的境界注入流寓生涯之中，这又是李贽通过流寓体认出的感悟之一。在写《豫约》这一年，李贽还作有《至日自讼谢主翁》一诗，描写出他“不死人”的寄寓之感：

明朝七十一，今朝是七十。长而无述焉，既老复何益！虽有读书乐，患失又患得。患失是伊何？去日已蹉跎。患得是伊何？来日苦无多。聪明虽不逮，精神未有害。故秃锋芒少，指柔龙蛇在。宛然一书生，可笑亦可爱！且将未死身，暂作不死人。所幸我刘友，供馈不停手。从者五七人，素饱为日久。如此贤主人，何愁天数九！①

这首诗写得清畅可喜，诗人与打秋丰者的恭谨不同，他用以感谢主人供馈的，只是他的一种精神世界，这精神世界，超越了生死，患失患得，可笑可爱，这是一个久经流寓者的超越心态，这是自我放逐后的思想升华。日本学者沟口雄三分析了《豫约》所反映的李贽思想后作出了如下评价：“李卓吾虽然不是传道而是证道，但他为了证道寻求胜己之友，甚至不惜落发出家，斩断尘缘，这种‘大有不得已焉耳’的心境，我也多少能够理解。”又说：“他对于‘道’的渴望里，包含了无法遏制的对‘真’的希求，或许他自己并未意识到，这正是推动他不断向前的、客观上肩负

① 李贽：《焚书》，第228页。

于他的历史使命，而恰恰是对于这一份历史使命的忠诚，使他能够如此无私地奉献出自己。”[①] 李贽选择主动流寓，以求思想超越，或说渴求“道”或“真”，正是得自对于历史使命的忠诚，由于这种忠诚，他不断前进、不断进取，流寓寺院，落发，自任异端，以死人自待，亦希望朋友、家人以死人待他。

三　流寓的思想

行文至此，笔者不得不做一些声明，这篇文章并非研究李贽的思想，而是研究李贽的流寓观及其流寓体验，这当然有些“买椟还珠”。李贽是明代著名的思想家之一，他在万历年间引起思想界的变化和波澜，即便明朝灭亡，这种影响亦未能止息。虽然从李贽去世，当局就开始禁毁他的著述，这一禁毁延续到清代，但李贽的著述，如同思想的暗流，一直奔涌不息。近代以来，李贽的思想越发受到学者的关注，比如容肇祖[②]、嵇文甫[③]、敏泽、左东岭及日本的沟口雄三等先生，可谓每一阶段都有重要的阐发李贽学术思想的著述问世。笔者对李贽学术思想的认识，尚未能有超出这些著述之处，所以本文重点在“椟”，即李贽的流寓体验和流寓观。

中国古代儒家学者，他们问学、体道，就其学习、成就圣人的目的来说，是把儒家思想的钻研与事功实践结合起来，孟子所谓“必有事焉”，强调了落实到事功本身的实践上，一般反对思想与实践的分离或二元对立，王阳明强调“知行合一”，也是这个意思。左东岭先生特别指出李贽对著述的重视，这是思想表述和名垂千古的路径，因此李贽特别推重司马迁，正在于司马迁能够隐忍而从事著述。前文提到，李贽列举的诸位流寓大贤，不论是贬谪，还是游宦，虽处于不得已的境遇之中，却能隐忍、泰然，终于成就个人的大成就。但这些流寓者的大成就，不在于事功，而在于著述，这是李贽引而未发的。如果说，通过事功式的道学实践，最终达成圣人，是自我超越的方式之一，那么，借助流寓自我放逐，则是另一种

① ［日］沟口雄三：《李卓吾·两种阳明学》，孙军悦、李晓东译，生活·读书·新知三联书店2013年版，第65页。

② 容肇祖：《明李卓吾先生贽年谱》，商务印书馆1982年版。

③ 嵇文甫：《晚明思想史论》，东方出版社1996年版。

自我超越的方式，李贽选取的是后者。不过，李贽的贡献不仅在于他视流寓为达成自我超越的方式之一，更在于他与他所构建的邵雍、朱熹等流寓者谱系之不同，他是主动进入流寓者系列的，他是自我放逐，这是一种新的达成思想超越的形式或策略。

而更值得注意的是，李贽不仅系统表述了他的流寓观，而且他通过自己的流寓体验，从他寄寓寺院，到落发，到自任异端，到超越生死，他把这些宗教仪式、自我孤立、独任大道的思想，注入他的流寓观里，他不仅身体流寓，也致使思想流寓，从而补充了流寓的内涵，升华了流寓的内涵。事实上，正是通过对流寓的肯定，充实，使得流寓成为思想者的思想形式，成为思想者的自觉选择。在李贽死后，仅仅几十年间，明朝就灭亡了。明亡之后，很多遗民选择了自我放逐式的生活，寄寓寺院，落发为僧，但他们的思想出入于儒、释、道之间，自成体系，比如方以智、函可禅师等，非常值得关注。在这种意义里，寺院不仅是道场或流寓地，更成就了思想者的自我放逐和自我实现。

雷州半岛及其他地区
流寓文人研究

李宪乔游宦粤西与高密诗学的传播*

蒋　寅**

内容提要　作为清代自乾隆中叶一直绵延到晚清的地域性诗歌流派，高密诗派经历由山东向广西扩散，最后蔓延到北方多个省份的传播过程，其中李宪乔游官广西时与袁枚的交往是提升高密三李全国范围知名度的重要契机，而刘大观则是嘉、道间对高密诗派传播于辽东、三晋起重要作用的人物，本文通过细致的考述，勾勒了高密诗派南北传播的过程及影响，尤其是李宪乔与袁枚晚年的诗学交流。

关键词　高密诗派　传播　影响

高密诗派是清代自乾隆中叶绵延到嘉、道年间，以山东高密县为中心而影响波及全国的一个地域性诗歌流派，其核心人物为“高密三李”，即李怀民、李宪暠、李宪乔兄弟。怀民（1738—1793），名宪噩，以字行，号十桐、石桐。以诸生终老。① 宪暠（1739—1782），字叔白，号莲塘。亦以诸生终。宪乔（1747—1797），字义堂，一字子乔、义堂，号少鹤。乾隆四十一年（1776）举人，官至广西归顺州知州。② 自汪辟疆先生《论高密诗派》一文发表以来，高密诗派的诗歌创作一直为清诗研究者所关注。

* 本文为国家社科基金重大课题“清代文人事迹编年汇考”（13&ZD117）、国家社科基金项目“乾隆朝诗学的历史展开研究”（12BZW051）成果。

** **作者简介**：蒋寅，中国社会科学院文学研究所研究员、研究生院博士生导师，文学博士。

① 李怀民事迹见《石桐先生诗钞》附墓志铭，《清史列传》卷七二有传。

② 李宪乔事迹见《清史列传》卷七二。

近年因高密三李的诗话被收入《山东文献丛书》，高密诗派的诗论及其影响也开始受到重视。

昔年我随程千帆先生研究中唐诗，先生指定前人选本中要读李怀民《重订中唐诗主客图》，以见清人对中唐诗史的重新梳理和独到认识。后来拜读汪辟疆先生的论文，曾让我很好奇：一群名位不甚显著的诗人，一个偏僻的地方诗人群体，何以能在整个北方兼南方部分地区产生百余年的影响？为此，多年来我在阅读清人诗文和山东地方文献时，一直留意搜集高密诗派的资料，尤其注意高密三李的交游关系。近年为撰写《清代诗学史》第二卷，研究乾隆朝诗学的演进，集中阅读清代中叶的文献，对高密诗派形成影响的途径略有所解，并觉得可补充学界在这一问题上讨论的不足，遂撰此文就正于专家。

一

在后人的记载中，高密派的兴起与李怀民《重订中晚唐诗主客图》的盛行有关。如袁洁《蠡庄诗话》说："山左李石桐辑《中晚唐诗主客图》，分张水部、贾浪仙为两派，登莱一带言诗者多宗之，谓之高密派。"① 张维屏《雪樵续集序》也说："山左故多诗人，新城王文简公标举神韵，为海内宗工。同时益都赵秋谷以思力清劖，起而相角。越数十年而高密李石桐、少鹤昆季岸然自异，别辟町畦，依张为《主客图》例，尊张水部、贾阆仙为主，以清真、僻苦为宗，一时学之者号为高密体。"现在看来，高密三李出名甚早，周永年致李宪暠书，称"三李之名闻于阳扶、汝安、纫庵者非一日"，包云志推断作于乾隆三十五年（1770）前后。② 李怀民《重订中晚唐诗主客》前有乾隆三十九年（1774）所撰《图说》，其书应成于是年。这么说来，在李怀民《重订中晚唐诗主客》成书以前，高密三李的诗名已播于人口。乾隆三十九年（1774），李宪乔与秦瀛同应顺天乡试，结下深厚的情谊。乾隆四十二年（1777），秦瀛有《题李少鹤诗册》，同年秋冬间又有《题李石桐诗集》云："寂寞成连琴，泠泠太

① （清）袁洁：《蠡庄诗话》卷九，嘉庆二十五年刊本。

② 山东大学图书馆藏：《高密三李友朋书札》，转引自包云志《刘墉、周永年、吴大澂、叶昌炽未刊信札四通考释》，《古籍整理研究学刊》2006年第3期。

古音。君诗似此，海上发高吟。千载抱幽独，一时谁赏心。相思不可见，梦寐劳山岑。”[1] 其集中与李宪乔唱和之作颇多。应该说，在乾隆四十一年（1776）李宪乔蒙召试赐举人之前，李氏兄弟已有一定的诗名，不过他们要获得全国性的声誉，还有待于李宪乔游宦广西期间对高密诗学的传播，[2] 尤其是与袁枚（1716—1797）的交往。袁枚的推挹大大提升并扩大了李氏兄弟的影响力，这一点似乎尚未受到应有的重视。

乾隆四十五年（1780），李宪乔铨得广西岑溪知县，五十五年（1790）署归顺州事，五十八年（1793）调任知柳城县，六十年（1795）实任归顺州知州，直到嘉庆二年（1797）卒于任，前后在粤西十七年，与一批诗友交游唱和，切磋诗学，将高密派诗学传播于岭南。其间仲兄宪暠随宦岑溪，伯兄怀民一度来游，发起诗会，激发了当地诗文唱酬的风气。单铝《少鹤诗钞序》云：“及来岑溪，与赵刺史松川、李君松圃友。松圃从受诗法，以风节相砥砺。”[3] 这里提到的李松圃是李宪乔在粤西结识的第一位重要诗友李秉礼。秉礼（1748—1831），字敬之，一字松圃。江西临川人。父辈以业醛致富寓桂林，家有环碧园，擅林泉之胜。秉礼于乾隆三十九年（1774）捐赀为刑部郎中，告养不仕。四十九年（1784）秋，李宪乔陪袁枚寻访逍遥楼故址，袁枚介绍两人相识，论诗甚相得，从而结为挚友。秉礼诗宗陶、韦，号其居曰韦庐，诗集曰《韦庐集》，曾请李宪乔评阅，时伯兄怀民适在署中，从而又得怀民评阅二十首，“奉为金石，逢人夸示”。[4] 刘大观是宪乔在粤结识的第二位重要诗友。大观（1753—1834），字正孚，号松岚，山东临清州邱县人。乾隆四十二年（1777）科拔贡，授桂林府永福知县，四十八年（1783）调镇安府天保知县，五十四年（1789）十二月丁忧去职。在任期间与李宪乔、李秉礼游从唱和，切磋诗艺，时有“岭南三友”之称。曾求李怀民评点诗集，[5] 又请李宪乔评之。吴嵩梁《石溪舫

---

① （清）秦瀛：《小岘山人诗集》卷五，嘉庆刊本。

② 这在汪辟疆《论高密诗派》一文中已有较细致的论述，刘世南《清诗流派史》也曾就李宪乔游宦广西时广授诗法诗艺，从学者众多的事实指出高密派在广西产生巨大的影响。

③ （清）李宪乔：《少鹤先生诗钞》卷首，光绪十二年西安郡斋刊李氏三先生诗钞本。

④ （清）李宪乔：《桂林家书摘录》，《山东文献集成》第三辑，第47册，山东大学出版社2010年版，第167页。

⑤ 《十桐先生评定刘松岚诗》，青岛图书馆藏本。

诗话》载："松岚初官广西，与李少鹤州牧、松圃郎中最善。五言诗以张水部、贾长江为宗，清能彻底，瘦可通神，高格自持，名句有味。"[①] 袁行云也说："大观初在岭外，学诗于高密李宪乔。宪乔谓其为《才调集》所误，三十岁后从新作起，一以清瘦峻削为宗。"[②] 此外，还有知府陆友仁，初不知宪乔能诗，后见怀民所评李秉礼诗，叹曰："必如此乃真作家，似吾辈所作诗，真门外戏耳！"[③] 临桂孟知县也好作诗，自称石桐门人。可见李宪乔及高密诗学在粤西甚为学者所重。不过，像李秉礼、刘大观这些同辈官人从李宪乔学诗，固然有助于宪乔诗名的传播，但还不足以提升他的声望。他作为名诗人的地位和全国性的影响，只有像袁枚这样有影响力的人物来认定和鼓吹才能获得。

二

机会出现在乾隆四十九年（1784）秋，名诗人袁枚南游粤西，时任岑溪知县的李宪乔奉巡抚之命接待，从此两人鱼雁往来，互赠著述，成为稔熟的诗友。有关袁枚与高密诗派的关系，袁枚研究专家石玲教授《袁枚与高密派：乾隆时期诗学流派的交融与分野》一文已有很好的研究，对两者诗学观念的异同作了细致的辨析。[④] 进一步考察袁枚与李氏兄弟交往的具体过程，我们还可以对高密诗派观念发展与传播的过程获得一些更具体的认识。

袁枚与李氏兄弟的交往是从李宪乔开始的，两人往还之迹见载于《随园诗话》卷六：

> 余在粤，自东而西，常告人曰："吾此行，得山西一人，山东一人。"山西者，普宁令折君遇兰，字霁山；山东者，岑溪令李君宪乔，字义堂。二人诗有风格，学有根柢，皆风尘中之麟凤也。（中略）李君于余起行时，道送不及，到泉州后寄诗云："岸边双树林，来对兀沉沉。

① （清）符葆森：《国朝正雅集》引，咸丰六年刊本。

② 袁行云：《清人诗集叙录》卷五十，文化艺术出版社 1994 年版。

③ （清）李宪乔：《桂林家书摘录》，《山东文献集成》第三辑，第 47 册，山东大学出版社 2010 年版，第 168 页。

④ 石玲：《袁枚与高密派：乾隆时期诗学流派的交融与分野》，《文艺研究》2004 年第 6 期。

挂席去已远，别醪空自斟。烟寒过客少，江色暮楼深。谁识此时际，寥寥千载心?”《湘上》云：“孤月无人处，扁舟先雁来。”皆高淡可喜。①

这里对李宪乔的记载，多半出于对其东道照应的报答。袁枚由广东入广西，至桂林时宪乔奉命接待，陪同游览。不过见面也仅三四次而已。袁枚别后李宪乔曾追舟远送，竟未能再见。《随园诗话》所称道的宪乔这一篇一联，实在说不上有什么好处。五古一首纯为律诗笔调，首联句法别扭，尾联“此时际”三字更不成语。袁枚无非是感念其东道之谊，录之以为报偿，这乃是袁枚惯用的故技。②《随园诗话》同卷对两人的交往还有一些记载：

> 甲辰秋，余在广州，有传蒋苕生物故者。未几，接苕生手书，方知讹传。到桂林，告岑溪令李献乔明府。李喜，口号一绝云：“狂生有待两公裁，未便先期一岳摧。岂为路逢章子厚，端明已自道山回。”李心折袁、蒋两家诗，与赵云松同癖。③

李宪乔这首七绝再次暴露出他写作中语言生涩和词不达意的缺点，但这并不妨碍袁枚仍客气地酬答这位崇拜者的索和之作，那就是收在《小仓山房诗集》卷三十的《岑溪令李君义堂猥蒙佳赠兼索和章舟中却寄》一首，前半叙述两人交谊：“李侯示我诗百首，古人已亡今忽有。裁骇杜陵闯入座，旋惊退之笑窥牖。健斗员俶兵五千，富夺东阿才八斗。笔所到处铁可洞，彩欲飞时霞满口。欧冶剑铸吴钩双，项籍力扛周鼎九。自言追古如追敌，誓不生擒不放手。自从作吏少知音，一卷《离骚》空系肘。昨宵筮客得袁羊，如铁遇磁牝遇牡。急乞官假录旧作，排比琳琅卯至酉。辇卷来呈刘彦和，焚香细读香山叟。感君溺爱似齐桓，其胆肩肩忘我丑。我亦低头学东野，愿作云龙逐此友。”④ 先盛夸李宪乔之才，

① （清）袁枚：《随园诗话》卷六，江苏古籍出版社2000年版，第146—147页。

② 蒋寅：《袁枚〈随园诗话〉与清诗话写作之转型》，《岭南学报》2014年第1期。

③ （清）袁枚：《随园诗话》卷六，江苏古籍出版社2000年版，第143页。

④ 王英志主编：《袁枚全集》第1册，江苏古籍出版社1993年版，第714页。

以杜甫、韩愈拟其诗，以员俶、曹植喻其才，然后叙述宪乔闻已入桂讯息，整此旧作前来请益的情形，夸言“辇卷”而来，实则据宪乔自言不过百首而已。后来一面自拟刘勰和白居易来摆谱，一面又用韩愈推崇孟郊诗的故事表示自己的赞许，对于39岁的岑溪知县李宪乔来说，这首和诗无疑是给足了面子。

说起来，李宪乔虽然表现得那么虔敬，但骨子里与伯兄怀民一样，对袁枚是有看法的。[①]（清）李怀民《北归日记摘录》载有“子才赠少鹤诗，少鹤删改几半，尚未免余憾”[②]的细节。后宪乔在与李秉礼论诗谈到韩愈既具正法眼又能狡狯神通时，也顺便提道：“外间不解此语，所以袭乎仁义忠孝之言，而不足以动人者，则有沈归愚一派；恣乎缘情纵欲之言，而不足以垂教者，则有袁子才一派。此二者，楚固失之，齐亦未为得也。求其所以失之故，正不能将正法眼与狡狯神通合并耳。”[③]袁枚自然不会料及后辈这种“当面输心背后笑”的伎俩，辞别李宪乔后，两度寄书致意，令李宪乔感铭不已，报以长札。书中首先回顾了自己兄弟的学诗经历，倾吐了受袁枚奖许对他的激励，和他由此产生的自信：“宪乔兄弟自结发从事韵语，只同虫鸟以鸣春秋，取自适而已，非敢求声闻于当代也。兼之荒陬下邑，见书甚鲜，缺乏师承，尤难自信。洎后游都下，交海内之士，则先辈典型，零殒几尽。唯仰先生暨苕生太史二大老，岿然吴楚之间，冠弁宇宙。天遂其私，拜先生于岭表，盛蒙伛引忘劳，奖许过甚。不知者因为燕石疑骇增重，讵识庐陵、眉山汲引后进之诚耶?”书中还提到“宠惠古章”，“至云戏效宪乔体，则较涪翁诗中所谓以吞五湖三江之大国楚而下比不成邦之曹、桧，尤为过矣”。可能袁枚寄李和作时题有戏效宪乔体字样，但收入集中时已无此说。宪乔又

---

① （清）李怀民《紫荆书屋诗话·论袁子才诗》写道：“吾乡渔洋先生以诗驰名海内，特兴风韵一派。然其流弊，遂成涂饰柔腻，故身后声名日减。南人沈确士力矫渔洋气习，今袁子才亦痛诋渔洋。所恶于渔洋者，为其涂饰柔腻也。若子才之诗，品格未必高于渔洋，而粗鄙村率，不值渔洋一笑云。”（《山东文献集成》第三辑，第47册，第104页）《北归日记摘录》又云：“诸人仰袁简老如泰山北斗。予每览其诗文，颇芜杂率易，不足惊喜。吾子乔亦未免以其誉己而许之。”（《山东文献集成》第三辑，第47册，第91页。）

② （清）李怀民：《紫荆书屋诗话》，《山东文献集成》第三辑，第47册，第91页。

③ （清）李宪乔：《与李秉礼论诗札》册页，浙江浙商拍卖有限公司2011年春季艺术品拍卖会，http：//auction. artxun. com/paimai -57109 -285542246. shtml。

称赞袁枚的和作之奇拔砾卓，“如韩退之诗云‘巍峨拔嵩华，腾踔较健壮。犹疑帝轩辕，张乐就空旷’，庶几仿佛其境。正恐非务观、遗山下手所可方驾”。如果袁枚的和作就是前面引用的《岑溪令李君义堂猥蒙佳赠兼索和章舟中却寄》的话，那么李宪乔的称赞根本就不着边际。袁诗大体不脱应酬的习气，堆砌一连串人名、典故，只是为了掩饰内容的稀薄，诗中没有一个字切实地评价了李宪乔诗的成就和特点。不过这对于交际的双方都无关紧要，重要的是袁枚写了一首十二韵的七古酬答李宪乔，像韩愈赞美孟郊一般称赞他——哪怕是避实就虚地用很抽象的语言，这就足够了。李宪乔再接再厉，又写了一篇467字的长篇古诗寄呈，书札最后提到“家兄石桐及拙什多在故山，仅即箧存者，缮写未竟，容后呈上。许赐《小仓山诗》及四六，切望速降。意俾岭徼边隅之人，皆得传抄习述，知中华有此一大宗也”。[①]可知他同时也将兄怀民的诗作缮录寄给袁枚，而袁枚则应允要回寄他诗集和骈文。这是一个双向对流的传播过程，李氏兄弟的诗作通过袁枚传播到文化中心江南，而袁枚的诗文则通过李宪乔传播于岭海边徼。是冬李宪乔将仲兄宪暠所著《莲塘遗集》、单宗元所著《愚溪集》寄给袁枚。[②] 单宗元字绍伯，也是高密人，工诗，精于书法。[③] 宪乔将二集寄给袁枚，当然是希望得到他的称赞和表彰。果然，袁枚报书提到“见惠《莲塘》、《愚溪》两集，醰醰有味，当采入诗话，以广流传”。[④] 袁枚可以说是当时诗坛最有影响力的诗评家，《随园诗话》的记载、评论对高密诗派在诗坛的传播和扬名无疑将产生莫大的影响。

三

其实，不要等到袁枚《随园诗话》来宣传，李宪乔与袁枚的往来唱和即刻就产生了不小的反响。“袁公既以诗取子乔，桂林人望若登仙，遂益

① （清）李宪乔：《寄随园先生书》，《续同人集》文类卷四，王英志主编：《袁枚全集》第6册，第360—361页。

② 《莲塘遗集》有光绪十二年西安郡斋刊本，《愚溪集》有乾隆四十三年李怀民古柏堂刊本。

③ （清）李宪暠：《单绍伯先生传》，载《高密县志》第三册，第1233页。

④ 转引自包云志《刘墉、周永年、吴大澂、叶昌炽未刊信札四通考释》（《古籍整理研究学刊》2006年第3期）一文，据包先生考证，此札作于乾隆四十九年十月十九日。

重子乔。”[①] 李秉礼也从此时以诗请益。乾隆五十年（1785），李宪乔赴省，怀民随行往拜访李秉礼。秉礼连举文宴，集诸友赋咏唱和，“坐客喧喧，推尊石桐先生为掌教佛祖”[②]。几年后，李宪乔又在家书中向怀民报告自己在桂林蒙李秉礼盛情接待的近况：

> 盖松圃于吾两人，乃真心倾服者。弟未到之前，时时盼望。凡在省之官员幕友等，无不盼望者，皆松圃之故也。（中略）再，此地自松圃好吟，遂多吟人（李怀民注：自袁子才轰动以后，桂林辄尚诗咏，不独因松圃也）。[③]

袁枚的轰动效应所煽动的不只是尚诗咏的风气，显然还有李宪乔的名声。山东人对李宪乔与袁枚的这段诗学渊源颇为重视，约成书于乾隆末的诸城王景琪《牧坡诗话》曾载其事，称李宪乔“诗学宋人，最喜梅圣俞、陈后山，以其自抒性情，不事浮靡也。袁随园激赏之，题其集‘古人复作’，与之唱和”[④]。由此不难想见这段诗缘在诗坛产生的影响，它同时也是对高密派诗家的极大鼓励。乾隆五十六年（1791）五月，已丁忧去职的刘大观，能够施施然袖诗谒袁枚于随园，自然与袁、李这段诗缘有关。《随园诗话》补遗卷三载：“辛亥端阳后二日，广西刘明府大观袖诗来见。方知官桂林十余年，与比部李松圃、岑溪令李少鹤诸诗人，皆至好也。”

而从袁枚这方面说，显然也没将李宪乔视为寻常的诗友。是因为晚年罕遇势均力敌的论诗对手，还是嘉许他以诗道为己任的担当和勇气，或认定沉迹下僚的李宪乔终非池中物？很难断言，但可以肯定的是，袁枚对这位后辈诗人给予了特殊的垂青。《小仓山房诗集》卷首有三篇题词，作者分别为蒋士铨、赵翼和李宪乔。蒋、赵二人都是与袁枚并称为乾隆三大家的诗人，两

① （清）李怀民：《北归日记摘录》，《紫荆书屋诗话》，《山东文献集成》第三辑，第47册，第89页。

② 同上书，第90页。

③ （清）李宪乔：《桂林家书摘录》，《山东文献集成》第三辑，第47册，第167—168页。

④ 王景祺：《牧坡诗话》卷三，山东大学图书馆藏乌丝栏清钞本。关于此书成书年月，参见蒋寅《清诗话考》，中华书局2007年版，第423页。

家诗集均为袁枚所序，袁枚对此也颇为自负。[①] 他能将李宪乔的题词及一篇《随园诗赞》，与蒋、赵两家题词并列于卷首，足见对李宪乔不是一般的看重。而李宪乔的题词不仅极尽后辈所有的崇敬和赞誉，一篇《随园诗赞》更活脱脱一幅袁枚的漫画像："达如刘伯伦，而不好饮；逸如嵇叔夜，而不好音乐；习静如王摩诘，而不好佛；恬退如贺季真，而不好道；如名教非是自任如韩退之，而不好儒。志鄙王戎，而不讳好财；性异阮咸，而不辞好色。诙奇俶傥，疑龙疑蛇；播之为文，天焰地葩。或谓是太白之精所化，而为文章之宗耶？或谓是岁星所寓，而为滑稽之雄耶？吾莫能测之而尽其形容也。"[②] 不唯袁枚其人"侔今无徒，侪古少类"，李宪乔的这篇赞也是古来绝无仅有的妙语吧？

此后十年间，李宪乔与袁枚的往来书翰，很少保存下来。袁枚《续同人集》收录两通李宪乔书札，一通是乾隆五十年（1795）为求先公神道碑而作，称赞袁枚古文"体赡而理则直，一代碑版大手笔，端在此矣"，重申客岁之请，并"拟来春乞养北归，叩谒随园，躬领钜制"[③]。袁枚为宪乔父元直撰写的《巡视台湾监察御史李公墓志铭》，后收入《小仓山房文集》。[④] 除此之外，近年发现的乾隆五十四年（1789）秋袁枚致宪乔一札，提道："仆近梓《随园诗话》二十卷，已将贤昆季之零章断句散布其间，约今冬明春可以告成，即当驰寄。"[⑤] 事实上，《随园诗话》除在前引几则涉及李宪乔的文字外，还记载了李怀民兄弟编纂《中晚唐诗人主客图》的情况：

李怀民与弟宪桥选《唐人主客图》，以张水部、贾长江两派为主，

① （清）赵翼《瓯北诗钞》云"撷之衹心余数行，而他贤不与焉"，又云"去春过南昌，心余病，握余手諈诿诗序，一如耘菘，撷卷首一序并无，然后知此二人者，交满海内，而孤睨只视，惟余是好"。这就像王渔洋笔记中载当世诗人称"南施北宋"，又言二人诗集皆属己删定，言下不无托大之意。

② （清）袁枚：《小仓山房诗集》卷首，王英志主编：《袁枚全集》第1册，江苏古籍出版社1997年版，第5页。

③ （清）《续同人集》文类卷四，王英志主编：《袁枚全集》第6册，江苏古籍出版社1997年版，第361—362页。

④ 王英志主编：《袁枚全集》第2册，江苏古籍出版社1997年版，第441—442页。

⑤ 转引自包云志《刘墉、周永年、吴大澂、叶昌炽未刊信札四通考释》（《古籍整理研究学刊》2006年第3期）一文，据包先生考证，此札作于乾隆五十四年八月二日。又见《"高密三李"友朋书札七则》袁枚致李宪乔札，《历史文献研究》21辑。

余人为客，遂号所咏为《二客吟》。怀民《赠人盆桂》云："送花如嫁女，相看出门时。手为拂朝露，心愁摇远枝。"《送张明府》云："在县常无事，还家只有身。随行一舟月，出送满城人。"宪桥咏《鹤》云："纵教就平立，总有欲高心。""不辞临水久，只觉近人难。"《历下厅》云："马餐侵皂雪，吏扫过阶风。"《送流人》云："再逢归梦是，数语此生分。"二人果有贾、张风味。①

这里由《诗人主客图》的编纂宗旨讲到李氏兄弟自己的创作，认为他们的诗歌体现了创作与批评的一致。不过，他所举的诗例，与其说近于张籍、贾岛风味，还不如说更近于姚合。反正这些诗人都是不入袁枚之眼的，大概不会细读他们的集子，所以其评价多半出于先入为主之见，言不及义。但这无损于它的影响力，以袁枚在当时拥有那种嘘枯吹生、点石成金的魔力，他的一番品题必然会左右诗坛的舆论，使高密李氏兄弟声价腾越。李宪乔的上司，同时也是高密诗派追随者的镇安知府汪为霖，寄宪乔诗即称"《随园诗话》分明在，麟凤山东得几人？"② 有了《随园诗话》的褒扬，李宪乔起码已被视为山东诗家的代表性人物。

四

尽管李氏昆季因袁枚的吹嘘而声名鹊起，但高密诗派的诗学观念与袁枚毕竟是有一定距离的。袁枚对二李的揄扬并不能消灭彼此诗学观念的差异，羽翼渐丰的李宪乔跃跃欲试，希望在诗坛发出更响亮的声音。但他深谙仅凭自己的声望尚不足以耸动视听，因而他想鼓动袁枚并起，撑起一面大旗。收在《小仓山房尺牍》卷八的《答李少鹤书》，是袁枚晚年最郑重的一次诗学讨论，针对的便是李宪乔这次野心勃勃的理论冲动。此书据《尺牍》的编次，应是乾隆五十九年（1794）袁枚79岁时所作。书中提道：

来札忧近今诗教，有以温柔敦厚四字训人者，遂致流为卑靡庸琐，

① （清）袁枚：《随园诗话》卷十，第264页。

② 汪为霖：《得江舟中寄柳城李少鹤明府》其一，《小山泉阁诗存》，道光二十年如皋汪氏文园重刊本。

属老人起而共挽之。此言误矣。夫温柔敦厚，圣人之言也，非持教者之言也。学圣人之言，而至庸琐卑靡，是学者之过，非圣人之过也。足下必欲反此四字以立教，将教之以北鄙杀伐之音乎？毋乃由之瑟奚为于某之门矣。严沧浪论诗，笑坡、谷二人，如子路侍夫子，有行行之气，此语殊解人颐。才如坡、谷，尚不免人讥弹，而况于不如坡、谷者乎？夫温柔之与卑靡，刚健之与粗硬，似是而非，差之毫厘，失以千里，不可不察也。然而天下物，未有不以柔为贵者。金、银、铜、铁、绌、罗、纱、绢，触目皆然。虽太阿纯钩，天下之至刚者也，亦以能屈能伸为贵。而况于声诗一道，将含商嚼徵，播之管弦者耶？①

在这里我们看到，李宪乔有鉴于当时有人以温柔敦厚的儒家诗教训人，结果反流为卑靡庸琐之习，希望袁枚与他一道共挽狂澜，矫正时风。可是袁枚却认为温柔敦厚的诗教本身并不错，只不过被一群歪嘴和尚将经念歪了，滑到邪路上去。于是他在辨析温柔与卑靡、刚健与粗硬这两对概念似是而非的差别之后，重新伸张温柔之美的价值，并顺势表明了自己反对门户之见、容纳忘异量之美的开放态度：

然而人性不同，或嗜羊枣，或嗜昌蒲，诗亦如之。杜少陵不喜陶诗，欧公不喜杜诗；竟陵、公安、七子互相诋娸，王阮亭痛訾元、白，专主中唐；蒋心余、钱屿沙痛诋阮亭，专主初白。仆以为皆是也，皆非也。是者，是其独得之见，不随人为步趋；非者，非其所见之偏，不平心而察理。范蔚宗所谓能识同体之善，而忘异量之美，庄子所谓蔽于古而不知今，此学者之大病也。

这段议论实际上已将他们之间隐然存在的胸襟、趣味的差异表面化了。袁枚历举古来诗坛的是非纷争，以不能欣赏异量之美、蔽于古而不知今为学者大病，实际上正是对李宪乔的训诫。针对宪乔认为查慎行开卑靡之习，袁枚又辩驳道：

---

① （清）袁枚：《小仓山房尺牍》卷八，王英志主编：《袁枚全集》第5册，江苏古籍出版社1997年版，第169—170页。

夫他山以前，诗之卑靡者，无万万数，不过不传于世，故足下未见耳，非自他山滥觞。他山是白描高手，一片性灵，痛洗阮亭敷衍之病，此境谈何容易！若以流弊而论，则槎枒粗硬之弊，亦何尝不自老杜开之？韩昌黎之"蔓涎蜗出壳，角缩头敲铿"，与《笑林》中所云"蛙翻白出阔，蚓死紫之长"又何以异？足下之诗，酷摩韩、杜，故纵笔及之，为思患预防之戒。

在袁枚看来，"近今诗教之坏，莫甚于以注疏夸高，以填砌矜博，捃摭琐碎，死气满纸。一句七字，必小注十余行，令人舌緈口呿，而不敢下手。性情二字，几乎丧尽天良，此则二千年所未有之诗教也。足下何不起而共挽之？"以79岁的高龄亲历了乾隆诗坛由格调诗风趋于学人诗风的转变，袁枚晚年对翁方纲一派以考据入诗的风气深恶痛绝，认为这才是必须矫正的时弊。

但十年过去，年近知天命的李宪乔，非复吴下阿蒙，对诗已有成熟的见解和立场。针对袁枚的训诫，他进一步坦陈自己的宗旨，挑明前函矛头所指是沈德潜。这就更让袁枚觉得无谓了："所指诗教卑靡，为后学累，初不解所指。今蒙明教，方知指归愚尚书而言，则不必矣。当归愚极盛时，宗之者止吴门七子耳，不过一时借以成名，而随后旋即叛去。此外偶有依草附木之人，称说一二，人多鄙之。此时如雪后寒蝉，声响俱寂，何劳足下以摩天巨刃，斩此枯木朽株哉！老人与归愚，乡会同年，鸿博同年，最为交好。然平时论诗，向彼嘿无一语，知其迂拘自是，而不可与言也。然深知其居心端厚，未发之前，《竹啸轩集》中，颇有佳篇，未可一齐抹杀。况此时墓木已拱，家无负床之孙，足下尚何忍射死虎而虑其咆哮，斥奄人而禁其生育哉？"相比赵执信之于王渔洋，落水狗勿打，固然是袁枚心存仁厚之处，但这同时也与他视学人诗为关系诗运隆替之所在有关。如前书所见，他急切要力挽的是"性情二字，几乎丧尽天良"的"近今诗教之坏"，沈德潜在他看来早已是雪后寒蝉，声响俱寂了。

通过这封书札，袁枚看到了李宪乔持论过执的一面，不由得开导他："《礼记》一书，汉人所述，未必皆圣人之言。即如温柔敦厚四字，亦不过诗教之一端，不必篇篇如是。二雅中之'上帝板板'、'下民卒殚'、'投畀豺虎’、‘投畀有北’，未尝不裂眦攘臂而呼，何敦厚之有？故仆以为孔子论诗可信者，兴观群怨也；不可信者，温柔敦厚也。或者夫子有为言之也，夫言岂一端而已，亦各有所当也。”以《诗经》中的激烈言辞质疑温柔敦厚之说，自清初以来乃是诗家常谈，[①] 论者往往多方曲解以证成其无可怀疑的权威性。然而到袁枚这里，竟然否定它作为孔子诗论的可靠性，由此暗示了性灵诗学解构一切传统观念的逻辑起点，由此出发，袁枚对李宪乔来书提到的诗学命题逐一作了剖析、辩驳，包括：

> 来札所讲诗言志三字，历举李、杜、放翁之志，是矣。然亦不可太拘。诗人有终身之志，有一日之志，有诗外之志，有事外之志，有偶然兴到、流连光景、即事成诗之志，志字不可看杀也。谢傅之游山，韩熙载之纵伎，此岂其本志哉？多识于鸟兽草木之名，亦夫子余语及之，而夫子之志岂在是哉？
>
> 足下论诗讲体格二字，固佳；仆意神韵二字尤为要紧。体格是后天空架子，可仿而能；神韵是先天真性情，不可强而至。木马泥龙，皆有体格，其如死矣，无所用何？前明何大复言，古人诗皆可歌之宾宴，杜诗只《锦城》一绝可歌，余皆不入律，故宋人称为村夫子。此言亦系偏见。《三百篇》变风、变雅，原不入笙歌也，然于情韵二字，却有见到处。
>
> 足下用力于杜、韩二家，以为取法乎上，仅得其中，此外可一切决舍。此是学究常谈，不可奉为定论。（中略）且上之一字，亦颇难言。杜初学庾、鲍，后取法乎二《雅》；昌黎以文为诗，初学李、杜，后得力于三颂。此又取法乎上之上者也。足下饮水思源，登枝求本，又何以姑舍是而不穷追之哉？（中略）圣人师蝼蚁而立战阵，师蜘蛛而制网罟。蝼蚁、蜘蛛，可谓下之下矣，而圣人不曰姑舍是者，何也？以故仆论诗，岂特不敢薄古人哉？即足下有一篇之善，一句之佳，仆必师之，而终身不敢忘也。又岂特如足下之大贤哉，即后生小子、女流末学，有一言之善，一句之佳，仆必师之，而亦终身不敢忘

① 参看蒋寅《原诗笺注》内篇上一之六，上海古籍出版社2014年版，第50—55页。

也。到落笔时，却处处有我在。

从诗言志、体格到取法乎上，袁枚逐一破除李宪乔的固执之见，从而提出诗无定格，取法宜宽的原则，同时解构了杜甫、韩愈的典范性。最后，袁枚针对李宪乔在体格意识上的拘执，又从体制的角度阐述了诗无常格的道理："从古诗家，原无一定体格：《卿云》之歌，《竹弹》之谣，与《三百篇》不相似；《三百篇》中之雅颂，与国风亦俱不相似。此后降而为《离骚》，为乐府，皆是仪神夺貌，无沾沾砼守一家者。在古人，清奇浓淡，业已成名而去，我辈独树一帜，则不得不兼览各家，相题行事。"他具体举例，"如登清庙明堂，当用高文典册；如过竹篱茅舍，便宜味淡声希；如经历山危海险，自当硬语盘空；如偶然宠柳娇花，必须惊才绝艳。或半吞半吐，专收弦外之音；或可歌可泣，痛写悲欢之事；或咏商盘周鼎，自当佶屈聱牙；或闻流管清丝，忍不音情顿挫？或苦思力索，心从天外归来；或水到渠成，竟是《黄庭》初搨。凡此妙境，全在书卷富足，方寸灵明"。他觉得李宪乔"专学杜、韩，精进有得，因之高自位置，常自广以狭人"，所以直言相陈，并遗憾两人相见之晚，不能早进谠言。

五

尽管袁枚与李宪乔论诗存在如此大的分歧，但这封书札收入《小仓山房尺牍》，仍很引人注目。李宪乔对当时诗坛的批评及其勇于担当的气概，都会给人留下深刻印象，毕竟不是谁都有这种以诗道为己任的抱负。李宪乔也确实不是一个喜欢托之空言的人，向来都将自己的主张付之践行。《归顺直隶州志》卷五载："（宪乔）乾隆六十年升任知州，明敏刚断，礼士爱民。尤工于诗，政暇尝以教州人士，州人粗知韵语，皆宪乔所教也。贡生童毓灵、庠生童葆元，皆经其陶育，一时风雅称彬彬焉。"[①] 郭嵩焘在咸丰八年（1858）十月十一日的日记中记柳州王拯（亦字少鹤）论诗最推高密李宪乔，"谓其以专壹憔悴为诗，粤人言诗者皆师法之"。[②] 李宪乔对

① （清）颜嗣徽：《归顺直隶州志》，光绪二十五年刊本。

② 《郭嵩焘日记》第1卷，湖南人民出版社1981年版。

粤西诗歌创作的倡导之功，的确是众所公认、有口皆碑的，他有关诗学的著述也为后学所宝重。他曾为李秉礼考订韩愈集，顺便批点了韩诗。[①] 中山大学图书馆今存李秉礼旧藏本《韩昌黎诗集编年笺注》，过录有李宪乔批，王拯题识及相关信息告诉我们，李宪乔的批点至少有七个传本可考，[②] 足见其为人所重及流传之广。

李宪乔在粤西的诗学活动，对当地的诗歌创作产生了举足轻重的影响。这种影响在他身后仍通过昔日诗友持续发挥作用。嘉庆二年（1797），李宪乔客死于官，宦囊萧索，不能归葬，李秉礼以千金送其丧。后其《韦庐集》付梓时，凡经李宪乔评点的篇什编为内集，李宪乔殁后所作未经点定者则编为外集。内集李宪乔的评语对于了解高密诗派的诗学观念有着重要的文献价值。刘大观则倡议刊刻《二李诗钞》，又在嘉庆十年（1805）刊行《重订中晚唐诗主客图》，以寄托对亡友的感怀；嘉庆十九年（1814）赵擢彤重刻《重订中晚唐诗主客图》，刘大观又为之撰序。他还收徒讲学，授以高密诗法，对高密派诗学宗旨的传播起了极大的推动作用。王芑孙有《答刘松岚观察大观枉赠即送入都》诗云："君乡高密李（谓少鹤），近效亦岂诬？温文转廉辨，弥缝变拘迂。成劳虽未酬，遗荫恤其雏。君故学其诗，治行当可模。"[③] 在惋惜李宪乔的同时称赞了刘大观的诗才和治行。

据王芑孙《题李石桐少鹤昆季送家直庵乡举诗册》云："予以乾隆戊申三月召试赐举人，高密家直庵，亦以是年秋举于乡，明年成进士，为考功主事。又四年，出其乡举时诸同学赠诗，并李君石桐所为画、少鹤所为文示予。予观诸君子之赠直庵也，类所相勉以义。高密海东一隅地，比者石桐、少鹤以古学倡其间，其乡之士从而和之。二李既以学行有闻，直庵又连得科第，卷中诸君虽未即赫然暴著，而一二姓名稍稍流闻远近。"[④] 此文作于乾隆五十八年（1793），据此可知，到乾隆末年，

① 郭隽杰：《〈韩诗臆说〉的真正作者为李宪乔》（《首都师范大学学报》1995年第3期）文中提到，陈迩冬旧藏《韩昌黎诗集笺注》李宪乔批校本，末卷封底有宪乔《为正孚考定韩集书后兼呈敬之郎中锡蕃秀才》诗二首。

② 李福标：《〈韩昌黎诗集编年笺注〉李宪乔批校在粤地的流传》，《文献》2012年第2期。

③ 王芑孙：《渊雅堂全集·编年诗稿》卷十八，《续修四库全书》影印本，第1480册，第570页。

④ 王芑孙：《惕甫未定稿》卷二十五，《续修四库全书》影印本，第1481册，第257页。

李氏兄弟在诗坛已享有一定声誉，并播散了高密诗派的名声。李怀民的五言诗尤为诗家所推崇，乾隆五十九年（1794）冬，张问陶有《冬夜读李怀民五言律诗》诗云："玄音来指上，谁鼓一弦琴？人外传仙诀，尘中写道心。暗泉流脉细，孤月抱光深。此境殊难得，高怀自古今。"① 到嘉庆初再经法式善"一时有龙门之目"的表彰，高密诗人遂成为乾嘉间引人注目的诗派。法式善《梧门诗话》卷九有一则专论高密诗人，是历来对高密诗派最详细的评论：

山左近日有专工五言者，王考功宁焯、刘大令大观为最。二人又盛推其乡人李石桐、子乔昆季为最。石桐《送赵玉文东归》云："云中候雁飞，白发望荆扉。落叶满山径，秋风孤雁归。何时到乡里，前路授寒衣。知是无人问，空洲理钓矶。"《海南寺感旧》："昔日海南寺，松杉荫绿苔。西堂曾乞住，荒径独寻来。僧没鹤犹在，客稀花自开。临风伫遥念，欲去重徘徊。"子乔《和王介甫昼寝》云："百年萧散迹，强半此中居。淡意云能学，迟情日不如。画收四壁静，琴在七弦虚。自觉清凉甚，非关潦倒余。"《咏蝉》云："应是不能休，非惟无所求。吟长欲竟日，思冷直先秋。过雨山村路，将昏水驿楼。年年为客听，知白几人头？"石桐学右丞，其旨微；子乔学阆仙，其体洁，各臻妙境，宜考功、明府低首也。石桐句如"蒙病觉寒早，独眠知夜长"、"夕阳晴照雪，归鸟暮沉烟"；子乔句如"月生其栖鹤树，云湿挂泉峰"、"峭风当去马，远雪滞行人"、"高星秋树静，孤烛夜堂虚"，皆可传。又记石桐句"四民中有愧，五字外无能"，子乔句"能除众有句，独得古无贫"，则二人之旨趣可知矣。石桐初名宪噩，以字行，遂名怀民。种梧桐十株，额其居曰十桐草堂，人多以石桐称之。子乔名宪乔，自号少鹤，由明经召试出宰粤江。松岚刻二李诗，题曰《二客吟》，颇称简当。其全集王熙甫刻之。要其七言究不及五言也。②

① （清）张问陶：《船山诗草》卷十一，中华书局1985年版，第293页。

② 张寅彭、强迪艺编：《梧门诗话合校》卷首，凤凰出版社2005年版，第274—275页。

嘉庆以后，随着《重订中晚唐诗主客图》的流行于世，高密诗派的影响也日益蔓延开来。在粤西一带，除了汪辟疆先生提到的李秉礼、朱依真、孙顾崖、赵延鼎、刘大观及弟子辈的唐昌龄、袁思名、叶时哲、童毓灵、介支、葆元兄弟外，以汪为霖为代表的一批游宦诗人也受到高密诗风的熏陶。

汪为霖（1762—1822），字傅三，号春田，江苏如皋人。贡生，家饶资产，性耽风雅。知广西思恩府，以廉静称。乾隆五十六年（1791）至乾隆五十八年（1793）调任镇安知府，嘉庆元年（1796）又辅佐督帅襄理军务。在镇安期间，与李宪乔、刘大观及李秉礼等游从酬唱，诗风由清婉淡荡一变而为清健俏丽。[①] 其《小山泉阁诗存》八卷，存诗近千首，袁枚《随园诗话》曾称道其篇什。其《友人有谓随园主人诗似香山而余诗复似先生为吟一律示友并质之先生》一诗有“先生宗白我推袁，万古心香共此源”之句，颇以诗才高自期许。镇安夙为粤西重镇，名诗人商盘、赵翼曾莅任知府。汪为霖自言：“吾纵不能颉颃二君，而振文教、育人才，尤边徼之急务也。”[②] 在任期间热心指授当地士子诗艺，造就人才甚众，都有诗集行世。

到嘉、道之际，李秉礼子宗瀚，能“守其家法，并及高密二李绪论”。[③] 又有绍兴人杨继荣，尝与李秉礼、李宪乔往来唱和。二李殁后，与汪运、商书浚、曾克敬、朱琦、龙启瑞、彭昱尧、李宗瀛、赵德湘、黄锡祖十人，常于桂林榕湖（今名杉湖）补杉楼饮酒赋诗，时称“榕湖十子”，同治七年（1868），广西巡抚张凯嵩刻有《榕湖十子诗钞》，被视为高密诗派在广西的流裔。至于其他地区，李宪乔曾说：“一向在桂省，以诗来求政者甚众。一戴舍人，湖北人；一胡进士，江西人；一关孝廉，临桂人。其余零星未成家数者，不胜纪也。”[④] 汪辟疆先生曾指出：“胡森亦以江西人，与少鹤往来，自是江西诗人多有传其《中晚唐诗主客图》者，于是江

① 关于汪为霖仕桂期间与李宪乔的交游及诗风所受的影响，戎霞、梁扬：《论汪为霖与广西高密诗派的关系》（《阅读与写作》2011 年第 10 期）一文有详细讨论，可参看。

② （清）羊复礼：《镇安府志》卷二十二，光绪十八年刊本。

③ 汪辟疆：《论高密诗派》，《汪辟疆文集》，上海古籍出版社 1988 年版，第 263 页。

④ （清）李宪乔：《凝寒阁诗话》，《山东文献集成》第三辑，第 47 册，第 263—264 页。

西有高密之派。孙顾崖以吴人官粤西，而最服膺石桐少鹤诗说，以为今日诗道之存，实赖二李。则顾崖固能为二李之诗者，于是东吴有高密之派。逮于清季，临川李梅庵瑞清，侨居金陵，尝称其家学，曾举其家藏抄本《中晚唐诗主客图》，授和州胡俊。而胡氏《自怡斋诗》亦远宗张贾，近法石桐，（中略）然则高密二李之诗派垂二百年犹未绝也。"① 其中最应该提到的是刘大观的影响。自高密三李下世后，刘大观就自然地成了高密诗派的旗手。他后来宦益达，才名益盛，有《玉磬山房集》行世，翁方纲题其诗，称"仲则云亡兰雪病，君才二子欲兼之"，② 不仅光大了高密诗派的声誉，更在历任开原县、宁远州、河东兵备道、山西布政使的游宦生涯中，将高密诗学传播于辽东、江浙、三晋地区。

最迟到道光间，高密诗派作为地域性的诗歌流派已为诗坛所瞩目。尽管也有人说"其派未甚行"，③ 但道光十五年（1835）张维屏为高密诗人鹿林松所作《雪樵续集序》，足以说明高密诗派是当时公认的诗歌流派："山左故多诗人，新城王文简公标举神韵，为海内宗工，同时益都赵秋谷以思力清劖起而相角，越数十年而高密李石桐少鹤昆季岸然自异，别辟町畦，依张为《主客图》例，尊张水部贾阆仙为主，以清真僻苦为宗，一时学之者号为高密体。"④ 而此时高密诗派的影响早已不限于山东和江西、吴中，而是随着诗人的流动播散到整个北方地区，甚至远届关外。当时有"关外一人"之目的铁岭诗人魏燮均，后人认为他"诗学孟东野"，⑤ 其实是学的《重订中晚唐诗主客图》。高密诗人王相庸撰《九梅村诗集序》载："戊戌冬（按：道光十八年，1838），余归觐山左，子亨录所为诗数卷，乞携归就正于余先君。先君披览乐之，既喜斯道越海有传人，又喜庸之能择交良友也，慨然允为弁言，以资宏奖。且欲加点墨评识于其上，命笔未竟而先君遽以疾逝。"后乡里先辈李鲁钦、李子亮、王亦园、李希夷等闻之，

① 汪辟疆：《论高密诗派》，《汪辟疆文集》，上海古籍出版社1988年版，第263页。

② （清）翁方纲：《题刘松岚诗卷二首》其一，《复初斋诗集》卷四十六，《清代诗文集汇编》影印清刊本。

③ （清）孔宪彝：《对岳楼诗续录》边浴礼序，咸丰刊本。按：序作于道光三十年（1850）。

④ （清）鹿林松：《雪樵续集》卷首，道光刊本。

⑤ （清）魏燮均：《九梅村诗集》，毕宝魁：《九梅村诗集校注》下册，辽海出版社2004年版，第925页。

索读校订，并为题词，逾年寄魏燮均。三年后王相庸再游辽东，以李怀民《重订中晚唐诗主客图》相示，燮均读之有所得，为诗吟益苦。及咸丰元年（1851），王再至辽东，则魏燮均已彻底脱胎换骨。“其所以发而为诗，不必规规焉模唐，不必沾沾焉不模唐，而自出入储张贾孟之间矣”。今《九梅村诗集》附录题诗，有高密王炅、王佩韦、王相庸、王焞、李璜之作，悉为当时所题，这是高密诗派远传关外的一个有趣例证。由于高密诗派的广泛传播，属于高密派的诗学文献也相当流行。后来董文涣之所以增订《高密李氏评选孟诗》，于同治七年（1868）刊刻行世，想来是大有市场需求的。

雪泥鸿爪

——略谈苏辙两次贬谪筠州的踪迹

文师华*

内容提要 苏辙在两次贬谪筠州的来往途中到过不少地方，沿途或游览山水名胜，或晤见当地官员、友人。他在第一次谪居筠州期间，主要负责监管筠州盐酒税务，曾应筠州太守毛维瞻之请入试院监考，兼任筠州州学教授；政事之暇，坚持治学；此外就是广泛的交游活动，他所接触的人有筠州本地的官员、秀才乃至下层乞丐，有在江西乃至全国其他州县为官的友人，还有大量僧人和一些道士。他在第二次谪居筠州期间，完全是赋闲，因此更有时间研究学问；在交游方面，他与官员、名流的交往明显减少，而与禅僧、道士的交往继续保持。苏辙第一次谪居筠州期间，在洞山留下了一块题诗石刻，无疑给洞山增添了文化色彩。

关键词 苏辙 贬谪 筠州 政事 治学 交游 洞山石刻

引 言

早在宋仁宗嘉祐六年（1061），苏轼赴凤翔任签判时，写了《和子由渑池怀旧》的诗，开头四句是："人生到处知何似？应似飞鸿踏雪泥。泥上偶然留指爪，鸿飞那复计东西！"苏轼用"雪泥鸿爪"这一新颖的比喻，形象而深刻地概括了古今以来无数文人为求学、应举、做官、修道、谋生

---

* **作者简介**：文师华，南昌大学中文系教授。

等而东奔西走的各种经历。而苏轼、苏辙兄弟二人仕宦深沉、贬谪南荒的生命历程，更是印证了“雪泥鸿爪”这四个字。

苏辙（1039—1112）与其兄苏轼（1037—1101）一样，既名动京师，享有盛誉，又两度遭贬，历经磨难。

苏辙第一次遭贬是42—47岁，正当中年，贬谪地是筠州（治在今江西高安市）；第二次遭贬是56—59岁，已近晚年，贬谪地由筠州到雷州。苏辙中年以后前后有十年时间是在筠州度过的，筠州之贬是苏辙人生经历中极其重要的一个环节。本文依据孔凡礼撰《苏辙年谱》（以下简称“年谱”）[①] 及其他资料，对苏辙两次贬谪筠州的踪迹做粗浅的探讨，内容包括四个方面：苏辙两次贬谪筠州途中所经过的地方，苏辙两次在筠州的政事、治学活动，苏辙两次在筠州的主要交游，苏辙在洞山留下的题诗石刻。

一　苏辙两次贬谪筠州途中所经过的地方

（一）苏辙第一次贬谪筠州途中所经过的地方

宋神宗元丰二年（1079）八月十八日，苏轼因诗获罪，被御史台逮捕入狱，史称“乌台诗案”。苏辙当时任南京（今河南商丘）留守签判，向神宗皇帝上书，请求以自己的官职为其兄苏轼赎罪。其《为兄轼下狱上书》末云：“欲乞在身官，以赎兄轼，非敢望末减其罪，但得免下狱死为幸。”苏辙上书，未得到神宗批复。

元丰二年十二月二十六日，苏轼责授水部员外郎、黄州团练副使，苏辙贬监筠州盐酒税。筠州属江南西路，治在高安县。苏辙时年41岁。

元丰三年正月初一，苏轼离开京师赴黄州。正月十一日，苏辙从南京（今河南商丘）到陈州（治在今河南淮阳县）给苏轼送别，然后再回到南京，携带苏轼的家小和自己的妻儿，起程赴江西筠州。苏辙赴筠州行走的路线如下：

元丰三年正月先至高邮，晤见秦观。至扬州，晤见扬州太守鲜于侁（子骏）。途中，苏辙不断地给苏轼写信。过长江之京口（今江苏镇江），游金

① 孔凡礼：《苏辙年谱》，学苑出版社2001年版。为避免烦琐，本文所引此书中的资料，除少数地方感觉须注明页码外，一般不作注释。

山。四月至金陵（今江苏南京市），晤见孔武仲，游钟山。至太平（治在今安徽当涂），晤见郭祥正（功甫）。至芜湖（今属安徽）。五月至池州（今属安徽），重遇孔武仲。孔武仲正赴信州（治在今江西上饶市）任推官。苏辙晤见池州太守滕元发，同游萧丞相楼。过九华山，到江州（治在今江西九江）佛池口，遇风雨，苏轼以诗迎接。苏辙所乘船到磁湖（今湖北大冶县东北磁湖镇），到巴河口（今湖北黄冈县东43里处），苏轼到巴河口迎接。

五月末，苏辙带苏轼的家小和自己的妻儿到黄州（今湖北黄冈市），并携带秦观、李之仪、杜介给苏轼的书信来。六月初，苏辙陪苏轼游武昌（今湖北鄂州市）西山。兄弟二人短暂相聚后，苏辙离开黄州，苏轼送至武昌（今湖北鄂州市）江上刘郎洑。苏辙过赤壁，至江州，游庐山山南，游栖贤谷，（说明：未游东林寺、西林寺）。在南康（治在今江西星子县）阻风九日，游东寺。

七月初，苏辙至筠州监酒税任，即负责监管筠州盐酒税务。当时筠州太守是毛维瞻（国镇），筠州倅（即筠州通判）是李抚辰（君绩）。

（二）苏辙第一次离开筠州赴绩溪途中所经过的地方

元丰七年九月（1084），苏辙为歙州绩溪令。十月，苏辙乘小舟出筠江（即锦水）。大约此年十一月，苏辙离开筠州，至南昌，游徐孺亭、滕王阁，上书给洪州太守孔宗翰，建议修治五代南唐名臣徐铉的坟墓。徐铉卒于宋太宗淳化二年（991），葬在洪州新建县西山。苏辙离南昌时，给筠州通判李抚辰寄信。过都昌，题清隐禅院，晤见长老惟湜。除夕夜，苏辙所乘的船停靠彭蠡湖（即鄱阳湖），遇大风雪。

元丰八年正月初一夜，苏辙至南康（今江西星子县），住南康太守徐师回（望圣）府中，陪师回访刘觊山居，再游庐山南麓，晤见瑛禅师，晤见道潜禅师（即参寥子）。告别徐师回，往池州，途中阻风，遇道人张嘉祐。至池州，入宣河，至宣州，晤见宣州太守侯利建。至绩溪，为绩溪令。拜谒城隍庙、孔子庙。

（三）苏辙第二次贬谪筠州途中所经过的地方

绍圣元年（1094）六月初五，苏辙由端明殿学士、汝州知州降为左朝仪大夫、知袁州。时年56岁。同日（六月初五），苏轼贬惠州。

六月十二日，苏辙离开汝州，赴袁州，家人留在颍川，只带三子苏远随行。[1] 六月十八日，苏辙降授左朝仪大夫、知袁州，试少府监，分司南京，筠州居住。八月过真州（今江苏仪征市），阻风。九月十日至江西彭泽县界，得到改迁筠州的文告。九月二十五日，至筠州。此时筠州太守是柳平。

十月二日，苏轼到惠州。

（四）苏辙第二次离开筠州赴雷州途中所经过的地方

绍圣四年（1097）正月，苏辙长子苏迟自颍昌来筠州。二月二十五日，苏辙被贬为化州（今广东化州市）别驾、雷州（今广东湛江市）安置，并且必须即刻起程。当时洞山克文禅师来送行，苏辙的三子苏远与父同行，长子苏迟送行。舟过临江（今江西樟树市临江镇），近瞻阁皂山（在今江西樟树市城东20公里），遥望玉笥山（在今江西峡江县城西北10公里）。苏辙作《阁皂青词》云："徼福圣境，愿得生还中原。"[2] 即向道教名山阁皂山、玉笥山祈福，希望将来能活着回到中原。

绍圣四年闰二月，苏轼责授琼州别驾、昌化军安置。

五月十一日，苏轼、苏辙兄弟相遇于广西藤州，相与同行。至容州（今广西容县）。六月初五，至雷州。长子苏迟北归。苏轼同至。雷州太守张逢至门首接见。

二　苏辙两次在筠州的政事、治学活动

（一）苏辙第一次谪居筠州的政事、治学活动

苏辙在筠州的住所叫东轩，生活环境很艰苦，行政职务是负责监管筠州的盐酒税务。这是繁杂的俗务，无诗情画意可言。

元丰三年十二月初八，苏辙在《东轩记》中写道：

> 余既以罪谪监筠州盐酒税，未至，大雨，筠水泛溢，蔑南市，登北岸，败刺史府门。盐酒税治舍俯江之濆，水患尤甚。既至，弊不可处，乃告于郡，假部使者府以居。郡怜其无归也，许之。岁十二月，乃克支其欹斜，补其圮缺，辟听事堂之东为轩，种杉二本，竹百个，

① 《苏辙年谱》，第538—539页。

② 同上书，第560页。

以为宴休之所。然盐酒税旧以三吏共事，余至，其二人者适皆罢去，事委于一。昼则坐市区鬻盐、沽酒、税豚鱼，与市人争寻尺以自效，暮归筋力疲废，辄昏然就睡，不知夜之既旦。旦则复出营职，终不能安于所谓东轩者。每旦暮出入其旁，顾之，未尝不哑然自笑也。①

此文充满牢骚颓唐之意，讲述自己的坎坷不幸，先是一到筠州碰到水患冲坏官舍，不能居住；又说公务烦琐忙碌令人“筋力疲废，辄昏然就睡，不知夜之既旦”，只能无奈地哑然失笑；进而作者憧憬颜回“以箪食瓢饮居于陋巷”。

此外，苏辙应筠州太守毛维瞻之请，于元丰四年八月入试院监考。发榜后，毛维瞻招待苏辙，以诗唱和。元丰五年秋，毛维瞻举荐苏辙兼任筠州州学教授，苏辙有诗云：“腐儒最喜南迁后，仍见西雍白鹭行。”以此为乐。②但到元丰六年七月十三日，苏辙兼权筠州州学教授的职务就被罢免了。

苏辙在筠州，政事之暇，坚持治学，继续完成自青年时代就开始的《诗传》（即《诗集传》）文稿（见《三苏全书》第2册），并开始着手编撰《春秋集传》（即《春秋集解》，见《三苏全书》第3册）。③

苏辙在筠州还著有《筠阳唱和集》和《筠阳杂著》，皆久佚。④

（二）苏辙第二次谪居筠州的治学活动

绍圣元年（1094）九月二十五日，苏辙第二次被贬到筠州。当时筠州太守是柳平。柳平是武陵（今湖南常德市）人。苏辙第二次谪居筠州，完全是赋闲，没有实际职务，因此更有时间研究学问。

关于苏辙在筠州坚持治学的情况，苏辙绍圣二年三月二十五写的《古史后序》（即《古史书后》）有详细记述。从这篇序文可知，苏辙自幼好读《诗经》、《春秋》等书籍，步入仕途后，一直兼顾治学，从元丰年间“以罪谪高安”起，利用监管盐酒税务的空闲时间，“终缉二传（即《诗传》、《春秋集传》），刋正古史，得七本纪、十世家、七列传”，

① 曾枣庄、舒大刚主编：《三苏全书》第18册，语文出版社2001年版，第364页。

② 《苏辙年谱》，第246页。

③ 同上书，第236页。

④ 同上书，第278—279页。

但“功未及究也”，即未能详细考究。元丰七年任绩溪县令，因患病而中止治学。此后回京城任谏官，忙于政务。元丰九年再度遭贬，“始以罪黜守临汝”，几个月后改贬到高安。往来之间，前后共十一年。这次来高安，筠州太守柳平同情苏辙远道而来，官吏和百姓都知道苏辙能与人为善，容易相处。柳平便在高安城东腾出“民居十数间”，进行修葺，一个月之后，苏辙就有了稳定的住所。这样，他就有充足的时间查阅资料，“借书于州学，不足者求之诸生，以续古史之缺”。到绍圣二年三月终于完成了鸿篇巨制《古史传》，共六十卷。他感到十分欣慰，写道：“盖予十年所欲成就者，俯仰而得。”

此外，苏辙第二次贬谪筠州期间，也注重探讨养生法和医道。例如，绍圣二年八月二十七日，兄苏轼书养生三法——食芡法、胎息法、藏丹砂法，寄给苏辙。[①] 据《瑞州府志》记载，苏辙在筠州，遇到大瘟疫，曾经制药救活不少人。[②]

三　苏辙两次在筠州的主要交游

（一）苏辙第一次谪居筠州的主要交游

苏辙第一次谪居筠州时，正当盛年，加上他在嘉祐二年（1057）与兄长苏轼同时考中进士，早已名扬天下，所以，无论是官员、秀才，还是僧人、道士，都想一睹二苏兄弟的风采。苏辙第一次谪居筠州期间，除完成繁杂的行政事务、坚持治学之外，就是广泛的交游活动。他所接触的人难以计数，其中有筠州本地的官员、秀才乃至下层乞丐，有在江西乃至全国其他州县为官的友人，还有大量僧人和一些道士。以下分为三类略作介绍。

1. 苏辙与筠州本地的官员、秀才乃至下层乞丐的交往

当时与苏辙交往最密切的无疑是筠州太守毛维瞻（国镇），通判李抚辰（君绩）。毛维瞻是浙江衢州人，他对苏辙非常尊重、关心，两人经常一起出游，以诗唱和。元丰五年，毛维瞻致仕还乡，苏辙作诗送行。元丰六年春，毛维瞻（国镇）自衢州寄《白云庄五咏》给苏辙，苏辙写和诗。

① 《苏辙年谱》，第548页。

② 同上书，第559页。

毛维瞻离开筠州后，依然与苏辙保持交往，说明两人友情很深。

通判李抚辰是浙江鄞县（今浙江宁波市）人，他有时也与苏辙一起登山临水，互赠诗篇。

书生王适本是徐州人，寄寓在筠州，成为苏辙的诗友。元丰四年，王适赴徐州应举，苏辙写诗为他送行。

元丰三年冬，高安有一位姓赵的乞丐拜访苏辙，与苏辙论养生之道，苏辙后来撰写《丐者赵生传》。

元丰五年三月，苏辙作诗寄送给高安秀才唐觐和姓敖、姓吴的两位书生，唐觐博学嗜书，隐居不仕，苏辙对他颇为敬重。

元丰六年，张秀才为苏辙写真（即画像），苏辙写诗称赞张秀才笔法高妙。

元丰六年，筠州州学教授李宪回新喻（今江西新余市），苏辙作诗为他践行，诗云："黄卷忘忧易，青衫行路难。"对李宪的怀才不遇深表同情。

2. 苏辙在筠州与江西乃至全国其他州县友人的交往

苏辙第一次谪居筠州期间，有许多在江西乃至全国其他州县的友人给他寄来书信，也有一些秀才远道来访。如：

元丰三年，孔武仲到信州（今江西上饶）任推官，给苏辙寄诗。苏辙次韵。新喻（今江西新余市）秀才吴厚专程到筠州拜访苏辙，以诗相赠，苏辙以和诗回赠。

元丰四年，江州周寺丞建泳夷亭，苏辙作《题江州周寺丞泳夷亭》。温州通判赵屼建戏彩堂，苏辙作《寄题温州赵屼戏彩堂》。温州太守李钧寄诗给苏辙，兼寄书信给筠州太守毛维瞻，苏辙写和诗寄给李钧。在江州为官的孔平仲（毅父）在官舍作小庵，苏辙题诗寄给他。饶州（今江西鄱阳县）久试科场不得志的老秀才周沃拜访苏辙，苏辙作诗送他。

元丰五年，在太和（今属江西）任县令的黄庭坚给苏辙寄来书信，苏辙写了《答黄庭坚书》，苏辙与黄庭坚交往从此时开始。随后，黄庭坚的哥哥黄大临（元明）寄诗给苏辙，苏辙次韵。黄大临当时在家读书，还未考中进士。福建人柳真龄（安期）来筠州，苏辙把蜜酒送给他，并作诗相赠。王适的岳父、徐州州学教授李昭玘给苏辙寄信，论修身之道，苏辙作《答徐州教授李昭玘书》。

元丰六年，在江州为官的孔平仲寄来二偈，苏辙作偈语答之。王巩

（定国）从广西宾州北归经过洪州钟陵（今江西进贤县），苏辙喜而作诗《喜王巩承事北归》，并派仆从送信至钟陵，看望王巩。

3. 苏辙在筠州与大量僧人和一些道士的交往

元丰三年苏辙到筠州后，与他往来的筠州本地和外地的禅师约有二十人，其中交游最密切的是：黄檗山道全禅师、洞山克文（云庵）禅师、高安圣寿院省聪禅师、洪州上蓝寺的景福顺禅师。

道全禅师，又叫全禅师，是黄檗断际禅师（即希运）之后十九世，洛阳王氏子，游高安，事洞山文禅师，五年而悟。高安太守请道全禅师住石台清凉，不久徙居黄檗禅寺。元丰三年，眉山苏辙以罪谪居高安，道全禅师一见，曰："君静而惠，可以学道。"苏辙"以事不能入山，师每来见，辄语，终日不去"。（苏辙《全禅师塔铭》）元丰六年，苏辙得知道全禅师生病，写诗问候，云："日夜还将药石攻。"[①] 劝长老用药。约元丰七年十一月，苏辙离开筠州，道全禅师因病未能来筠州给苏辙送行。

克文禅师，又叫云庵禅师，陕府郑氏子，南岳下十二世，黄龙南禅师法嗣。宋释普济《五灯会元》卷17《宝峰克文禅师》全名为"隆兴府宝峰克文云庵真净禅师"，可知克文即云庵。晚年居洞山，故名洞山克文禅师。苏辙《洞山文长老语录叙》载："克文禅师，幼治儒业，弱冠出家求道，得法于黄龙南公，说法于高安诸山，晚居洞山。实继悟本，辩博无碍。徒众自远而至。"元丰三年，苏辙贬谪筠州，两人"一见如旧相识"。释惠洪《冷斋夜话》卷7《梦迎五祖戒禅师》载："苏子由初谪高安时，云庵居洞山，时时相过。"元丰四年七月，洞山克文（云庵）长老作诗，苏辙次韵。诗云："偶知珠在手，一任甑生尘。"可知苏辙从克文禅师学佛。元丰七年十月，苏辙约洞山克文（云庵）禅师夜话，谢洞山克文禅师和石台问长老来访。苏辙访问禅师及禅师来访，都是因为他将要离开筠州。

省聪禅师，又叫聪禅师，或逍遥聪禅师，他所居的圣寿院又名圣寿寺。释惠洪《冷斋夜话》卷7《梦迎五祖戒禅师》载："聪禅师者，蜀人，居圣寿寺。"苏辙《栾城集》卷12诗题《余居高安三年，每晨入暮出，辄过圣寿访聪长老》。苏辙《逍遥聪禅师塔碑》云："予元丰中以罪谪高安，既涉世多

---

① 《苏辙年谱》，第255页。

难，知佛法之可以为归也。是时洞山有文，黄蘖有全，圣寿有聪。是三老人皆具正法，眼超然无累于物。予稍从之游，既久而有见也。”①元丰四年六月十七日，苏辙应省聪禅师之请，撰《筠州圣寿院法堂记》。苏辙居高安三年，每日经过圣寿院都要拜访省聪禅师。② 元丰七年十月，苏辙写诗赠圣寿院省聪禅师，云：“五年依止白莲社，百度追寻丈室游。”此处“白莲社”借喻圣寿院，五年百度，足见苏辙与省聪禅师交往密切。③

景福顺禅师，又叫顺禅师。居洪州上蓝寺。苏辙《赠景福顺长老》诗引云：“辙幼侍先君，闻尝游庐山过圆通，见讷禅师，留连久。元丰五年以谪居高安，景福顺公不远百里，惠然来访，自言昔从讷于圆通，逮与先君游。岁月迁谢，今三十六年矣。二公皆吾里人，讷之化去已十一年，而顺公年七十四，神完气定，聪明了达，对之怅然。”④ 宋释普济《五灯会元》卷 18 说，景福顺禅师居洪州上蓝（今南昌市佑民寺）。⑤ 元丰七年，景福顺禅师到筠州过访苏辙。苏辙与景福顺禅师夜坐，景福顺禅师道古人搐鼻语，苏辙作偈。偈语云：“中年闻道觉前非，邂逅相逢老顺师。……惭愧东轩残月上，一杯甘露滑如泥。”《五灯会元》卷 18 说苏辙是景福顺禅师法嗣。⑥

元丰三年苏辙到筠州后，与他往来的道士有杨腾山人、杨致远、方子明等。

元丰四年冬，道士杨腾山人来访，劝苏辙学道，苏辙婉言谢绝，写诗答云：“一穷百不遂，此事终无缘。”⑦ 元丰六年，苏辙寄诗给南昌新建县梅仙观杨致远道士。元丰七年十月，方子明道人想把点金术传给苏辙，苏辙写《赠方子明道人》诗，表示辞谢。

4. 苏轼与苏辙兄弟在筠州相会

在谈苏辙第一次贬官筠州的主要交游活动时，不能不提到的是苏轼到筠州来看望苏辙的事。元丰七年四月，苏轼离开黄州赴汝州（今属河南）

① 《苏辙年谱》，第 226 页。
② 同上书，第 246 页。
③ 同上书，第 275 页。
④ 《三苏全书》第 16 册，第 292 页。
⑤ 《苏辙年谱》，第 240 页。
⑥ 同上书，第 268 页。
⑦ 同上书，第 238 页。

团练副使任，绕道到筠州看望弟弟苏辙。苏轼至奉新，给苏辙传递书信。苏轼将到筠州，苏辙与洞山克文禅师、圣寿聪禅师到建山寺迎接。

苏轼到筠州，住在东轩。当时苏辙已得旨指射近地差遣。苏辙《次韵子瞻留别三首》其一云："公来十日坐东轩。"可见苏轼在筠州只住了十天。①

五月初五日，端午，苏迟、苏适、苏远三兄弟陪苏轼游大愚山真如寺。苏辙在酒务局忙公务，未同行。此后苏辙与苏轼同游金沙台（在高安东安约二里处）。苏轼离开筠州时，苏辙劝告他"慎于口"。② 可见苏辙为人处世比苏轼谨慎。

（二）苏辙第二次贬谪筠州的主要交游

苏辙第二次贬谪筠州，在交游方面，他与官员、名流的交往明显减少，而与禅僧、道士的交往继续保持。他的交游活动远不及第一次广泛，对生活的热情也大大降低了。

绍圣元年（1094），苏辙再到筠州来时，离他第一次到筠州的时间已相隔16年，离他第一次离开筠州的时间已相隔11年。元丰年间与苏辙交往的禅师有的健在，有的已经离开人世。苏辙继续与健在的禅师交往，而对已经离开人世的禅师，则撰文纪念他们。

绍圣元年（1094）十月，苏辙在筠州与聪长老游，其《次韵子瞻江西》云"往还二老筇一双"，自注说："予与筠州聪长老有十年之旧。"

绍圣二年正月初七日，苏辙应南华辩老之请，作《曹溪卓锡泉铭》，兄苏轼为南华辩老书写。此年冬，成都宝月大师孙法丹路过筠州，拜访苏辙，并前往惠州拜谒苏轼。苏辙托他带书信给苏轼。

道士陆维忠（子厚）、吴复古（子野、远游）来筠州拜谒苏辙，很快前往惠州拜谒苏轼。③

绍圣三年九月二十二日，逍遥聪禅师卒。聪禅师生前与苏辙交游甚密，苏辙撰《逍遥聪禅师塔碑》，碑文记载，元丰年间，苏辙第一次贬谪高安，就与道全禅师、克文（云庵）禅师、聪禅师交游，今再谪高安，"文住归宗，聪退老黄蘖不复出矣，聪闻予来，出见，曰：'吾梦与君游于

① 《苏辙年谱》，第270页。

② 同上书，第271—272页。

③ 同上书，第554页。

山中知君复来。去来，宿缘也，无足怪者。'”又云：“予告之曰：‘师岂以我故废传法耶?’师笑而许之。绍圣乙亥十有二月，始杖策入山。山久芾不理，十方不至，师方治其缺圮以延众。予亦得《般若》《涅槃》《宝积》《华严》四大部旧经于圣寿，补其残破而授之。明年夏，师得疾，山深无医，愈而复剧。九月戊申而寂，春秋五十有五。”①

绍圣四年二月二十五日，苏辙责授化州别驾、雷州安置，辙被命即刻起行，当时克文禅师来给苏辙送行，对苏辙面对苦难时的沉着和淡定表示钦佩。②

四　苏辙在洞山留下的题诗石刻

苏辙第一次贬谪筠州期间，在洞山留下了一块题诗石刻，恐怕很少有人知道。

曹洞宗是佛教禅宗五家之一，其形成过程是：唐禅宗六祖慧能传弟子青原行思，青原行思传石头希运，石头希运传药山惟严，药山惟严传云岩昙晟，云岩昙晟传洞山良价（jie，读介），洞山良价作《宝镜三昧歌》，传曹山本寂，本寂住曹山，于是人们把良价、本寂这一派称作曹洞宗。

洞山在今宜丰县东北50里太平乡。从历史地理沿革的过程看，曹洞宗祖庭洞山，在唐代属洪州高安县，在北宋属筠州，在南宋至清代属瑞州新昌县，所以佛典中对洞山良价的记载，出现了“洪州洞山良价”、“筠州洞山良价”、“瑞州洞山良价”等不同的地理名称。到1914年，因江西新昌与浙江新昌县名相重，江西新昌改名为宜丰县。曹山则在今宜黄县西北。

2006年8月，笔者随江西同行到宜丰县参加“洞山佛教文化节调研座谈会”，并考察了洞山普利寺。当时为我们当向导的是宜丰县博物馆原馆长胡绍仁先生，他撰写过《洞山禅林》一书，向我们介绍了洞山的佛教禅宗文化遗存和洞宗公案。

洞山之名，很容易让人感到与岩洞有关，实则不然。在赣西北，凡是群山环抱的地方，当地方言都称为“洞（峒）”，所以说“洞山”得名于赣西北方言，而不是指有岩洞的山。

---

① 《苏辙年谱》，第555页。

② 同上书，第559页。

洞山方圆约十华里，四周有九座山峰环抱，中间一块盆地。洞山寺就坐落在盆地的北端，背靠着最高的一座山峰。由于交通不太方便，这里的自然生态保护得很好，古木浓荫如盖，清溪穿林越壑，潺潺流动。

洞山有座古桥，叫逢渠桥，建于北宋绍圣五年（1098），至今已经历了九百多年的风雨沧桑，依然完好无损。桥名“逢渠”，其意何在？据《五灯会元》卷十三记载，良价从吉安回宜丰，走到洞山山涧涉水渡溪，忽见水中倒映着他的面颜，顿悟以前云岩禅师所说“汝不是渠，渠正是汝”的禅理，于是写成《逢渠偈》：“切忌从他觅，迢迢与我疏。我今独自往，处处得逢渠。渠今止是我，我今不是渠。应须恁么会，方得契如如。”逢渠桥的名字由此得来，点出此处是良价禅师睹影悟道的圣域。渠，古文中指第三人称“他”，此处指身体的影子，逢渠即与他（影子）相逢之意。渠（影）是我的相，那只是无生无灭的幻象，所以说“我今不是渠”。因为我是有血有肉之躯，有知觉，有七情六欲，计较自己在万事万物中的位置。作为修行者，只有脱离了生灭的概念，才能达到无我、忘我、六根清净的境界，无烦无恼，无苦念。从形与影的关系看，只要我的身体一离开，影子就会随即幻灭，在天地间不复存在。“如如”是佛教语，此处指永恒不变的道理。在这篇偈语里，良价忽见自己身体的影子而体悟到身不是我、万象皆虚这一深奥的禅理。

过逢渠桥右行，再登石阶，瀑布飞流直下，送来阵阵清凉。瀑布上头是一摊积水，旁边有突兀高耸、分立两旁的危石，其中一块石头上刻有苏辙七律《游洞山》。

苏辙于元丰三年（1080）被贬到筠州监收盐酒税。宜丰洞山、黄檗山、逍遥山、石台山、洪州上蓝院（今南昌市佑民寺前身）的方丈，都不断地到筠州去看望苏辙，与他谈诗说禅。元丰五年夏秋之间，苏辙到宜丰，回访当地各位名僧。到洞山，当时由宜丰县人朝散郎李丹陪同，李丹写了《游洞山》诗，[①] 苏辙即作《次韵李朝散游洞山》二首：

其一　古寺依山占几峰，精庐放佛类天宫。三年欲到官为碍，百

① 胡绍仁：《洞山禅林》，江西人民出版社1993年版，第15页。

里相望意自通。

无事佛僧何处着，入群鸟兽不妨同。眼前簿领何时脱，一笑相看丈室中。

其二　僧老经时不出山，法堂延客未曾关。心开宝月婵娟处，身寄浮云出没间。

休夏巾缾谁与共，迎秋水石不胜闲。近来寄我金刚颂，欲指胸中无所还。

这两首诗俱载《新昌县志》，也见于《栾城集》卷12。第一首内容是：洞山佛寺坐落在群峰之间，华丽的佛殿美如天宫。三年来，自己忙于官事，只能遥望洞山，心向往之。盼望能摆脱官场束缚，到深山佛寺一游。第二首写自己到洞山拜访僧老，领略山中幽静的景色，身寄浮云之间，面对秋水磐石，心如明月，悠闲超脱。其中第一首刻于洞山夜合石壁。石刻面积3平方米，每字20厘米见方，竖向书刻，行书。凿刻时石面未经錾削，故诗行也凹凸不齐，似乎显示出苏辙当年是信手题诗。诗刻旁的一处石洼上方，镌有“墨池”二字，其意似乎是告诉后人，当年苏辙题诗于石，就是研墨于此，濡笔而书的。苏辙的到访和题诗，无疑给洞山增添了文化色彩。（附照片，见末页）

附带说明，孔凡礼撰《苏辙年谱》第224页引苏辙《戏赠李朝散》、第245页引苏辙《次韵李朝散游洞山》，推测李朝散或是筠州通判李抚辰，苏辙未与李朝散同游洞山，此说可能应该修正。按照宜丰县博物馆原馆长胡绍仁《洞山禅林》所说，李朝散应是宜丰县人朝散郎李丹。苏辙到宜丰洞山，当时由宜丰县人朝散郎李丹陪同。

结 语

古代文人“以仕为家”，无论是升官还是贬官，都要离开故园，远走他乡，一路上跋山涉水，饱受风霜雨雪之苦，却能一路上参观山水名胜；所到之处，勤政爱民，披览经史，游心物外，拜会友人，吟诗作文，描画山水、民情、风俗，抒写对自然的赏爱、对生活的体验、对社会的评判、对人生苦难的超越，既入世又出世，既感性又理性，既深沉又旷达。苏辙与苏轼身上很明显地表现了这种人文精神，令人敬仰。

洞山苏辙题诗石刻图

汤显祖被贬徐闻典史时间考略

刘世杰*

内容提要 汤显祖在万历十九年被贬至广东雷州半岛的徐闻任典史，万历二十二年正月北返临川老家，后任浙江遂昌县令。但是，由于文献记载不明确，汤显祖自己的诗文也含糊其词，致使汤显祖在徐闻典史任上的时间众说纷纭，莫衷一是。本文从解读文献记载和汤显祖的诗文、书信入手，厘清汤显祖在徐闻典史的具体时间。

关键词 汤显祖 徐闻典史 时间

汤显祖是明代伟大的戏曲家和著名的诗人，同时也是一位关心国家大事的政治家和活动家。1962 年，中华书局上海编辑所出版了由徐朔方先生负责点校诗文、钱南扬先生负责点校戏曲的《汤显祖集》。1980 年 5 月，上海古籍出版社出版了徐朔方先生的《汤显祖年谱》。1998 年 10 月，北京古籍出版社出版了徐朔方先生校笺的《汤显祖全集》。徐朔方先生在研究汤显祖方面硕果累累，功勋卓著，是公认的“汤学”的权威和泰斗级专家。汤显祖万历十一年中进士，然后观政北京礼部，万历十二年八月任南京太常寺博士，万历十七年任南京礼部祠司主事，万历十九年被贬广东徐闻县添注典史。这是十分清楚的。汤显祖的交往很广泛。既有同年的举人和进士，也有自己的老师和座师；既有老乡和朋友，也有上级和上司；还有自己的政敌和和尚，甚至还上疏万历皇帝。而时间跨度也大，可以说横

* **作者简介**：刘世杰，广东海洋大学文学院教授。

跨嘉靖、隆庆和万历三朝。汤显祖赋诗作文，写信赠答，要搞清楚汤显祖何时何地，和什么人，为什么写此诗作此文，背景是什么，确非易事。但也不是完全不能搞清楚。只要认真查找有关文献，细致分析，还是可以搞清楚一些问题的。就汤显祖研究来说，很多问题还可以深入研究探讨。汤显祖在徐闻任典史多长时间？何时到达徐闻，何时离开徐闻？在考察有关文献之后，由于文献记载不明确，汤显祖自己的诗文也含糊其词，致使汤显祖在徐闻典史任上的时间众说纷纭，莫衷一是。搞清楚这些问题，就要依据有关事实和历史记载的文献，分析解读文献，加以考证，才可以得出符合实际的结论。这对研究汤显祖未尝不是一件大好事。不是我们想让汤显祖多待在或少待在徐闻当典史，来增加雷州文化研究的分量，而是就我们所掌握和理解的事实和文献，来试图厘清这些问题。本文从解读文献记载和汤显祖的诗文、书信入手，试图厘清汤显祖在徐闻典史的具体时间。

一　汤显祖被贬徐闻典史时间的几种说法

汤显祖被贬徐闻典史多久？目前，有三种说法：一是汤显祖在万历十九年十一月到达徐闻，万历二十年春离开徐闻，前后算起来不足半年。徐朔方先生认为，在万历十九年“四月庚申二十五日，显祖被诏切责”。[①] 五月“庚辰十六日，降徐闻县典史，添注”。[②]“九月初九日，过别从姑诸友。”[③]“十一月，晤见张居正次子嗣修。”[④]“十九年贬官徐闻，二十一年三月任遂昌知县。”[⑤] 但是，徐朔方先生还认为，汤显祖于万历二十年壬辰“春，自徐闻归临川”。[⑥] 这就是说，徐朔方先生既认为汤显祖在徐闻时间不到半年，又认为汤显祖在徐闻典史任上一年多，这本身就是矛盾。

从徐朔方先生《汤显祖年谱》“万历二十年”得知，汤显祖万历二十

① 徐朔方：《汤显祖年谱》，上海古籍出版社1980年版，第96页。

② 同上书，第97页。

③ 同上书，第99页。

④ 同上书，第103页。

⑤ 同上书，第106页。

⑥ 同上书，第105页。

年春离开徐闻，到万历二十一年三月止，将近一年时间，汤显祖回到老家临川，然后到浙江遂昌任知县。

徐先生的这个结论，乍看似乎没什么问题，其实存在着很多疑问。就按徐先生划定的时间，汤显祖被贬徐闻典史，万历十九年十一月到达徐闻贬所，万历二十一年三月到遂昌赴任，汤显祖在徐闻至少是一年零两个半月的时间。那么，汤显祖在万历二十年春天离开徐闻，直到万历二十一年三月赴任浙江遂昌令，这一年的时间，汤显祖在哪里？很显然，汤显祖不可能在万历二十年春天离开徐闻。

其一，汤显祖被贬徐闻典史，是因为他在万历十九年四月上《论科臣辅臣疏》，批评了已故大学士张居正和在职大学士申时行，说“前十年之政，张居正刚而有欲，以群私人嚣然坏之。后十年之政，时行柔而有欲，又以群私人靡然坏之”①。万历十九年五月丁卯初三日，万历皇帝“谕内阁：‘朕因玄象示异，奸恶不轨，故特谕内外臣工，恪恭乃职，省己秉公，用弥天变，以图治安。今各不任所责，归咎元辅。前万国钦捏诬抵辱，朕念系言官，已薄罚了。汤显祖以南部为散局，不遂己志，敢假借国事攻击元辅。本当重究，姑从轻处了。’”②

其二，黄文锡、吴凤雏的《汤显祖传》认为，汤显祖在徐闻只有短短一年的时间。③ 在这部专著中，对汤显祖被贬徐闻典史的时间，轻轻唯此一句，既没有引证文献，也没有说明理由。没文献、没理由，而能得出，“显祖在徐闻只有短短一年的时间”的结论，不足以令人信服。故而可以略而不论。

其三，龚重谟先生认为，汤显祖在徐闻“时间虽是‘六月一息’，还包括进入岭南旅途往返时间在内，实际上在徐闻活动仅为三四个月罢了”。④ 王小岩博士则指出：“第二年（1592）春天，他接到转遂昌县令的旨意，从雷州、电白、阳江、恩平等陆路返程。归程很快，到临川家里时，春天尚未结束。与归程之速比起来，汤显祖去徐闻之路显得过于漫

① 徐朔方笺校：《汤显祖全集》，北京古籍出版社 1999 年版，第 1278 页。

② 明万历：《明神宗显皇帝实录》卷 236。

③ 黄文锡、吴凤雏：《汤显祖传》，中国戏剧出版社 1986 年版，第 97 页。

④ 龚重谟：《汤显祖研究与辑佚》，海南出版社 2009 年版，第 106 页。

长，有六个多月的时间，其中包括了在临川住了三四个月，以及路上有两个多月，而他在徐闻的时间不过一个多月时间。”①

二 汤显祖《寄傅太常》一封信的解读

龚重谟先生之所以认为汤显祖被贬徐闻典史“六月一息”，又说“实际上在徐闻活动仅为三四个月罢了”，主要是因为对汤显祖《寄傅太常》的一封信的解读。为方便讨论，兹引录如下：

> 委清署而游瘴海，秋去春归，有似旧巢之燕；六月一息，无异垂天之云也。比意陵祠松柏，依依五云，殊深缅恋。加以足下风徽蕴藉，岂不偏反。神乐观道书，多半弟手点摘。清斋时为下十数签乎？居太常东者，前数人皆得给事省中。足下体势，当是吏部郎。正弟闲居不如人耳，乃如来教，又忽不自知其不如人也。
>
> 徐朔方“笺”：作于万历二十年（1592）壬辰，徐闻新归，家居。四十二岁。“校”：“无异垂天之云也”异，各本作意，误。②

徐朔方先生断定作于万历二十年壬辰，但是没有具体指出是万历二十年的几月作，只是含混地认定“徐闻新归，家居。四十二岁”。这个看法有待商榷。

这位傅太常是谁？汤显祖的交游很多，是傅好礼、傅新德还是傅作雨？

先看傅好礼，《明史》卷237有传：“傅好礼，字伯恭，固安人。万历二年进士。知泾县治最。入为御史。……巡按浙江……改按山东。泰安州同知张寿朋当贬秩，文选郎谢廷寀用为永平推官，谓州同知六品，而推官七品也。好礼驰疏，劾其非制。廷寀坐停俸，寿朋改调。好礼寻谢病归。召进光禄少卿，改太常。时矿使四出，海内骚然。二十六年冬，奸民张礼等伪为官吏，群小百十人分据近京要地，税民间杂物。弗予，捶至死。好

---

① 王小岩：《汤显祖贬徐闻与诗文、戏曲创作》，见张学松主编《流寓文化与雷州半岛流寓文人研究》，中国社会科学出版社2013年版，第267页。

② 徐朔方笺校：《汤显祖全集》，北京古籍出版社1999年版，第1329页。

礼极论其害。因言：‘自朝鲜用兵，饥民富者贫，贫者死，思乱已久，奈何又虐征？国家纵贫，亦不当头会箕敛括细民续命之脂膏，况奸徒所得千万，输朝廷者什一耳。陛下何利为之?’奏入四日未报，复具疏请。帝大怒，传旨镌三级，出之外。大理卿吴定疏救，帝益怒，谪好礼大同广昌典史，定镌三级，调边方。言官复交章论救，斥定为民。既而帝思好礼言，下其疏命厂卫严缉逮礼等二十八人。诏狱，其害乃除。”[①] 这里“召进光禄少卿”，事在万历二十一年二月，《神宗实录》卷二百五十七：二月丙午（二十一日）“山东道御史傅好礼为光禄寺少卿”。“改太常”，《神宗实录》卷二百六十三：万历二十一年八月壬辰（十一日）升“傅好礼太仆寺少卿”。《神宗实录》卷三百二十九：万历二十六年十二月丁巳（初六日）“太常寺少卿傅好礼降三级调外，再降杂职。”但是“矿使四出，天下骚然”，汤显祖在遂昌令任上，时间是万历二十四年，《明史·神宗本纪》万历二十四年七月“乙酉始遣中官开矿于畿内。未几，河南、山东、山西、浙江、陕西悉令开采”。傅好礼任光禄少卿改太常，是在北京，因此可以排除。

再看傅新德，山西定襄人，万历十七年三甲一百八十三名进士。[②] 傅新德没有任过太常卿，而官终国子祭酒，故也可以排除。[③]

最后看傅作雨。查《明清进士题名碑录》可知，傅作雨，湖广江陵人。中万历二年二甲四十九名进士。[④] 这样看来，傅作雨和上文的傅好礼是同年。《明神宗实录》卷二百七十一：“万历二十二年三月己卯朔……甲午升南京光禄寺卿傅作雨为南京太常寺卿。”这里记载很明确，傅作雨在万历二十二年三月（甲午）十六日，任南京太常寺卿。那么，汤显祖这封信中的傅太常就是傅作雨。汤显祖这封信的写作时间应该在此之后，即应该在万历二十二年三月十六日之后，而不能是“万历二十年壬辰，徐闻新归。家居”。此其一。汤显祖称自己是“闲居之人”就是归居林下。即使是“徐闻新归”、“家居”，汤显祖还是徐闻典史，也不是“闲居之人”，更何况将要到遂昌当县令呢？此其二。傅作雨任南京太常卿，是在万历二

① 《明史》卷237。

② 朱宝炯、谢沛霖：《明清进士题名碑录索引》，上海古籍出版社1979年版，第734页。

③ 臧励龢等编：《中国人名大辞典》，上海书店1980年版，第1134页。

④ 朱宝炯、谢沛霖：《明清进士题名碑录索引》，上海古籍出版社1979年版，第737页。

十二年三月十六日。汤显祖这封信当写于从遂昌令弃官家居临川之后的万历二十七年夏天之后，而不是徐先生所说的时间。此其三。

这封信中，“乃如来教”，意思是傅太常给汤显祖来信，说到汤显祖神乐观的道书问题，汤显祖作了回答。退一步说，如果傅太常来信给汤显祖，那么万历二十年汤显祖应该在徐闻。因为汤显祖只有在徐闻，傅太常的来信才可以寄来而收到，如果汤显祖是“徐闻新归，家居”，一是傅太常怎么知道汤显祖已经回到临川老家了呢？二是汤显祖刚回到老家，怎么突然会寄给傅太常这封信呢？

“委清署而游瘴海”，是指汤显祖在万历十一年癸未中进士，万历十二年甲申的八月十日赴南京太常博士任。太常博士是个七品官，也是一个闲局差事。万历十七年己丑汤显祖“迁南京礼部祠祭司主事，正六品”。[①] 如今是徐闻添注典史，不入流，位置在主簿之后。而且徐闻是位于雷州半岛的烟瘴之地。

“秋去春归，有似旧巢之燕”，这里的“秋去春归”是比喻。去，是“离开”，而不是今天的“去哪里”的“去”。这句话是说，“我”就像秋天离开旧巢而春天归来的小燕，而不是“我”去年（1591）秋天去徐闻，今年（1592）春天离开徐闻归临川。如果要坐实“秋”，万历十九年立秋是阴历八月初六，阳历是1591年9月22日。这个时候的汤显祖已经被贬徐闻典史，回到老家临川，还没动身前往徐闻。汤显祖直到万历十九年阴历九月九日，阳历是1591年10月25日，才告别亲朋诸友，踏上南下徐闻之途，有汤显祖《入粤过别从姑诸友》[②] 一诗，和《哀伟朋赋》中的“九日登予于盱姥，十月遭予于浈阳”[③] 一句为证。而万历二十年的“春”，立春在阴历十二月二十一日，阳历是1592年2月4日。再停九天，就是春节。如果汤显祖此时离开徐闻回临川，估计要在阳江、电白一带过春节了。这种可能性不大。这样来看，“秋去春归”，除了只是一个比喻之外，无法证实汤显祖在徐闻是“四个月”、“不过一个多月”的时间。

“六月一息，无异垂天之云也”，徐朔方“笺”：作于万历二十年

① 徐朔方：《汤显祖年谱》，上海古籍出版社1980年版，第96页。

② 徐朔方笺校：《汤显祖全集》，北京古籍出版社1999年版，第419页。

③ 同上书，第1037页。

(1592) 壬辰，徐闻新归，家居。四十二岁。“校”：“‘无异垂天之云也’异，各本作意，误。”① 徐先生的“校”，说“各本作意，误”，有什么确凿的依据呢？没有依据，仅凭自己臆改，未免过于武断，甚至是南辕北辙。正如徐先生自己所说：“笺文是对每一首作品的人事关系和创作年代的考订。汤显祖的人际关系千头万绪，不啻是当时整个中上层社会形形色色的人事关系的再现，在四个世纪之后要将他们一一辨认清楚，简直是不可能的事。明朝文人喜欢给自己取许多不同的字或号，而地方志以及《明史》列传一般只交代一个字或号。要从官衔和别号中去查证有关人物的真实姓名，有时只得依据已知事实作一些推论。这很容易造成失误，但此外又没有更好的办法。”② 徐先生这里说出了整理古籍的困难和苦衷，比推论更好的办法是存疑，妄自篡改不可取。存疑是科学的精神，篡改会造成新的混乱。按徐先生所改，“无异于垂天之云也”，意思是和垂天之云一样。垂天之云，是说大鹏的翅膀接近天边的云朵，比喻奋发有为，前程远大。而此时贬官任徐闻典史添注的汤显祖，自己不会比喻自己奋发有为，前程远大，而只会说自己“无意于垂天之云”，没有什么前程。更何况汤显祖“闲居不如人”呢！

“六月一息，无意垂天之云也”，典出《庄子·逍遥游》：

> 北冥有鱼，其名为鲲。鲲之大，不知其几千里也；化而为鸟，其名为鹏。鹏之背，不知其几千里也；怒而飞，其翼若垂天之云。是鸟也，海运则将徙于南冥。南冥者，天池也 。《齐谐》者，志怪者也。谐之言曰：“鹏之徙于南冥也，水击三千里，抟扶摇而上者九万里，去以六月息者也。

关于“去以六月息者也”，王力先生《古代汉语》注解说，“鹏用六个月的时间离开北海飞，到达南海才休息”。③ 郭锡良先生等解释为“意思是，鹏离开北海用六个月时间飞到南海才休息”。④ 郭锡良先生等的书，后

① 徐朔方笺校：《汤显祖全集》，北京古籍出版社1999年版，第1329页。

② 同上书，第419页。

③ 王力：《古代汉语》，中华书局1962年版，第350页。

④ 郭锡良等：《古代汉语》，天津教育出版社1991年版，第618页。

出转精，调整了语序，显得通顺。但是尽管王力先生和郭锡良先生是古代汉语的权威，这里的注解和翻译，显然不像徐中玉先生所说，“它是乘着六月大风而飞去的”。注解说，“去，指飞去南海。六月：庄子这里用的是周历。周朝历法以十一月为正月，因此这里的六月即指夏历四月，这时阳气盛而风大。息：气息，里指风。”① 实际上，“去以六月之息者也”，意思是大鹏离开北冥，是乘着六月（夏历四月）的大风，迁徙到南冥的。汤显祖这里的“六月一息”，就是“大风一阵”，根本不是六个月，而是比喻自己像乘着阳气盛的六月（夏历四月）大风到贬谪地南海的徐闻去的。也不是“六个月一休息”或“六个月才休息”，更不能坐实汤显祖在徐闻“六个月”。龚先生几次在论文中引用“六月一息”，就是认为汤显祖在徐闻是“六个月”的时间。这就与汤显祖的实际情况不太符合，也是不能苟同的。

三　汤显祖和万国钦、饶伸的被贬

汤显祖万历二十年不可能离开徐闻的另一个证据，是饶伸和万国钦的贬谪和升降。万历十七年二月初七，因为大学士王锡爵之子王衡复试举人，王锡爵认为：“祖宗二百年来，辅臣子见疑而复试自臣始。”时任刑部云南司主事饶伸，上疏弹劾大学士王锡爵，万历皇帝怒饶伸出位妄言，送镇抚司究问。二月十三日庚寅，兵科给事中胡汝宁劾高桂、饶伸。二月十九丙申，“饶伸革职为民”②。万历十八年九月初三日，上疏弹劾首辅申时行的万国钦，“山西道御史万国钦劾首辅申时行，谪剑州判官”。③ 到了万历十九年四月二十五日，汤显祖上《论科臣辅臣疏》。《明神宗显皇帝实录》载：“谕内阁：……前万国钦捏诬诋辱，朕念系言官，已薄罚了。汤显祖以南部为散局，不遂己志，敢假借国事攻击元辅。本当重究，姑从轻处了。”④ 到了万历二十年三月，“吏部尚书陆光祖（陆光祖万历二十年三月致仕），拟量移国钦为建宁推官，饶伸为刑部主事。帝以二人皆特贬，

---

① 徐中玉等：《中国古代文学作品选》第3册，上海古籍出版社1987年版，第100页。

② 徐朔方：《汤显祖年谱》，上海古籍出版社1980年版，第94—95页。

③ 同上书，第88页。

④ 明万历：《明神宗显皇帝实录》卷二百三十六。

不宜迁，切责光祖而尽罢文选郎中王教、员外郎叶隆光、主事唐世尧、陈遴等。大学士赵志皋疏救，亦被切责。”[①] 饶伸被革职为民和万国钦被贬谪剑州判官，是经过万历皇帝特贬的，汤显祖也是经过万历皇帝特贬的。饶伸和万国钦的被革职和被贬比汤显祖早两三年，汤显祖被贬徐，到万历二十年三月还不到十个月，既不可能被量移，也不可能回老家临川。万历二十年的汤显祖，还在徐闻典史任上，这是没有疑问的。

汤显祖自己知道，被贬徐闻不是一年半载的事。就在万历二十年壬辰春，汤显祖在《与刘士和司业》中说：“今年大计殊佳。是陆公晚节得意处。但如此亦真奇士矣。承手命，弟一生大病，坐于多读多言。多读多芜，多言多漏。今稍愧悔。海上尉当一二年，安心供职。郭考功未即开府，何也？逐臣无所忻，喜清人得政耳。”[②] 这封书信，是汤显祖得知陆光祖“万历二十年大计外吏……又举许孚远、顾宪成等二十二人，时论称焉。顷之，以推用饶伸、万国钦忤旨”之后写给刘士和的。[③]

也许徐朔方先生认为，汤显祖量移遂昌县令是陆光祖的意思。既然陆光祖在万历二十年三月致仕了，那么汤显祖量移遂昌县令的事情一定是在这个时候决定的。事实上，汤显祖在万历二十九年“正月，大计罢职闲住”。[④] 此时间应为万历三十年春。《万历野获编》卷十一《吏部堂属》也记载了此事：“初过堂时，李（维桢）之属吏，遂昌知县汤显祖议斥。李至以去就争之。不能得，几于堕泪。”[⑤] 汤显祖《次答邓远游渼兼怀李本宁观察六十韵》序：“辛丑大计吏，过堂时，观察李公（维桢）为予琅琅争此长物。……然本宁谓予久已高尚，人云便遂此君之高，并是知己。”[⑥] 沈德符《万历野获编》卷十一《吏部堂属》条也有记载，文长不俱引。[⑦] 主持这次考察大计的是延津李太宰戴、三原温御史纯。李戴，万历二十六年

---

① 《明史》卷230《万国钦传》，《明史》卷224《陆光祖传》。

② 徐朔方笺校：《汤显祖全集》，北京古籍出版社1999年版，第1300页。

③ 《明史》卷230《万国钦传》，《明史》卷224《陆光祖传》。

④ 徐朔方：《汤显祖年谱》，上海古籍出版社1980年版，第151页。

⑤ （清）沈德符：《万历野获编》，中华书局1959年版，第287页。

⑥ 徐朔方笺校：《汤显祖全集》，北京古籍出版社1999年版，第634页。

⑦ （清）沈德符：《万历野获编》，中华书局1959年版，第286页。

六月召为首辅大学士。[1] 汤显祖《赵仲一乡行录序》："又三年计，而温中丞出故相揭袖中曰：'遂昌有言，宜遂其高尚。'"[2] 这里的"故相"就是曾任过大学士的王锡爵。这说明温纯对汤显祖是早有敌意的。汤显祖还写诗给温纯，题目是《辛丑京考后口号寄温都堂纯二首》。诗曰：

燕市千秋骏骨香，江潭三岁客心伤。知君的是谁苗裔，曾在长沙困道乡。

奉行故相偶然闻，点淬移时风卷云。独坐不羁高尚去，平生知己是温君。[3]

细绎此诗，知君的是谁苗裔，一语破的，知道你是谁的后代，你就是故相的儿子。"平生知己是温君"，反语嘲讽了温纯。

从温纯"出故相揭袖中"一事，我们可以知道，王锡爵虽然是故相，但是王锡爵的"揭"，类似于今天的纸条，还在发挥作用。同样的道理，万历二十年三月致仕的陆光祖，虽然致仕了，但也会嘱托他的僚友，关注汤显祖。僚友们也会按照陆光祖的意思，量移汤显祖为遂昌知县。并不一定非得是陆光祖在万历二十年三月前，把汤显祖量移遂昌令。

四　汤显祖的一首诗和一封信

汤显祖万历二十年，甚至万历二十一年还在徐闻典史任上，还有一个证据，是汤显祖写给万历二十年任廉州知府郭廷良的《阳江避热入海，至涠洲，夜看珠池作，寄郭廉州》：

春县城犹热，高州海似凉。地倾雷转侧，天入斗微茫。薄梦游空影，浮生出大荒。乌艚藏黑鬼，竹节向龙王。日射涠洲郭，风斜别岛洋。交池悬宝藏，长夜发珠光。闪闪星河白，盈盈烟雾黄。气如虹玉迥，影似烛银长。为映吴梅福，回看汉孟尝。弄鮹

① 《明史·七卿年表》。

② 徐朔方笺校：《汤显祖全集》，北京古籍出版社 1999 年版，第 1095 页。

③ 同上书，第 608 页。

殊有泣，盘露滴君裳。

“笺”：“作于万历十九年（一五九一）辛卯冬，贬官徐闻道上。四十二岁。”①

这首诗如果是作于“万历十九年辛卯冬，贬官徐闻道上”，那么这个题目是《阳江避热入海，至涠洲，夜看珠池作，寄郭廉州》，既然是冬天，汤显祖怎么还要“避热”？阳江离徐闻有八九百里地，冬天的温度不会很热。要是热的话，也应该是春夏之交。从诗首句“春县城犹热”来看，诗作于春夏之交。春夏之交，应该是万历二十一年的春夏之交。而不是“万历十九年的辛卯冬”。既然是“贬官徐闻道上”，怎么不直接从阳江直接到徐闻，反而“至涠洲，夜看珠池作”？阳江离徐闻八九百里，而徐闻离涠洲又有四百多里，加起来就有一千二百多里。汤显祖本是被贬官员，怎么可能不先到徐闻报到，而去“涠洲看珠池”？这么远的水路航程，汤显祖虽然没说带了多少行李，但是总该有行李吧？带着行李，水路经过徐闻，而不到徐闻报到，合情合理吗？如“辛卯冬”从阳江去涠洲看珠池，再回到徐闻，那怎么也得要一个月的时间。那么“辛卯中冬”怎么可能和张居正的儿子张嗣修“握语雷阳”？② 以此来看，汤显祖这首诗不是写于万历十九年被贬徐闻的道上，而是写于万历二十一年的春夏之交。这首诗的郭廉州，是汤显祖的同年进士郭廷良。有文献表明，郭廷良万历二十年任廉州知府。③ 汤显祖自己不会把自己的同年进士郭廷良任没任廉州知府搞错，那么就一定是徐朔方先生搞错了。而且在徐先生所编《汤显祖年谱》中，徐先生把这首诗系在“万历十九年”条下，含混地说，“郭廷良，福建漳浦人。万历二十年顷任廉州知府”，④ 正说明这首诗根本不是写于万历十九年，而是写于万历二十年或者万历二十一年的春夏之交。郭廷良在万历乙未二十三年，五月丙子初四日，“廉州知府郭廷良任贵州副使”。⑤ 这就说

① 徐朔方笺校：《汤显祖全集》，北京古籍出版社 1999 年版，第 458 页。

② 徐朔方：《汤显祖年谱》，上海古籍出版社 1980 年版，第 103 页。

③ 《广东通志》，《四库全书存目丛书》史部第 198 册，齐鲁书社 1996 年版，第 380 页。

④ 徐朔方：《汤显祖年谱》，上海古籍出版社 1980 年版，第 103 页。

⑤ 明万历：《明神宗显皇帝实录》卷 285。

明郭廷良是在万历二十年的五月任廉州知府的。五月是夏天了。那么根据汤显祖爱结交同年、爱出游的性格来看，他不可能在郭廷良没任廉州知府的万历十九年，给郭廷良写诗联系，也不可能在万历二十年夏天和郭廷良联系，而只有在万历二十一年春才联系郭廷良。因此，这首诗应该写于万历二十一年春。

汤显祖在徐闻典史任上的时间，他自己不想说清楚，原因可能是太痛苦，因为毕竟是段不很愉快的经历。就像1957年的反右，有人被打成"右派"，即使是1979年拨乱反正，20多年过去了，有些"右派"也不愿意述说自己"右派"的经历。万历九年，徐闻的县丞一职被裁革，[①] 时任县丞的周宗夏是"芜湖人，吏员，八年任。九年裁革，赴部"。[②] 到汤显祖被贬徐闻典史之时，徐闻令熊敏是江西"新昌人，己丑进士，十八年任。浑厚有余。升南刑部主事"。[③] 当时任徐闻主簿的是金铸，"慈溪人，例监"。[④] 汤显祖也许认为"典史添注"这个称呼有辱斯文，所以他在诗文里多次称自己是"徐闻尉"、"仙尉"，因为徐闻除了县令和主簿，就是汤显祖这个典史了。但是，汤显祖自己偶尔会在某些时候，对人说起被贬徐闻典史时的经历。汤显祖任遂昌令后，写给《谢陈玉垒相公》信中说："阁下会昌启运，大录凝祥。虹玉早见于天，而克岐克嶷；星垒代明于地，而有冯有翼。殷礼配天，平格有陈伊陟；周常载日，若曰君牙。帝乃眷于在西，俨三垣之上相；众所居而共北，况百里之微郎。拟附凤而卷阿何多，欲登龙而积水风云自少。至如某者，匡中朽埅，蠡外寒流，高揆天庭，而识渊云之秀；低回世路，弥沾蜀日之华。山木歌其不知，澧兰思而未敢。三年待罪，尔庭身素食之惭；一念好贤，王室世衮衣之敬。在戋戋而莫展，庶断断以如容。"[⑤] 这里就指出了汤显祖任徐闻典史"三年待罪"。汤显祖万历十九年被贬为徐闻典史，经过万历二十年、万历二十一年、二十二年，前后正好是三年。陈于陛，号玉垒。《明史》卷217《陈于陛传》：

① （明）欧阳保、万历：《雷州府志》卷六，万历四十三年刻印本，第19页。

② 同上书，第21页。

③ 同上书，第23页。

④ 同上。

⑤ 徐朔方：《汤显祖全集》，北京古籍出版社1999年版，第1339页。

“陈于陛，字符忠。大学士陈以勤子也。隆庆二年进士。”[①]《明史·宰辅年表》：“万历二十二年五月陈于陛礼部尚书兼东阁大学士入，二十四年八月晋太子太保，十二月卒。”[②] 由此推测，汤显祖这封信，不可能写于陈于陛任礼部尚书的万历二十二年五月之前，而一定是在此之后，也就是汤显祖万历二十二年三月十八日任遂昌令之后。

五　汤显祖被贬徐闻典史后诗文中的时地

汤显祖自万历十九年九月九日离开临川从姑山，到万历二十二年初离开徐闻，足迹所到，大都有诗文。这些诗文具体写于何年何月何日，似乎已不可确知，但是写于何地大致可考。只要认真分析，多数诗文还是可以考证出来的。

汤显祖万历十九年九月动身就徐闻典史之职，一路上写下很多诗文。《初发瑶湖次宿广溪》有“春粮三月外，伏枕一秋偏”，[③] 看来汤显祖是做了充分准备，带了三个月的伙食。从《入粤过别从姑诸友》、[④]《郁孤台留别黄郡公钟梅，时李本宁参知引病并怀》、[⑤]《虔南津口得黄郡公扇头明月篇却谢》[⑥] 等的诗题上，我们知道汤显祖离开老家南赴徐闻途经的地点。如果仔细审读，还可以了解到写于何时以及写给谁。但是，这个“何时”，得看具体情况而定。如果清楚汤显祖万历十九年被贬徐闻典史的背景，那么就可以知道是写于万历十九年秋天。再结合其他文献，就可以知道是万历十九年九月九日及九月九日后写的。再如《番禺江上七日长至二首》、《南海浴日亭拜长至二首》、《至日怀刘兑阳太史》、《至日怀邹尔瞻比部》这四首诗，我们只知道前两首诗的写作地点是“番禺”、“南海浴日亭”，而无法知道“长至”具体是哪年的“长至”。是夏至还是冬至？后两首的“至日”是哪年的“至日”？但是不管怎样，诗题中的地点还是清楚的。所以，如果按照徐朔方先生为《番禺江上七日长至二首》的“笺”：“作于万

① 《明史》卷217。
② 《明史·宰辅年表》卷110。
③ 徐朔方：《汤显祖全集》，北京古籍出版社1999年版，第418页。
④ 同上书，第419页。
⑤ 同上书，第420页。
⑥ 同上书，第422页。

历十九年（一五九一）辛卯十一月初七日，往徐闻道中在广州作。"① 孤立地看也未尝不可，但仔细一分析就会发现几个问题：

第一是至日的问题，《辞源》说："指冬至、夏至日。〈易复〉：'雷在地中，复，先王以至日闭关，商旅不行。'〈疏〉：'先王象此复卦，以二至之日闭关也。'唐杜甫〈杜工部草堂诗笺〉三三〈冬至〉：'年年至日长为客，忽忽穷愁泥杀人。'"② 万历十九年"四月庚申二十五日，显祖被诏切责"，"庚辰十六日，降徐闻典史，添注"。③ 这是对的。但是将这几首诗定在该年的"十一月初七日，自广州舟行至南海"就不对了。④ 理由如下：

徐朔方先生的结论，来自他将汤显祖被贬徐闻典史的时间，定在万历十九年的冬天至万历二十年春。那么汤显祖所作"至日"的这几首诗，肯定不是万历十九年的冬至。徐先生认为万历十九年"迂道往游罗浮山。十一月初一日，夜宿冲虚观"，⑤ 又要在该年的十一月七日到南海的浴日亭游玩作诗，这在明代万历年间是不可能的，即使在交通比较发达的今天，也是不可能的。汤显祖游罗浮山也不是顺道，而是"迂道"。要知道这样的"迂道"，没有专门的交通工具，在万历十九年十一月一日游玩了罗浮山之后三四天，回到广州，再去南海浴日亭游玩，除非汤显祖会自驾轿车或乘飞机，或者是有一双日行千里的飞毛腿，或者是像长上翅膀自由飞翔的飞鸟。沈德符《万历野获编》说，陈飞，"善走，一日能八百里。……飞之子亦能行。一日止五百里。后为盗，受健吏酷罚，两足遂挛，然犹三百里也。……近日吴中一顾姓者，初应募在戎籍，后得异人传授，云一日夜可千里"。⑥ 可惜的是，没有见到汤显祖能矫捷如飞的记载。

既然如此，那么这几首诗所写的"至日"，不可能是万历十九年，甚至也不是万历二十年，而是万历二十一年的"至日"。

第二是汤显祖《游罗浮山赋》的时间问题。汤显祖《游罗浮山赋·

① 徐朔方：《汤显祖全集》，北京古籍出版社 1999 年版，第 453 页。

② 《辞源》，商务印书馆 1983 年修订版，第 2587 页。

③ 徐朔方：《汤显祖年谱》，上海古籍出版社 1980 年版，第 96、97 页。

④ 同上书，第 102 页。

⑤ 同上书，第 101 页。

⑥ （明）沈德符：《万历野获编》卷八，中华书局 1959 年版，第 224 页。

序》："每与友人祁衍曾曾人倩叹恨其奇，大有终焉之意。而束官陵祀，升践靡由。辛卯冬十月，始以出尉徐闻，速令尹崔子玉于南海，迟文学翟从先于东莞，栅川墟，履原隰，宿朱明曜真之馆，候晴霏焉。盖晦夕也。诘朝朔，微雨，袭梅墟，经石门，听泉于叶大夫春及之廊阿。"① 序言初看没什么问题，实际上汤显祖万历十九年"辛卯中冬，与令兄握语雷阳，风趣殊苦"②。这是汤显祖《寄江陵张幼君》这封信中的话。张幼君即张居正的第三子茂修，令兄指充军到烟瘴雷阳的居正次子嗣修。徐朔方先生对此信"笺"："辛卯中冬，万历十九年十一月也。"③ 既然汤显祖万历十九年十一月中冬在徐闻，那么不可能在十一月初一又在罗浮山游玩。也不可能于万历十九年十一月七日在南海浴日亭写诗游玩。那么游罗浮山应是什么时候？

汤显祖万历十九年九月起程南赴徐闻典史任，原本因身体有病在临川老家耽误了两三个月，而临川至徐闻将近四千里地，十一月中冬赶到徐闻，路途中间哪有时间"迂道"游罗浮山呢？更不说游完了罗浮山折回广州，再去南海、肇庆、番禺、香岙（今澳门），然后再去看涠洲珠池、再去海南岛等处游玩了。

按照明代的规定，赴任官员拿到吏部的文凭，至多不能超过三个月。当过明代工部、刑部部曹、庐州知府、大名知府，后长期担任陕西、四川、福建、广东、山西等省的藩臬要员，有先后巡抚陕西、总督漕运、总督两广军务的张瀚在《松窗梦语》里说："其文凭宜核者，以官员到任凭限，定于该科，自有一定不可短长之规，缴凭由于各省，亦有按季类缴不可违慢之例。……凡官员到任文凭，务按季类缴，庶无旷职。"汤显祖知道这样的规定，他在南京任祠部主事之时就想游罗浮山，有终焉之意，"而束官陵祀，升践靡由"。④

那么，汤显祖游罗浮山，应该是在万历二十一年的十月底到东莞。因为此行去东莞，是和祁衍曾等人一起游罗浮山的。汤显祖还在东莞写了一

① 徐朔方：《汤显祖全集》，北京古籍出版社 1999 年版，第 985 页。

② 同上书，第 1344 页。

③ 同上书，第 1345 页。

④ （明）张瀚：《松窗梦语》，中华书局 1985 年版，第 149 页。

篇《东莞县晋黄孝子特祠碑》："今上辛卯夏，余以言事尉海北。冬，道南海，过哭再从父墓东莞焉。抚友人祁衍曾之孤，遂如罗浮。而诸生陈君启心者，乃以书来，为其先贤晋孝子黄公舒特祠，欲有以记也。"[①] 把这篇碑文和《游罗浮山赋》的序对读，我们明白了：汤显祖游罗浮山不是万历十九年的十月，而是在万历二十一年去肇庆、南海的途中，是顺道而不是"迂道"。

就上面《游罗浮山赋》的序言看，"十月"、"晦夕"、"诘朝朔"，似乎很自然，没什么问题，但是，这里的"速"，即召请，招致，现在还说"不速之客"。"迟"，即等待，《荀子·修身》："迟彼止而待我。"杨倞《注》："迟，待也。"召请崔子玉，也得一定的机会和时间，翟从先在东莞等着。这样理解，就不会是万历的"辛卯冬十月"。

汤显祖还有《溪山堂草序》："今上辛卯夏六月，予以南祠郎出尉雷阳往来电白、阳江，居其亭，则沈公所遣戍处也。"[②] 如果理解为汤显祖"在万历十九年夏六月，以南祠郎被贬徐闻县尉，往来电白和阳江"，不会错吧？但是，实际上万历十九年夏六月，汤显祖还在临川卧病，根本没动身。这岂不是大谬乎！这里的"今上辛卯夏六月"，也应和《游罗浮山赋》中的"辛卯冬十月"一样看待。

徐朔方先生断定汤显祖在万历二十年春天就回老家临川了，所引材料都是围绕着这个看似合理、其实错误的结论而展开的。事实上，徐朔方先生在《汤显祖年谱》里也承认，"显祖以十九年贬官徐闻，二十一年三月任遂昌知县"。[③] 但是又让汤显祖在万历二十年的春天离开徐闻，提前回老家，这是没有弄清历史事实的做法。为了使这个成为定论工，甚至不惜割裂和曲解诗文，硬是把汤显祖的有些诗文和行踪，硬性地框定在万历二十年的春天以前，这才有汤显祖在"徐闻一年不到"、"六个月"、"三四个月"的说法，造成了汤显祖在徐闻活动轨迹的混乱。造成这种混乱的原因，首先是韩敬或沈际飞编辑汤显祖作品时，不了解汤显祖在徐闻的实际

① 徐朔方：《汤显祖全集》，北京古籍出版社1999年版，第1193页。

② 汪超宏：《明清曲家考》，中国社会科学出版社2006年版，第274页。徐朔方：《汤显祖全集》卷五十一也收此文，校对不臻，北京古籍出版社1999年版，第1628页。

③ 徐朔方：《汤显祖年谱》，上海古籍出版社1980年版，第106页。

情况。其次是汤显祖的儿子汤开远，一是也没跟随汤显祖到过徐闻，因为汤开远才三岁多，有些事根本无从记忆，[①] 二是汤开远在他们编辑汤显祖诗文集之时，也没注意到有些问题会导致我们探讨被贬徐闻典史的时间问题。最后是徐朔方先生在笺校《汤显祖全集》时，智者千虑或有一失所致。实际上，汤显祖万历十九年十月下旬到达徐闻任典史，到万历二十二年正月，过广州回到临川老家。这样看来，汤显祖在徐闻整整两年。要是从汤显祖万历十九年五月被贬徐闻典史，到万历二十二年三月任遂昌令止，汤显祖任徐闻典史的时间就是接近三年，精确地说就是两年零十个月。

① 徐朔方《汤显祖年谱》万历十六年条下说："春，三儿开远生。母为傅氏夫人。"上海古籍出版社 1980 年版，第 78 页。

王粲的流寓荆州及其生存状态

蔡 平*

内容提要 在天下一统的局面下，胸怀济世理想的中国古代文人以用事于皇朝为皈依，然而在王朝崩坏、地方割据势力此消彼长的背景下，选择怎样的依附对象仍然是其人生一大要事。生逢汉末乱世中的王粲，一生先后经历了三次重要选择：一是早期依附于蔡邕；二是中期投靠刘表；三是晚期归依曹操。投奔刘表、流寓荆州的十五年，是其人生中最重要的时期，依附刘表而不得重用导致其用世理想的破灭，同时也成就了文学上“七子冠冕”的地位。

关键词 流寓荆州 生存状态 荆州交游

论建安文学，必及三曹与建安七子；论建安七子，首推王粲。《文心雕龙·才略》：“仲宣溢才，捷而能密，文多兼善，辞少瑕累，摘其诗赋，则七子之冠冕乎。”就诗赋而论，王粲可以说是建安七子之冠。曹丕《典论·论文》特别指出“王粲长于辞赋”，《与吴质书》又说“仲宣独自善于辞赋……至于所善，古人无以远过也。”可惜他的辞赋传世不多，除《登楼赋》外，严辑《全后汉文》所录虽有二十余篇，但都不完整。王粲之诗，今传诗篇完整者，四言诗三首，五言诗十五首。钟嵘《诗品》列之于上品，称其诗“源出于李陵，发愀怆之词，文秀而质羸，在曹刘间别构

* 作者简介：蔡平，广东海洋大学文学院副教授，文学博士。

一体。方陈思不足，比魏文有余。”其诗赋古今学人所重者，诗谓沈约所推举的“先士茂制，讽高历赏”的“灞岸之篇”（《七哀诗》其一），赋谓《登楼赋》。此两篇也就成为王粲作为“七子之冠”的代表作品。清人张玉谷《古诗赏析》选其诗一首，即为《七哀诗》其一“西京乱无象”，瞿蜕园《汉魏六朝赋选》选其赋一篇，即《登楼赋》。两篇成就最高的作品，均写于流寓荆州之时，荆州流寓成为他诗文创作最重要的时期，也形成其“情多”的文风。流离转徙的人生遭遇成就了他非凡的创作成就。王瑶先生认为，王粲之所以能有这样高的成就，“除了他的才思卓越而外，和曹子建一样，主要还是因为他有一段漫长的流离抑郁的生活经验”。[①] 流寓荆州的人生不幸，是王粲作为文人的大幸。

一 汉末荆州与王粲的选择

王粲，字仲宣，山阳高平[②]人。《三国志·魏志·王粲传》：“（建安）二十二年春，道病卒，时年四十一。”由此上推，王粲当生于汉灵帝熹平六年（177）。据诸史所载，王粲最早的行迹起于汉献帝初平元年（190），汉献帝为董卓所胁迫强行迁都长安，并将洛阳及周围数百万人口西迁，王粲及其家人随大规模西迁的人群而至长安，此时王粲十四岁。十四岁之前的王粲居留何地，史无明载。缪钺先生认为：“王粲父谦以疾免官之后，其家盖即留居洛阳，故董卓移都，粲亦西徙。谦若归高平，则王粲年十四时应居乡里，无由随帝迁长安也。”[③] 自洛阳徙长安是王粲人生第一次因政局动荡和战乱的流离，西迁并非其逃难式的自主选择。《文选》卷五十六曹植《王仲宣诔》：“皇家不造，宗室陨颠。宰臣专制，帝用西迁。君乃羁旅，离此阻艰。”[④] 即指徙长安之事。因董卓之乱，关东州郡起兵讨伐董卓而酿成大规模的混战局面，除为董卓所驱赶由洛阳西迁长安的士民而外，洛阳以东的青、徐二州（约为今山东大部和江苏北部）亦有百余万人避难至海表（今渤海沿岸）。这部分多为因战乱而形成的难民，建安七子之一

① 王瑶：《中古文学史论》，北京大学出版社 1998 年版，第 243 页。

② 据《后汉书·郡国志》，山阳郡高平县属兖州。其地在今山东省邹县西南。

③ 缪钺：《王粲行年考》，见《读史存稿》，生活·读书·新知三联书店 1983 年版，第 117 页。

④ （梁）萧统编，（唐）李善注：《文选》第六册，上海古籍出版社 1986 年版，第 2435 页。

的徐干于董卓作乱、劫主西迁之时，即“避地海表”。[①] 谢灵运《拟魏太子邺中集诗》八首《徐干诗》叙干之生平云：“伊昔家临淄，提携弄齐瑟。置酒饮胶东，淹留憩高密。”徐干本家居临淄，因避战乱而东徙至高密，高密为近海之地，《中论序》“海表”即指此。俞绍初《建安七子年谱》亦谓：“盖徐干旧居临淄，以战乱迭起，临淄牢落，故往避之。”[②] 东汉末因董卓之乱而直接导致流寓异地者，七子中除王粲外其他人均无史料可查，所可凭据的唯谢灵运《拟魏太子邺中集》八首，其《应玚诗序》谓：“汝颍之士，流离世故，颇有飘薄之叹。”[③] 五臣刘良注其诗句“一旦逢世难，沦薄恒羁旅”曰：“世难谓汉末遭乱飘沦薄迫也，言我逢乱漂迫荆州也。”[④] 可知应玚亦曾流寓荆州。然而，王粲、徐干、应玚三人流寓的情形又有不同，王粲身罹洛阳和长安两次流离，徐干、应玚主要的是起于董卓洛阳之乱的波及而流离。

汉末因董卓之乱而起的连环战乱先后主要有两次，前一次是以洛阳为中心展开的，可称为关东之乱；后一次则是以长安为中心，可称为关中之乱。关东之乱波及面更广，王粲之徙长安、徐干之憩高密、应玚之漂荆州，均因此而起。因关中之乱的流离者，迁离地是长安，主要向东、南、西南三个方向流散。葛剑雄《中国移民史》将关中之乱造成的人口流动称之为汉末人口的第二次大迁移，“第二次大迁移开始于初平三年（192），王允杀董卓后，董卓的部将李傕、郭汜等攻入长安，杀了王允，不久又自相攻击，关中大乱。关中的难民有数十万东迁至今江苏徐州一带投奔徐州刺史陶谦。另有数万户进入今四川境内投奔益州牧刘焉。一部分向南出武关（今陕西商州市西南丹江北岸）经南阳盆地继续迁入荆州”。[⑤] 七子三人中徐干、应玚未遭长安之乱，仅王粲于初平元年流离长安之后，于初平三年（192）再次踏上颠沛的行程。

---

① 无名氏：《中论序》，见张玉书、邵先锋《徐干集校注》附录二《〈中论〉序跋辑略》，中国文联出版社 2001 年版，第 172 页。

② 俞绍初辑校：《建安七子集》，中华书局 2005 年版，第 381 页。

③ 顾绍柏：《谢灵运集校注》，中州古籍出版社 1987 年版，第 151 页。

④ （梁）萧统选编，（唐）李善等注：《六臣注文选》，浙江古籍出版社 1999 年版，第 563 页。

⑤ 葛剑雄主编：《中国移民史》第二卷《先秦至魏晋南北朝时期》，福建人民出版社 1997 年版，第 272 页。

羁留长安几年的王粲有两事颇值得一提：一是初至长安，为位高名重的蔡邕所礼遇；二是连辞官府征辟而不就。《三国志·魏志·王粲传》载：

> 献帝西迁，粲徙长安，左中郎将蔡邕见而奇之。时邕才学显著，贵重朝廷，常车骑填巷，宾客盈坐。闻粲在门，倒屣迎之。粲至，年既幼弱，容状短小，一坐尽惊。邕曰："此王公孙也，有异才，吾不如也。吾家书籍文章，尽当与之。"年十七，司徒辟，诏除黄门侍郎，以西京扰乱，皆不就。乃之荆州依刘表。

据蔡邕《宗庙祝嘏辞》，董卓逼献帝迁都长安在初平元年二月丁亥，蔡邕随献帝西迁，至三月丁巳至长安。[①] 邕初至长安，官拜左中郎将，又因从献帝迁都而封高阳乡侯。从中平六年八月为董卓所辟，历随献帝自洛阳迁都长安，至初平三年四月因受董卓牵连而为王允所杀，是蔡邕仕途上最为鼎盛的时期。然而，面对每一次升迁，他非但没有丝毫的高兴与得意，反倒总是"怔营惭惶，屏气累息"（《让高阳侯印绶符策》)，惶惶不可终日。蔡邕之用事于董卓，非为助纣为虐，而是"每存匡益"(《后汉书·蔡邕传》)。对于董卓的刚愎自用，邕每恨其言少从，惧祸及身，欲遁逃山东，然终究未能成行，而遭杀身之祸。蔡邕对政治素无兴趣，为董卓所辟而累迁官职，也是迫于董卓之淫威。相反，在文士圈子里他倒是异常活跃，其善接文士远近闻名，致使"宾客盈坐"。故王粲登门造访，他能"倒屣迎之"，并自叹不如。王粲不但得到蔡邕的揄扬，而且还得到他的数车赠书。[②] 王粲初至长安便迫不及待地拜谒蔡邕，并非是为求得仕途之利，而更多着眼的是志趣的相投，而且他也未将王粲与天下大乱之渊薮董卓联系起来。以王粲16岁的少年才俊，不可能不知道他所仰慕的汉末文坛巨擘蔡邕与董卓的关系。自初平元年三月王粲得

---

① 《宗庙祝嘏辞》："于是乃以二月丁亥，来自洛，越三月丁巳，至于长安。"见邓安生《蔡邕集编年校注》，河北教育出版社2002年版，第409页。

② 《三国志·钟会传》注引《博物记》："蔡邕有书近万卷，末年载数车与粲。"蔡邕将"书籍文章，尽当与之"的话并未兑现，《后汉书·董祀妻传》也记有蔡琰对曹操说过"昔亡父赐书四千余卷"的话，可见蔡邕的近万卷藏书并没有全部送给王粲。

见蔡邕，并得到他的提携和赠予，至初平三年四月蔡邕被杀，王粲与蔡邕在长安的交往仅两年之短，虽然除了上述《魏志·王粲传》一则材料外，再无材料可证二人在长安有更深入的交往，但从王粲长于辞赋，并且是长于抒情小赋的创作特点来看，无疑是受到蔡邕极大影响的。《登楼赋》的抒情笔法，极近于蔡邕抒情小赋的名篇《述行赋》，建安文人的抒情小赋正是沿着蔡邕开创的婉曲、细腻的路子前行的，蔡邕《述行赋》是汉末抒情小赋的代表。邓安生《蔡邕集编年校注·前言》正是从感情表达上给予了《述行赋》以充分肯定，“无论从思想的深度厚度，还是从艺术表现力来看，《述行赋》何尝稍逊张（张衡）、赵（赵壹）之作？依我个人之见，《归田赋》、《刺世疾邪赋》简单直露，缺乏深致，《述行赋》深厚、委婉、跌宕，从感情表达来说，《述行赋》倒是略胜一筹的”。[①] 王允伙同吕布诛杀董卓，并将蔡邕看作其同党而就戮，在京城长安引起极大震动，王允不顾朝中大臣的施救，一意孤行杀掉“旷世逸才、忠孝素著”（《后汉书·蔡邕传》）的蔡邕，也很大程度上刺痛了王粲。《魏志》本传说“司徒辟，不就”，司徒即王允，这“不就”乃是出于王粲对王允诛戮其恩师蔡邕的强烈不满。

自初平元年二月献帝迁都长安，王粲西徙，至初平三年六月王粲之荆州依刘表，在近两年半的时间里，献帝政权及长安城先后易手于董卓、王允、李傕、郭汜，其间王粲仅于初至长安时谒见并投于蔡邕门下，蔡邕被杀后便失去了在长安城的归依。尽管有机会用事于名义上的献帝朝政，但无论是司徒王允的征辟，抑或是乱政者的矫诏拜官，均非其所愿，长安城已失去其继续居留的理由，于是“驱马弃之去”成为他的必然选择。王瑶先生认为，在因战乱灾祸而造成“白骨蔽平原”的社会景象下，“‘驱马弃之去’是文人们流离播迁的一般情形，至少也得找寻一个可以依附的对象”。[②] 少年王粲在长安得到蔡邕的赏识和揄扬，然好景不长，蔡邕罹难，哪里又是他的栖身之地，谁又可以成为他的一个新的可以依附的对象呢？遍观天下，王粲最终的选择是荆州，是刘表。

---

① 邓安生：《蔡邕集编年校注·前言》，河北教育出版社 2002 年版，第 9 页。

② 王瑶：《曹氏父子与建安七子》，见《中古文学史论》，第 245 页。

刘表之任荆州刺史始于初平元年，至初平三年改为荆州牧，建安十三年八月病死于荆州。《后汉书·刘表传》："初平元年，长沙太守孙坚杀荆州刺史王叡，诏书以表为荆州刺史。""及李傕等入长安，冬，表遣使奉贡。傕以表为镇南将军、荆州牧、封成武侯。"① 王粲于初平三年赴荆州，至建安十三年归附曹操，几与刘表荆州之任相始终。王粲的离长安而奔荆州，并非单一的避乱，而是更多地带有投奔贤明并借之实现政治抱负的理想成分。他是因刘表选择了荆州，而并非是因荆州相对远离战乱中心或被荆州区域优越的自然条件吸引，荆州是王粲的理性选择。我们不妨替王粲分析一下选择荆州刘表的有利条件。其一，王粲与刘表是同乡，均为山阳高平人。其二，刘表尝受学于王粲祖父王畅。《魏志·刘表传》裴注引谢承《后汉书》曰："表受学于同郡王畅。"② 其三，王粲与刘表均少而知名，王粲被蔡邕视为"有异才"，刘表为汉末名士"八俊"之一。《魏志·刘表传》裴注引《汉末名士录》云："表与汝南陈翔字仲麟、范滂字孟博、鲁国孔昱字世元、勃海苑康字仲真、山阳檀敷字文友、张俭字符节、南阳岑晊字公孝为八友。"③ 在名士这一点上，王粲将刘表与蔡邕视为同类人，既然蔡邕可依，刘表当然亦可依。其四，刘表为政一方，多有令名。《资治通鉴》卷六十二"献帝建安元年"载："刘表爱民养士，从容自保，境内无事，关西、兖、豫学士归之者以千数。"④ 这些因素足以令王粲相信荆州必是其施展才华、实现抱负的理想之所，刚刚踏上南下荆州征程的他对未来怀着无限的期许，也寄寓了饱受长期流离之苦后对安定生活环境的渴望。故《赠士孙文始诗》说："我暨我友，自彼京师。迁于荆楚，在漳之湄。在漳之湄，亦克晏处。"言虽处乱世，但荆州还比较安定，能够安处。然而，王粲寓荆州、投刘表不只是寻得一个安定的居住环境，至荆州后他的热衷仕进与不为刘表所重用形成极大的反差，从而心生对荆州环境的厌弃。"荆蛮非我乡，何为久滞留？"（《七哀诗》其二）言下之意当初投奔刘表

① （宋）范晔撰写，（唐）李贤等注：《后汉书》第九册，中华书局1965年版，第2419—2421页。

② （晋）陈寿撰，（宋）裴松之注：《三国志》第一册，中华书局1959年版，第211页。范晔《后汉书》有传，亦谓"同郡刘表时年十七，从畅受学"。

③ 《三国志》卷六。

④ （宋）司马光：《资治通鉴》第五册，中华书局2012年版，第2035页。

几近于投亲归家的想法是那样的幼稚，理想与现实存在很大的距离，这里既然不是自己的归宿，又有什么理由久留呢？将“荆州”说成“荆蛮”，是极具感情色彩的称谓，亦有隐喻刘表之意。当初极力寻找的支撑其南下荆州的理由被一个“荆蛮”全部消解了，来荆州当是一个理智却不明智的选择。王粲当初对荆州的希望是刘表的延揽人才，而寄寓荆州后对荆州的失望则是出于刘表的延揽人才而不知所任。所以，建安十三年曹操平荆州，辟之为丞相掾，赐爵关内侯时，王粲从能否善用人才上盛赞新主曹操而责论旧主刘表（时刘表已亡）：

> 刘表雍容荆楚，坐观时变，自以为西伯可规。士之避乱荆州者，皆海内之俊杰也；表不知所任，故国危而无辅。明公定冀州之日，下车即缮甲卒，收其豪杰而用之，以横行天下；及平江、汉，引其贤俊而置之列位，使海内回心，望风而愿治，文武并用，英雄毕力，此三王之举也。①

王粲是将刘表的败亡归咎于对人才的“不知所任”，刘表徒有善士之美名而无所用，深悔自己羁留荆州十五年岁月之蹉跎。对荆州流寓地由起初选择时的满怀希望，到寓居十五年的逐渐失望乃至绝望，最后是改弦易辙随荆州之地一并归于曹操，王粲的人生历程又到了一个新的起点，其文风也随着荆州流寓生活的结束而为之一变。

二　荆州时期的活动与处境

献帝初平三年在汉末历史上是不同寻常的一年，由于“卓忍于诛杀，诸将言语有蹉跌者，便戮于前，人不聊生”，致使“司徒王允与司隶校尉黄琬、仆射士孙瑞、尚书杨瓒密谋诛卓”。② 四月，王允、吕布诛杀董卓，献帝朝政为王允所把持。其后王允在长安对董卓集团亦大行诛戮，灭纪废典。至六月，董卓部将李傕兵围长安城八日，城破，收王允等杀之。九

① 《三国志·魏志·王粲传》。

② 《通鉴》卷六十“献帝初平三年”，第五册，中华书局点校本，第1974页。

月，李傕等掌管朝政。鉴于西京长安的混乱局面，王粲与其好友士孙文始结伴举家离长安而奔赴荆州。

《魏志·钟会传》裴注引《博物记》："王粲与族兄凯俱避地荆州。"《初征赋》又叙其避乱荆州事云："违世难以回折兮，超遥集乎蛮楚。逢屯否而底滞兮，忽长幼以羁旅。"① 故王粲当为举家南迁。其诗《赠士孙文始》云："天降丧乱，靡国不夷。我暨我友，自彼京师。宗守荡失，越用遁违。迁于荆楚，在漳之湄。"士孙文始为曾与王允共谋诛董卓的仆射士孙瑞之子，董卓被诛后士孙瑞颇有先见之明，命其子士孙文始举家南迁荆州依刘表。《文选》卷二十三于此诗题下注引《三辅决录》赵岐（按，当"挚虞"之误）注曰："士孙孺子名萌，字文始，少有才学，年十五，能属文。初董卓之诛也，父瑞知王允必败，京师不可居，乃命萌将家属至荆州依刘表。去无几，果为李傕等所杀。"② 士孙瑞知大祸将临，为其子事先安排好了后路，但当李傕、郭汜等攻破长安城后将曾参与密谋诛杀董卓的王允、黄琬等一一收杀，唯独士孙瑞得以幸免。《通鉴》述其得免的原因谓"允自专讨卓之劳，士孙瑞归功不侯，故得免于难"。士孙瑞本是参与谋诛董卓的重要人物，论其功不亚于王允、黄琬诸辈，但他行事做人低调，不居功，其得以免祸恐他自己也没有想到。司马光就此还大加赞叹："士孙瑞有功不伐，以保其身，可不谓之智乎！"③ 士孙文始携家离开长安不久，王允就被李傕等所杀。据《后汉书·献帝纪》及《王允传》，允于初平三年六月甲子被李傕等所杀，可知王粲一家与士孙文始一家离开长安必在此之前。又据《后汉书·献帝纪》及《董卓传》，李傕于初平三年五月合围长安城，八日城陷，六月戊午傕等入城，放兵掳掠。这一乱局王粲是亲历的，其《七哀诗》其一写道："西京乱无象，豺虎方遘患。复弃中国去，远身适荆蛮。"余冠英说："第一首写乱离中所见，是一幅难民图，大约作于初离长安的时候。"④ 由此可知，王粲、王凯、

① 见《艺文类聚》卷五十九。

② （梁）萧统编，（唐）李善注：《文选》第三册，上海古籍出版社 1986 年版，第 1105 页。

③ 《通鉴》卷六十"献帝初平三年"，第五册，中华书局点校本，第 1980 页。

④ 余冠英：《汉魏六朝诗选》，人民文学出版社 1978 年版，第 104 页。

士孙文始的一起离京当在初平三年六月李傕入城为乱之后，王允被杀之前。

前已述及，刘表为荆州刺史在初平元年，采南郡人蒯越等的计策制服江南宗贼，平定州境，理兵襄阳，以观时变。王粲于初平三年赴荆州，所到之地即是襄阳。《后汉书·郡国志》："荆州刺史部，郡七，县、邑侯国百一十七。武陵郡汉寿，故索，阳嘉三年更名，刺史治。"① 又据《舆地纪胜》："东汉末，刘表为荆州刺史，始理襄阳。"②《后汉书·郡国志》注引《荆州记》曰："襄阳旧楚之北津，从襄阳渡江，经南阳，出方关，是周、郑、晋、卫之道，其东津经江夏，出平睾关，是通陈、蔡、齐、宋之道。"③ 王粲自长安城所在的周之故地至襄阳，所经正是南阳、方关一路。后世文献多有关于"王粲宅"、"王粲井"的记载。《太平御览》卷180引《襄沔记》曰："繁钦宅、王粲宅并在襄阳，井台犹存。"④《文选》卷五十六曹植《王仲宣诔》注引盛弘之《荆州记》云："襄阳城西南有徐元直宅，其西北八里方山，山北际河水，山下有王仲宣宅，故东阿王《诔》云：'振冠南岳，濯缨清川。'又杜甫《一室》诗云：'应同王粲宅，留井岘山前。'师尹注：'昔王粲依刘表，卜居岘山下，后人呼为'王粲宅'。宅前有井，呼为'仲宣井'。"可见王粲流寓荆州的活动范围主要还是在襄阳。

王粲的流寓荆州、卜居襄阳，表面上看来是为避长安之乱，但从深层考察便可发现，他实际上与大多数文士一样，在汉末经学式微、中央集权统治真空、帝王无以号令天下、社会思想多元走向的时代，一方面是天下的失序与战乱给他们带来的巨大的心灵冲击和精神创伤，甚至是死亡的威胁；另一方面是乱局中王朝政权在朝中宦竖、军事强人之间频繁易手，地方割据势力此消彼长的局面所带来的天下割据走向的巨大悬念和不确定性，这种不确定性造成士人们几乎近于赌博式的、以他们心中可以依附的某一重要人物为中心进行重组。这种重组颇类似战国时期盛行于诸侯国之

① （宋）范晔：《后汉书》第十二册，中华书局1965年版，第3484页。
② （宋）王象之：《舆地纪胜》第五册，四川大学出版社2005年版，第2822页。
③ （宋）范晔：《后汉书》第十二册，中华书局1965年版，第3481页。
④ （宋）李昉：《太平御览》第一册，中华书局1960年影印本，第878页。

间的养士之风感召下士人的负才周游。王粲出身高贵，谢灵运谓其“家本秦川，贵公子孙”，① 又加上少“有异才”（蔡邕语），离长安奔荆州之初是颇为自负的，对这位自己将要投靠的、既是同乡又是祖父学生的刘表，内心是怀有极大期许的。然而事与愿违，到荆州之后，王粲的期望值与刘表所能给他的形成极大的反差。

《魏志·王粲传》云：“表以粲貌寝而体弱通侻，不甚重也。”吴顺东等《三国志全译》译此句谓：“刘表见王粲相貌猥琐，身体孱弱，又不拘小节，对他不很看重。”② “貌寝”，裴松之解释为：“谓貌负其实也。”可以理解为王粲的相貌与其内涵很不相符，一个很有内涵的人相貌却是如此这般。由说王粲的“貌寝”可以推知刘表此前对王粲是只闻其名而未见其人，见其人后方感觉与曾闻说及心中勾画的王粲形象有很大差距，而倒不是说他相貌丑陋或“相貌猥琐”。因“貌寝”不仅左右了刘表在公事上对他的重用，还影响了刘表在择婿上对他的排斥。《魏志·钟会传》注引《博物记》曰：“初，王粲与族兄凯俱避地荆州，刘表欲以女妻粲，而嫌其形陋而用率，以凯有风貌，乃以妻凯。”③ 此将“貌寝”说成“形陋”。清人卢弼：《三国志集解》引连江叶氏本《博物志》云：“表嫌其形陋用率，乃谓曰：君才过人，而体儿非女□才。”④ 其意大概是说你王粲才能过人，可身体却不是一个女人值得依靠的。王粲这种所谓不能被女人所依靠的身体条件，倒并非为众人所解释的相貌鄙陋，而是缺乏风概的“肥戆”。《三国志集解》沈钦韩引韦仲将云：“仲宣伤于肥戆，又非体弱者也。”⑤ “肥戆”，即体态肥胖，用事莽撞、戆头戆脑。“戆”与《魏志·王粲传》中的“通侻”意义是相近的。至于《魏志》本传说他“体弱”，纯属人物品鉴中的体貌之说，刘表并无评其文风之意。曹丕《与吴质书》亦称其“体弱”：“仲宣独自善于辞赋，惜其体弱，不足起其文。”后世论者对曹丕所

① （南北朝）谢灵运《拟魏太子邺中集》八首之《王粲》诗。顾绍伯释“贵公子孙”曰：“王粲家世代为豪族，其曾祖王龚官至太尉，祖父王畅官至司空。东汉时太尉与司徒、司空合称三公，权力极大。”顾绍柏：《谢灵运集校注》，中州古籍出版社 1987 年版，第 141 页。

② 吴顺东、谭属春、陈爱平：《三国志全译》，贵州人民出版社 1994 年版，第 881 页。

③ （晋）陈寿撰，（宋）裴松之注：《三国志》第三册，中华书局 1959 年版，第 796 页。

④ （清）卢弼：《三国志集解》第五册，上海古籍出版社 2012 年版，第 2113 页。

⑤ （清）卢弼：《三国志集解》第四册，上海古籍出版社 2012 年版，第 1649 页。

言之"体弱"存在两种不同的理解。一是认为"体弱"指文体而言。魏宏灿《曹丕集校注》释"体弱"谓文章的"体势软弱，缺乏挺拔之气"。[①]二是从气论思想出发，认为"体弱"是文人体气的孱弱，偏重于从人的生理之体着眼。罗宗强先生认为，"'体弱'，就是指他体气不足。体弱对文章有影响，这其中就有道家重气的影响在"。[②]王运熙先生的观点比较折中，认为"'体弱'即禀气弱少之意，指文章风格不够生气蓬勃、强健有力"，[③]应是较为客观的。王粲体貌"肥戆"，身体确也有病。皇甫谧《针灸甲乙经序》曰：

> 仲景见侍中王仲宣，时年二十余，谓曰："君有病，四十当眉落，眉落半年而死。"令服五石汤可免。仲宣嫌其言忤，受汤勿服。居三日，见仲宣，谓曰："服汤否?"曰："已服。"仲景曰："色候固非服汤之诊。君何轻命也!"仲宣犹不言。后二十年，果眉落，后一百八十七日而死，终如其言。[④]

这样的一个王粲，在刘表看来是不值得女人依靠的，又怎么能将女儿嫁给他为妻呢？刘表在对待王粲的态度上，无论是大用于政事，还是为女择婿，都是过分地以体貌取人了。当然，以刘表自身的"长八尺余，姿貌甚伟"，将女嫁与"有风貌"的王粲之族兄王凯为妻，而舍弃"形陋用率"的王粲，也是情理中事。但对王粲却是一个大伤自尊的事情，"改嫁"的不是别人，正是与王粲同赴荆州避难的兄长，而且还主要是因为自己形体上的短板。此事对王粲虽有刺激，但却没有影响大局，他明白在汉末人物品鉴之风盛行时，以形貌取人也是一种普遍的社会风气，而把希望寄托在刘表对他的擢用上。因此，流寓荆州期间虽对刘表多有怨气，对现有的处境却没有过分悲观，没有消极退避，相信凭借其才终有可见转机的时日。

---

① 魏宏灿：《曹丕集校注》，安徽大学出版社2009年版，第261页。

② 罗宗强：《魏晋南北朝文学思想史》，中华书局1996年版，第29页。

③ 王运熙、杨明：《中国文学批评通史·魏晋南北朝卷》，上海古籍出版社1996年版，第32页。

④ 俞绍初《建安七子年谱》"建安元年丙子，王粲二十岁，遇张仲景"下所引。见《建安七子集》第397页。

即使诸如好友蔡子笃[①]、士孙文始等离荆州回中原或故土，所有的也只是挚友之间惜别的哀伤，也没有动摇他做新的选择。他一方面广泛交游，当时在荆州的本土文士和流寓荆州的文士大都成为他交游的对象；另一方面也为刘表做了几件大事。

一是作《赠文叔良诗》勉励文叔良完成聘蜀结好刘璋之使命。兴平元年（194），刘焉卒，其子刘璋继为益州刺史，因其将谋反后而避于荆州，故“以韪为征东大将军，率众击刘表”。《蜀志·刘焉传》注引《英雄记》曰：“焉死，子璋代为刺史。荆州别驾刘阖，璋将沈弥、娄发、甘宁反，击璋不胜，走入荆州。璋使赵韪进攻荆州。”[②]《文选》卷二十三李善注此诗曰：“详其诗意，似聘蜀结好刘璋也。”文叔良肩负使荆、蜀二地化干戈为玉帛的重任出使蜀地，“二邦若否，职汝之由”。王粲既申明了此行的重要性，又有对文叔良的劝勉。“董褐荷名，胡宁不师？”有像董褐这样有本领的人出使西蜀，怎么能协调不了荆、蜀之间的关系呢？用董褐之事喻指文叔良出使定会不辱使命。诗中还有对文叔良的提醒，千万不能因为使者外事言辞的不当而导致“梧宫致辩，齐楚构患”的结局。王粲完全站在刘表的角度以荆州的安危为虑，一定程度上坚定了文叔良出使而事济的信念。郁贤皓、张采民注此诗以为作于建安十三年，[③]建安十三年已是王粲在荆州的最后一年，在经历了长达十五年寓居荆州的消磨之后，已不可能还有如此的满腔热忱了。

二是盛赞刘表的文治武功。献帝初平、兴平时期，鉴于“荆州人情好扰，寇贼相扇，处处麋沸”的现状，刘表一方面“招诱有方，威怀兼治”，使“其奸猾宿贼更为效用，万里肃清，大小咸悦服之”，“关西、兖、豫学士归者盖有千数”，刘表均对之“安慰赈赡，皆得资全”；另一方面“起立学校，博求儒术”，使“綦毋闿、宋忠等撰立《五经》章句”，[④]大兴文

① 王粲有《赠蔡子笃诗》及《赠士孙文始诗》，为送别其友蔡子笃和士孙文始而作。子笃，名睦，济阳人（李善注），与粲同避乱荆州（吕向注），后还故里，粲作诗赠之。吴云、唐绍忠：《王粲年谱》、俞绍初：《建安七子年谱》、张蕾：《王粲年谱》、缪钺：《王粲行年考》等谱类著述均未将《赠蔡子笃诗》系年，但该诗作于王粲流寓荆州期间是可以确定的。

② （晋）陈寿撰，（宋）裴松之注：《三国志》第四册，中华书局1959年版，第868页。

③ 郁贤皓、张采民：《建安七子诗笺注》，巴蜀书社1990年版，第61页。

④ （宋）范晔：《后汉书·刘表传》第九册，中华书局1965年版，第2421页。

教。王粲作《荆州文学记官志》详记此事并对刘表此举大加称颂，其曰：

有汉荆州牧刘君［稽古若时，将绍厥绩，乃称曰］：……乃命五业从事宋忠新作文学，延朋徒焉，宣德音以赞之，降嘉礼以劝之，五载之间，道化大行。耆德故老綦毋闿等负书荷器自远而至者，三百有余人。于是童幼猛进，武人革面，总角佩觿，委介免胄，比肩继踵，川逝泉涌，亹亹如也，兢兢如也。遂训六经，讲礼物，谐八音，协律吕，修纪历，理刑法，六略咸秩，百氏备矣。

天降纯嘏，有所底授。臻于我君，受命既茂。南牧是建，荆衡作守。时迈淳德，宣其丕繇。厥繇伊何？四国交阻。乃赫斯威，爰整其旅。虔夷不若，屡戡寇侮。诞启洪轨，敦崇圣绪。典坟既章，礼乐咸举，济济搢绅，盛兹阶宇。祁祁髦俊，亦集爰处。和化普畅，休征时叙。品物宣育，百谷繁芜。勋格皇穹，声被四宇。[①]

建安三年（198）“长沙太守张羡率零陵、桂阳三郡叛表，表遣兵攻围，破羡，平之”。[②] 为此王粲作《三辅论》，借江滨遗老之口盛赞刘表的功绩，说“长沙不轨，敢作乱违，我牧睹其然，乃赫尔发愤，且上征下战，去暴举顺”，下文又就此联系其他表彰刘表的武功：“履道怀智，休迹显光，洒扫群虏，艾拔秽荒。走袁术于西境，馘射贡乎武当，遏孙坚于汉南，追杨定于析商。”[③] 文章虚构立难、答难的人物展开辩论，虽已非完篇，辩护士的口吻却是昭然可见。其对刘表的歌功颂德，可谓不遗余力。

三是代刘表致书袁氏兄弟，劝其弃怨修德，共图大业。建安七年（202）袁绍病逝，逢纪、审配假托袁绍遗命，拥袁绍三子袁尚为嗣，袁谭、袁尚兄弟遂结隙怨，互相攻伐。王粲代刘表分别致书袁氏兄弟，即

① 《艺文类聚》卷三十八，《太平御览》卷六百七。又见俞绍初校点《王粲集》，中华书局1980年版，第44页。

② 《后汉书·刘表传》。

③ 《艺文类聚》卷五十九。又见张蕾《王粲集校注》，河北教育出版社2013年版，第115页。

《为刘表谏袁谭书》、《为刘表与袁尚书》，劝其以大业为重，摒弃旧怨。然而，袁氏兄弟并不听从劝告，仍旧攻杀不断，最终为曹操各个击破。书中论说情理，颇为中肯，“且当先除曹操，以卒先公之恨；事定之后，乃议兄弟之怨”，等等。表现出“疾呼泣血”的感情，展示出“苏张复生”[①] 的才力，以期袁谭袁尚相携，共奖王室。

此文为代人立言，与王粲本人思想无涉，只是表现了他的辞章文采。但由此亦可知，王粲在荆州，事实上也是曾为刘表所用的，刘表也并非完全不重视他，只是重视的程度或重用的场合与王粲的期望值不相匹配而已，因此引发他大量的牢骚怨悱。

然而，刘表并非王粲赖以骋力的贤伯。刘表名为勤王同盟的一员，对于勤王事业并不积极，刘表空负有汲引后进之誉，“而心多忌”（《后汉书·刘表传》），致使许多集结在荆州的有识之士不能伸展抱负。即使王粲为刘表的同乡，刘表又是王粲祖父的门生，也难能改变刘表狭窄的心肠。从而不能使王粲乘风高举，内心有着深沉的怨愤。到王粲寓居荆州的后期，这种怨愤情绪更为强烈，于是登上当阳楼，写出了集十五年荆州偃蹇生存境遇与愤懑的《登楼赋》。

流寓荆州十五年，王粲因依刘表，除与刘氏父子发生并不融洽的主从关系外，所交游者多为同僚文士，今可考者依所据文献可大致分为两类：一是由王粲诗文所透露的交游者；二是由史传文献所推断的交游者。前者主要有士孙文始（士孙萌）、蔡子笃（蔡睦）、文叔良（文颖）、潘文则、宋忠等；后者主要有裴潜、司马芝、潘浚、繁钦等。

士孙文始、蔡子笃、文叔良、潘文则诸人，王粲均有赠诗，即《赠士孙文始》、《赠蔡子笃》、《赠文叔良》、《思亲为潘文则作》。士孙萌，字文始，扶风人。初平三年，王粲与其结伴同行，南下荆州、依附刘表。后士孙文始因其父士孙瑞有功于汉献帝，被封为澹津亭侯，离荆州赴任之际，王粲作诗相赠。《魏志·董卓传》注引《三辅决录注》曰：“瑞字君荣，扶风人，世为学门。瑞少传家业，博达无所不通，仕历显位。卓既诛，迁大

---

① 张溥：《汉魏六朝百三名家集题辞·王侍中集》，见殷孟伦《汉魏六朝百三名家集题辞注》，人民文学出版社1960年版，第78页。

司农，为国三老。每三公缺，瑞常在选中。……天子都许，追论瑞功，封子萌澹津亭侯。萌字文始，亦有才学，与王粲善。临当就国，粲作诗以赠萌，萌有答，在《粲集》中。"[①] 清人严可均《全后汉文》辑其残篇三则，其名下注曰："瑞字君策，扶风人。中平末以处士擢鹰扬校尉。献帝初，为执金吾，出为南阳太守，未行，留拜尚书仆射、大司农、卫尉、国三老、光禄大夫、尚书令。兴平二年，从驾东归，为乱兵所杀。有集二卷。"[②] 假如严氏之说可据，那么士孙文始受封为澹津亭侯所因之父功当指此扈从献帝东归之事。士孙文始《答王粲诗》今不存，但从王粲赠诗中足可见二人情同兄弟，虽王粲族兄王凯也在荆州，但彼此来往并不多，士孙文始可称为王粲在荆州流寓时期交往最深的挚友。

蔡子笃，名睦，济阳人。与王粲同时避长安之乱而流寓荆州，后归故里，王粲作诗赠之。《文选》李善注王粲《赠蔡子笃诗》题下引《晋官名》曰："蔡睦，字子笃，为尚书。"[③] 又《晋书·蔡谟传》载："蔡谟字道明，陈留考城人也。世为著姓。曾祖睦，魏尚书。"[④]《六臣注文选》吕向于王仲宣名下注曰："蔡子笃为尚书，仲宣与之为友，同避难荆州。子笃还会稽，仲宣故赠之。"[⑤] 其诗云"何以赠行，言授斯诗"，赠诗以志君子之交，彼此不忘也。

"君子信誓，不迁于时。及子同寮，生死固之。"我们是君子之交，那往日的友谊信誓，绝不会因时光的流逝而淡忘。你我又同为流寓荆州刘表幕中的同事僚友，友情非同他人，自然要终身相忆，至死不渝。这是激切而热烈的肺腑之词，至情之言，其深情挚意，催人泪下。诗被王粲当作与挚友蔡子笃之间的誓约，既是诗人自己的信念，也是对于好友的期望。文叔良，名颖。据《文选》李善注引干宝《搜神记》及《繁钦集》，知其为南阳人，曾为荆州从事。献帝初平中，王粲与文叔良共事于刘表幕中。前文已述文叔良出使益州结好刘璋，王粲赠诗以勉之。王粲有《思亲为潘文

① （晋）陈寿：《三国志》第一册，中华书局 1959 年版，第 186 页。
② （清）严可均：《全上古三代秦汉三国六朝文》第一册，中华书局 1958 年版，第 931 页。
③ （梁）萧统：《文选》第三册，上海古籍出版社 1986 年版，第 1102 页。
④ （唐）房玄龄等：《晋书》第七册，中华书局 1974 年版，第 2033 页。
⑤ 四库文学总集选刊本《六臣注文选》第一册，上海古籍出版社 1993 年版，第 536 页。

则作》一诗，张溥《汉魏六朝百三名家集》题作《思亲诗》小注标明“为潘文则作”。[①] 章樵本《古文苑》卷八作《思亲为潘文则作》，《广文选》卷十五作《为潘文则思亲诗》。潘文则，生平事迹不详。《魏志·公孙瓒传》裴注引《典略》曰：“瓒遣行人文则斋书告子续曰”，郁贤皓、张采民注此诗时据此及《公孙瓒传》注引《献帝春秋》两则史料，推测出“潘文则建安四年（199）曾为公孙瓒僚属”。[②] 王粲此诗年份不可考，从内容看，当是潘文则丧母，粲代为作诗，表示哀悼之情。宋忠（又作宋衷），字仲子，南阳章陵人，任荆州官学五业从事。王粲《荆州文学记官志》有“乃命五业从事宋衷新作文学”之语，“新作文学”指重新振兴经学之事。荆州经学，以宋衷为冠冕，在当时自成风气。据《隋书·经籍志》，宋衷曾注《周易》十卷、《世本》四卷、《扬子太玄经》九卷、《扬子法言》十三卷。[③] 王粲著《尚书释问》，驳难郑玄，当受到宋衷的启示。缪钺《王粲行年考》即言：“王粲虽非专经之士，而居荆土十余年，与宋衷殆颇有往还。”[④]

除了以上五人可以根据诗文寻绎王粲与他们的交往外，还可从史传文献中发现另外一些人与他的联系。裴潜，字文行，河东闻喜人。避乱荆州时，裴潜认为刘表坐拥荆州却不思进取，其势必败，故离表而去。《魏志·裴潜传》载：“裴潜字文行，河东闻喜人也。避乱荆州，刘表待以宾礼。潜私谓所亲王粲、司马芝曰：‘刘牧非霸王之才，乃欲西伯自处，其败无日矣。遂南适长沙。’”[⑤] 从裴潜向王粲私下表达自己对刘表的负面评论看，这种话如果不是关系极为亲近、彼此知根知底，是断不可以随意言于他人的。司马芝，字子华，河内温县人。早年避乱荆州，与王粲、裴潜私交很深。建安十三年曹操平南定荆州，司马芝与王粲并归曹，此前其“居南方十余年，躬耕守节”。[⑥] 二人寓居荆州时间相近，彼此当有较多的来往。潘浚，字承明，武陵汉寿人。早年从宋衷受学，

① （明）张溥辑：《汉魏六朝百三名家集》第二册，江苏古籍出版社 2002 年影印本，第 139 页。
② 郁贤皓、张采民：《建安七子诗笺注》，巴蜀书社 1990 年版，第 68 页。
③ （唐）魏征、令狐德棻：《隋书》第四册，中华书局 1973 年版，第 909 页。
④ 缪钺：《读史存稿》，生活·读书·新知三联书店 1963 年版，第 119 页。
⑤ （晋）陈寿：《三国志》第三册，中华书局 1959 年版，第 671 页。
⑥ （晋）陈寿：《三国志》第二册，中华书局 1959 年版，第 386 页。

为荆州牧刘表辟为江夏从事。潘浚在荆州时，颇为王粲所赏识。《三国志·吴书·潘浚传》裴注引《吴书》曰："浚为人聪察，对问有机理。山阳王粲见而贵异之，由是知名，为郡功曹。"① 潘浚的知名于世，当有王粲之功。

繁钦，字休伯，颍川人。《三国志》无传，其简单的生平事迹见于《魏志·王粲传》裴注引《典略》，其曰："钦字休伯，以文才机辩，少得名于汝、颍。钦既长于书记，又善为诗赋。"② 其中未言及他曾避乱于荆州，后世论者每涉及繁钦，大都不提荆州之寓，唯曹道衡《魏晋文学》一书称其"早年即得名于家乡一带，汉灵帝末，可能到过青州，后来又避乱到荆州，依附刘表。但他看到刘表缺乏雄才大略，又北投曹操，为豫州从事"。③ 繁钦在荆州的境遇与王粲颇有类似之处，亦于刘表身上寄予很大希望，多次向刘表显示自己奇特的才能，却一直不被刘表所重用。《魏志·杜袭传》载："袭避乱荆州，刘表待之宾礼。同郡繁钦数见奇于表，袭喻之曰：'吾所以与子俱来者，徒欲龙蟠幽薮，待时凤翔。岂谓刘牧当为拨乱之主，而规长者委身哉？子若见能不已，非吾徒也。吾其与子绝矣。'钦慨然曰：'请敬受命。'袭遂南适长沙。"④ 其同乡好友杜袭以绝交相示规劝繁钦藏身不显，因为刘表并非值得依附的明主。对于杜袭的告诫，繁钦表示"请敬受命"，倒并非决定其处境的主要因素，"数见奇于表"，表却不以为然，而久被弃用，其在荆州的用事历程与王粲如出一辙，王粲是将满腔幽愤之情借登楼望远而发泄，而繁钦则是借蕙草的托身失所，植根于阴崖之侧而表达。其《咏蕙诗》曰："蕙草生北山，托身失所依。植根阴崖侧，夙夜惧危颓。寒泉浸我根，凄风常徘徊。三光照八极，独不蒙余晖。葩叶永凋悴，凝露不暇晞。"⑤ 三光虽然遍照八极，蕙草独不沐其光辉，以至于百花已经含苞，而蕙草独自失时。其痛惜善之见弃，怨不如己者之飞黄腾达。寻绎诗意，当为淹留荆州时的作品。郑文《建安诗论》谓

---

① （晋）陈寿：《三国志》第五册，中华书局1959年版，第1397页。

② （晋）陈寿：《三国志》第三册，中华书局1959年版，第603页。

③ 曹道衡：《魏晋文学》，安徽教育出版社2001年版，第75页。

④ （晋）陈寿：《三国志》第三册，中华书局1959年版，第664页。

⑤ （清）陈祚明编：《采菽堂古诗选》上册，上海古籍出版社2008年版，第213页。

其“平生委屈，满腹牢骚，凄音苦调，情见乎词。大概是早年之作，才有这样的抱怨”。[①] 史料中并无王粲与繁钦的直接联系，倒是二人在襄阳的旧宅多有出现于文献中。据《晋书·习凿齿传》载《与桓秘书》：“吾以去五月三日来达襄阳……曰若乃魏武之所置酒，孙坚之所陨毙，裴、杜之故居，繁、王之旧宅，遗事犹存，星列满目。”[②] 又《太平御览》卷180引《襄沔记》曰：“繁钦宅、王粲宅并在襄阳，井台犹存。”[③] 当时流寓荆州文士中，王粲、繁钦二人为名气最大的文章之士，共处襄阳一城是不可能完全没有交往的。

东汉末年的荆州为名士荟萃之地，因避难而流寓于此，意欲有所作为者如王粲、繁钦等人，亦有暂时蛰伏伺机而动者，如和洽、杜袭等。王粲荆州时期的不遇，至建安十三年算是到了尽头，十五年沉潜荆州虽在功业上未能如其所愿，却造就了一个文学家的王粲，或许这就是历史的命数。扬雄所谓“君子得时则大行，不得时则龙蛇，遇不遇，命也”，[④] 而对于文章家的王粲而言，荆州时期可谓得时，而对于热衷功名的王粲来说，确是不得时。荆州时期政治功名的不扬，换得了诗文创作的大行。

① 郑文：《建安诗论》，甘肃民族出版社1994年版，第88页。

② （唐）房玄龄等：《晋书》第七册，中华书局1974年版，第2153—2154页。

③ （宋）李昉等：《太平御览》第一册，中华书局1960年影印本，第878页。

④ 张震泽：《扬雄集校注》，上海古籍出版社1993年版，第157页。

苏辙流寓雷州时期的交游唱和*

彭洁莹**

内容提要 雷州知州张逢、海康县令陈谔给予治下贬官苏辙以无私帮助并因此受到政治打击，在险恶的政治环境下，流寓雷州一年的时间里，除了与儿子苏远、远谪海南儋州的兄长苏轼、侄子苏过有往来，苏辙闭门幽居，不再与仕途中人诗酒酬唱。

关键词 苏辙 流寓 雷州 交游 唱和

北宋政治家、文学家苏辙流寓雷州的时间在绍圣四年（1097）六月到元符元年（1098）六月，其时苏辙年已六十。从元祐年间的执宰到雷州期间的化州别驾，从朝廷重臣到南荒万里的边陲贬官，身份、地位、环境有巨大落差。苏辙在流寓地雷州一年的具体交游如何？细细解读苏辙作于雷州的近三十篇诗文及《雷州府志》等相关史料，对于苏辙在雷州一年的交游，笔者探析如下。

一 雷州士民：雷州知州张逢、海康县令陈谔

张逢为雷州知州，治平二年进士；陈谔为海康县令。苏辙此次南迁的罪名是“责授化州别驾，雷州安置”，宋代的“安置”法，是针对获罪命

---

* 本文系广东省哲学社会科学“十二五”规划 2014 学科共建项目《苏辙流寓岭南研究》（GD14XZW10）、湛江市哲学社会科学 2013 年度规划项目《苏轼、苏辙流寓雷州研究》（2013Y09）、广东海洋大学 2013 年度人文社科研究项目《苏辙流寓雷州研究》（C14061）阶段性成果之一。

** **作者简介**：彭洁莹，广东海洋大学文学院副教授。

官而设置的刑罚，“安置待宰执、侍从”，[①] 其适用主体是宰执、侍从官，规格较高。被安置者在安置地不必住在官府的厢房里，可赁屋而居，也可自建房屋，但宋法规定：“诸责降安置及编配管人所在州常切检察，无令出城及致走失，仍每季具姓名申尚书省。”[②] 像张逢、陈谔等地方长官，对苏辙这类获罪命官有监管的责任。但是绍圣四年六月五日，苏辙与责授琼州别驾、昌化军安置的兄长苏轼到达雷州，即受到张逢、陈谔的礼遇：“知雷州张逢同本州岛岛官吏至门首接见苏轼、苏辙。次日为会，召轼、辙在监司行衙安泊。”[③] 章惇下令，流谪人不许居占官舍，苏辙只得搬出监司行衙。然而，“先是寇准谪雷州，人有舍之者，为丁谓所害。自是无人敢舍迁客。及辙安置雷州，莫谋所止”。[④] 苏辙一时不免彷徨无计。张逢又出面用官钱赁下太庙斋郎吴国鉴宅。吴国鉴是雷州海康人，为绍圣中太庙斋郎，后退居家中。“国鉴慕义而不顾害，特创一室馆之，辙与之立僦券。”[⑤] 房屋破旧，海康县令陈谔又派人为之整修一新，建东亭、东楼为苏辙居所。

苏辙被贬雷州时已经60岁，既衰且病。雷州近海，地处卑湿，气候炎热，飓风时作，言语气候风土饮食，均异于中原。由于不习惯海滨土人以粥以“羹藜饭芋”为主，苏辙甚至“懒食”而“忍饥长杜门”，十多天后就“形骸但癯瘁”，[⑥] 使邻父惊骇。张逢听说后，“逢每月率一两次移厨管待”，又“差白直七人，借事本州岛岛海康县令陈谔，差杂直追呼工匠等应副吴国鉴修宅，又勒居民折退篱脚，阔开小巷，通行人马，以避辙门巷”。[⑦]

苏轼、苏辙作为朝廷厌弃的获罪之人，万里投荒横遭远逐以来，尝尽

① （宋）张端义：《贵耳集》卷上，影印文渊阁四库全书本，第36页。

② （宋）谢深甫：《庆元条法事类》卷75《编配流役》，《续修四库全书》卷861，上海古籍出版社2002年版，第587页。

③ （宋）李焘：《续资治通鉴长编》卷四百九十六，转引自孔凡礼《苏辙年谱》，学苑出版社2001年版，第572页。

④ （明）黄佐：《嘉靖广东通志》卷五十六，转引自孔凡礼《苏辙年谱》，第565页。

⑤ 同上。

⑥ 苏辙：《子瞻闻瘦以诗见寄次韵》，《栾城后集》卷之二，（宋）苏辙：《栾城集》（上中下），上海古籍出版社2009年版，第1133页。

⑦ （宋）彭百川：《太平治迹统类》卷二十四，转引自孔凡礼《苏辙年谱》，学苑出版社2001年版，第565页。

人情冷暖，许多人恐遭株连受累对他们避之而唯恐不及："士大夫皆讳与予兄弟游，平生亲友无复相闻者。"① 所以，对于张逢、陈谔的礼遇友善，吴国鉴的古道热肠，苏辙是非常感激的，他在《次韵子瞻和渊明拟古九首》其一中感叹："邑中有佳士，忠信可与友。相逢话禅寂，落日共杯酒。艰难本何求，缓急肯相负。故人在万里，不复为薄厚。米尽鬻衣衾，时劳问无有。"② 这忠信热忱的"邑中佳士"与遭贬以来无复相闻的"亲友"，人情的淳厚与凉薄，怎不让苏辙感喟！

而远在海南的兄长苏轼，对于张逢同样深表感佩。绍圣四年六月十一日苏轼渡海，张逢就亲送至雷州郊外，又派属下公差护送直至海南儋州。苏轼在托回雷州的公差带给张逢的信中说："兄弟流落，同造治下，蒙不鄙遗，眷待有加。感服高义，悚息不已。"③ 张逢不但照顾在自己治下的苏辙，还时时关注一海之隔的苏轼。他托新赴任的昌化军使张中带去书信，张中一到任就叩门拜访苏轼，不仅待苏轼恭敬有加，日后还修缮伦江驿馆给苏轼居住，并对苏轼的日常起居关照有加。苏轼回张逢的信说："新军使来，辱教字，具审比日起居佳胜，感慰兼集。"④ 听闻儋州食物不甚丰富，半年之后，张逢又托人给苏轼带去四壶新酿的酒，面对这香味醇厚、"有京洛之风"的美酒，苏轼很感慨："逐客何幸得此"，"眷意之厚，感怍无已"。⑤ 当初弟弟子由搬出雷州监司行衙，还没找到住所，苏轼托付张逢："舍弟居止处，若早得成，令渠获一定居。遗物离人，而立于独，乃公之厚赐也。"⑥ 之后又再三感谢张逢对苏辙的照顾："子由荷存庇深矣，不易一一言谢也。"⑦ 南迁以来，不独在雷州儋州，不

---

① （宋）苏辙：《巢谷传》，《栾城集》（下），第1437页。

② （宋）苏辙：《栾城后集》卷之二，《栾城集》（中），上海古籍出版社2009年版，第1137页。

③ （宋）苏轼：《与张逢》第一简，《苏轼文集》卷五十八，张志烈、马德富、周裕锴主编：《苏轼全集校注》（文集八），河北人民出版社2010年版，第6425页。

④ （宋）苏轼：《与张逢》第三简，《苏轼文集》卷五十八，张志烈、马德富、周裕锴主编：《苏轼全集校注》（文集八），河北人民出版社2010年版，第6428页。

⑤ （宋）苏轼：《与张逢》第六简，《苏轼文集》卷五十八，张志烈、马德富、周裕锴主编：《苏轼全集校注》（文集八），河北人民出版社2010年版，第6430页。

⑥ （宋）苏轼：《与张逢》第二简，《苏轼文集》卷五十八，张志烈、马德富、周裕锴主编：《苏轼全集校注》（文集八），河北人民出版社2010年版，第6427页。

⑦ （宋）苏轼：《与张逢》第五简，《苏轼文集》卷五十八，张志烈、马德富、周裕锴主编：《苏轼全集校注》（文集八），河北人民出版社2010年版，第6429页。

独张逢、张中、陈谔等地方官员，籐州、广州、苍梧、循州、惠州、徐闻等地的官员百姓，不顾苏氏兄弟此时为朝中权贵的政敌，不避嫌疑，不计较利害得失，对苏氏兄弟或探望，或帮助，或饯行，壶浆问候、请益问学，素心诚志。这些热心的士民，无疑给处于人生低谷的苏氏兄弟，带来人间的温情及极大的精神力量，给予他们安然度过人生逆境的勇气。

但是张逢、陈谔、张中等人不久就受到了打击。在章惇的授意下，荆湖南路常平董必于元符元年（1098）三月体量察访张逢礼遇苏辙事，诬告苏辙强夺雷氏田宅，舍主吴国鉴被鞫问，因赁契分明而作罢。张逢因此被勒令停职，海康县令陈谔亦受处罚，苏辙被加重处分，移循州安置。而昌化军使张中，亦因修伦江驿馆给苏轼居住而被贬雷州监司。

事有凑巧，三年后的建中靖国元年（1101），章惇被贬为雷州司户参军，据万历《雷州府志》卷十六载："初苏辙谪雷，惇不许占官舍，遂僦民屋。惇又以强夺民居，下州究治，以僦券甚明而止。至是，惇问舍于民。民曰：'前苏公来，为章丞相几破我家。今不可也。'"[①] 当时雷城有民谣讽刺曰："大惇小惇，入地无门。"数百年后的清康熙年间的雷州右营守备钱方起亦有《雷阳吊古》诗嘲讽曰："章惇自昔居难僦，苏氏于今亭尚名。信史千秋谁近是，东流万古孰能平。"[②] 同在雷州，章惇无居可赁，而数百年后尚有纪念苏氏兄弟的亭台，其间的功过是非，历史自有定论，公道自在民心。所谓"苏氏于今亭尚名"，就是现在雷州西湖上为纪念苏氏兄弟而建的二苏亭，又名苏公亭，可见雷州士民鲜明的是非观。

二　至亲：幼子苏远、兄苏轼、侄子苏过

南贬以来，对自己友善的当地官员、乡绅或被停职或受处罚责问，苏辙在待人接物上越发小心翼翼，为了不让他人受牵连或避祸全身，他干脆闭门谢客。细细检读苏辙在雷州期间所作的诗歌，会发现"杜门"、"闭门"二词出现频繁："闭门不复出，兹焉若将终"[③]、"闭门亦

① （明）欧阳保：《万历雷州府志》，日本藏中国罕见地方志丛刊，书目文献出版社 1990 年版。

② 黄战、黄振强：《古今名人咏湛江诗词注评》，作家出版社 2007 年版，第 403 页。

③ （宋）苏辙：《次韵子瞻和渊明拟古九首》其二，《栾城后集》卷之二，《栾城集》（中），上海古籍出版社 2009 年版，第 1137 页。

勿见，一嗅同香风”[①]、“众笑忍饥长杜门，自恐暮年还入俗”[②]、“杜门人笑我，不知有天游”[③]，“闭门”是对现实的自觉拒绝，是为避祸的一种自我保护。“闭门”又往往和“兹焉若将终”相连，可知这是苏辙北归无望后心理上不断退缩逃避的结果。这样的心理，从苏轼、苏辙南贬后对子嗣的安排也可看出端倪。

苏辙在绍圣元年（1093）失势，从汴京、汝州、袁州、筠州，一路南贬，直至雷州。元祐年间苏辙在颍昌置有田产，早在赴袁州贬所时，就把长子苏迟、次子苏适，以及两个守寡的女儿安排在颍昌，只携幼子苏远夫妇同行。到绍圣四年（1097）二月二十五日，苏辙责授化州别驾、雷州安置的令下，同行及一直在雷州随侍父亲左右的依然是幼子苏远：“万里谪南荒，三子从一幼”，[④]“大男留处事田亩，幼子随行躬釜瓮”，[⑤]这样的安排，实际暗示了苏辙早已做好一去不返、客死异乡的心理准备。

苏辙五月十一日与责授琼州别驾，昌化军安置的兄长苏轼相遇于藤州，兄弟俩结伴同行，六月五日到达雷州，六月十一日，苏辙送苏轼渡海。此次苏轼远谪，亦是命长子苏迈、次子苏迨留居购置有产业的阳羡，由幼子苏过随侍南迁。此次南迁的子嗣安排，苏轼、苏辙的诗都有提道：“萧然两别驾，各携一稚子”，[⑥]“今年各南迁，百事付诸子”。[⑦]宗法制度下，长子有第一继承权，将来作为一族之长，负有领导家族、发展人口的重任，兄弟俩对子嗣安排的不约而同，显示他们面对险恶的政治环境及恶

① （宋）苏辙：《次韵子瞻过海》，《栾城后集》卷之二，《栾城集》（中），上海古籍出版社2009年版，第1130页。

② （宋）苏辙：《子瞻闻瘦以诗见寄次韵》，《栾城后集》卷之二，《栾城集》（上中下），上海古籍出版社2009年版，第1133页。

③ （宋）苏辙：《次韵子瞻和渊明拟古九首》其八，《栾城后集》卷之二，《栾城集》（中），上海古籍出版社2009年版，第1139页。

④ （宋）苏辙：《次远韵》，《栾城后集》卷之二，《栾城集》（中），上海古籍出版社2009年版，第1129页。

⑤ （宋）苏辙：《同子瞻次过远重字韵》，《栾城后集》卷之二，《栾城集》（中），上海古籍出版社2009年版，第1136页。

⑥ （宋）苏轼：《和陶止酒》，《苏轼诗集》卷四十一，（宋）苏轼：《苏轼诗集合注》，上海古籍出版社2001年版，第2108页。

⑦ （宋）苏辙：《和陶止酒》，《栾城后集》卷之二，《栾城集》（中），上海古籍出版社2009年版，第1130页。

劣的自然环境，早已做好一去不归的心理准备。

苏辙作于雷州的诗歌一共有二十六首，其中四首（《寓居二首》、《浴罢》、《所寓堂后月季再生与远同赋》）为苏辙原唱，远在海南的兄长苏轼、侄子苏过皆有唱和，一首为步韵儿子苏远的诗歌《次远韵》，其余二十一首为苏辙唱和兄长之作。苏辙作于雷州的散文，除了应制的《雷州谢表》及自己的学术论著，其他的也都是和兄之文。从这些作于雷州的诗文，我们亦可以了解到苏辙在雷州的交游。苏辙在雷州还有交游吗？政治环境如此险恶，言出成祸动辄得咎，还让那些同情、帮助自己的朋友受牵连，谨慎之下，除了儿子苏远、兄长苏轼、侄子苏过等至亲，苏辙在雷州基本上不再与仕途中人诗酒酬唱。

其一，指导苏远、苏过子侄的学业。对于南迁以来一直陪侍左右照顾日常生活起居的幼子苏远，苏辙在学业上对他着意栽培，他像天下慈爱的父亲一样，会为儿子点滴的进步而欣喜不已。侄子苏过在海南收到长兄苏迈寄来的信和酒，于是写了一首诗，苏远和了一首，兄弟俩的诗都写得粲然可观，苏辙很欣慰，特意修书与岭海一端的兄长庆贺，但高兴之余又不免担忧："虽令子孙治家学，休炫文章供世用"①。苏辙联想到兄弟二人当年因诗罹祸因文获罪，不免有忧惧之心，所以谆谆告诫子侄"休炫文章"。

在苏轼苏辙的亲自指点下，苏过苏远兄弟俩的诗文进步很快，句法文法都颇有超人之处。苏辙甚至会有点自得："吾儿虽懒教，擢颖既冠后。"②苏远长大了，进步了，南贬以来，不仅在生活上照顾自己，甚至还可以在学术研究中协助自己："谬追《春秋》余，赖尔牛马走。忧病多所忘，问学非复旧。借书里诸生，疑事谁当扣？……时令检遗阙，相对忘昏昼。"③为著《春秋传》，苏辙要苏远为他向里中诸生借书，父子俩常在对《春秋传》的翻检遗阙、研讨"疑事"中忘记了白天黑夜，苏远的进步让苏辙宽慰，在对"问学"的沉迷中，苏辙甚至消解了环境之恶劣艰难及身体疾病

① （宋）苏辙：《同子瞻次过远重字韵》，《栾城后集》卷之二，《栾城集》（中），上海古籍出版社2009年版，第1136页。

② （宋）苏辙：《次远韵》，《栾城后集》卷之二，《栾城集》（中），上海古籍出版社2009年版，第1129页。

③ 同上。

的痛苦——“忧病多所忘”。

其二，与兄长、子侄交流在贬谪地的生活。苏辙为寓所堂后被砍遇一场秋雨又抽条拔颖经冬尤壮的再生月季感慨，与儿子苏远为此赋诗，苏辙诗曰：“势穷虽云病，根大未容拔。……窥墙数柚实，隔屋看椰叶。葱茜独兹苗，憨憨侍其活。及春见开敷，三嗅何忍折。”① 远在海南的苏过打趣叔叔：“瘴海不知秋，幽人忘岁月。只记庭中花，几度开还枿。”又称道叔叔：“固穷不足道，喜有千人活。”（苏过《次韵叔父月季再生》）而苏轼是个乐天派：“幽芳本长春，暂瘁如蚀月。且当付造物，未易料枯卉。也知宿根深，便作紫笋茁。”“谁言一萌动，已觉万木活。”② 这青葱常绿的月季花，它的病和枯萎都只是暂时的，就像月之有新月蚀月的残缺，正因扎根深广，所以来春新芽便像紫笋一样茁壮。这月季花径下新芽的涌动，已让人感觉到春天万物的勃勃生机。

海南盛产椰子，苏过闲来无事就用椰子壳做帽子戴，苏过写诗说，那些用来束发的玉佩犀簪，丢在角落里，现在都结上蛛网了。用椰子壳做的帽子，虽然很简陋，但可以和汉高祖刘邦制竹皮帽一样流传后世。苏过又借椰子冠寄托自己对官宦仕途的看法：“平生冠冕非吾意，不为飞鸢跕堕时。”（《椰子冠》）苏过把椰子冠及诗寄给叔叔苏辙，苏辙见到这新奇怪异的帽子，顽心忽起：“衰发秋来半是丝，幅巾缁撮强为仪。垂空旋取海棕子，束发装成老法师。变化密移人不悟，坏成相继我心知。茅檐竹屋南溟上，亦似当年廊庙时。”③ 苏辙由遗弃之物椰子壳想到被朝廷遗弃的迁谪之人，由装束的变化想到人事的变化。苏辙用佛教上的坏成相继来开导自己，在佛教看来，成和坏并没有什么区别。既然如此，现在南海边上的茅檐竹屋，和当年的廊庙朝堂，又有什么两样呢？对于仕途官宦，叔侄俩互嘲互勉，都一致表现出淡泊。

其三，与兄长相互劝勉、解嘲与安慰。实际上，在雷州，苏辙与兄长

① （宋）苏辙：《同子瞻次过远重字韵》，《栾城后集》卷之二，《栾城集》（中），上海古籍出版社2009年版，第1132页。

② （宋）苏轼：《次韵子由月季花再生》，《苏轼诗集》卷四十一，《苏轼诗集合注》，上海古籍出版社2001年版，第2137页。

③ （宋）苏辙：《过侄寄椰冠》，《栾城后集》卷之二，《栾城集》（中），上海古籍出版社2001年版，第1131页。

苏轼的和诗最多。兄弟俩在雷州这远离京城的蛮荒之地，岭海相隔，寄诗以相互劝勉、相互解嘲、相互安慰。早在苏辙送苏轼渡海的前一夜，苏轼因病痔而呻吟不已，甚至“连床闻动息，一夜再三起”,[①] 子由亦整夜不寐，忧心不已，于是诵读陶渊明《止酒》诗，劝兄长戒酒，因病痔都因饮酒而起，戒酒病即愈。子瞻很乐意接受弟弟的劝告，表示“从今东坡室，不立杜康祀”。[②]

在中原人看来，岭南已是死囚流放之所，何况与岭南尚有一海之隔的海南。所以，苏轼此次渡海，已安排好后事，做了一去不回的心理准备，他在《与王敏仲书》中记述当时情景：“某垂老投荒，无复生还之望。昨与长子迈诀，已处置后事矣。今到海南，首当作棺，次当作墓……死则葬海外。”[③] 然而与弟苏辙相别却又故作轻松，据《舆地纪胜》卷一百二十五《昌化军》记载：“轼初与弟辙相别渡海，既登舟，笑谓曰：‘岂所谓道不行乘桴浮于海者耶！’”[④] 苏辙既心疼又不舍亦无奈，只好极力宽慰：“我迁海康郡，犹在寰海中。送君渡南海，风帆若张弓”，“晨朝饱粥饭，洗钵随僧钟”，“老聃真吾师，出入初犹龙。笼樊顾甚密，俯首姑尔容”。[⑤] 政治环境是“笼樊甚密”，苏辙极力劝勉兄长以佛道为师，随分度时光。

苏轼在海南，听闻弟弟在雷州因风土饮食不惯而遽瘦，便写诗打趣：“海康别驾复何为，帽宽带落惊僮仆”，而自已在海南儋州的情形是：“土人顿顿食薯芋，荐以熏鼠烧蝙蝠。旧闻蜜唧尝呕吐，稍近虾蟆缘习俗。”苏轼随遇而安的生活态度，可谓无时无处不在，又说就算瘦一点也无妨，因为“相看会作两臞仙，还乡定可骑黄鹄。”[⑥] 苏辙的和诗也很幽默：“多

① （宋）苏辙：《次韵子瞻和陶公止酒》，《栾城后集》卷之二，《栾城集》（中），上海古籍出版社2001年版，第1130页。

② （宋）苏轼：《和陶止酒》，《苏轼诗集》卷四十一，《苏轼诗集合注》，上海古籍出版社2001年版，第2108页。

③ 傅成、穆俦标点：《苏轼全集》文集卷五十六，上海古籍出版社2000年版，第1846页。

④ （宋）王象之：《舆地纪胜》，江苏广陵古籍刻印社1991年版，第946页。

⑤ （宋）苏辙：《次韵子瞻过海》，《栾城后集》卷之二，《栾城集》（中），上海古籍出版社2009年版，第1130页。

⑥ （宋）苏轼：《闻子由瘦》，《苏轼诗集》卷四十一，《苏轼诗集合注》，上海古籍出版社2001年版，第2123页。

生习气未除肉，长夜安眠懒食粥。屈伸久已效熊虎，倒挂渐拟同蝙蝠，”精彩的自我形象刻画令人绝倒。虽然自己“经旬辄瘦骇邻父”，但“海南老兄行尤苦，樵爨长须同一仆”。哥哥的境况也比自己好不了多少，虽然暮年入俗有点艰难，苏辙仍旧表示自己会努力适应：“海夷旋觉似齐鲁，山蕨仍堪尝菽粟”，又说“此身所至即所安，莫问归期两黄鹄”。[①] 所至即所安而莫问归期，达观之中终究有无奈。

绍圣四年（1097）的冬天，风雨无虚日，致使海道断绝，儋、雷之间邮传不通，收不到弟弟诗书的苏轼十分想念：“停云在空，黯其将雨。嗟我怀人，道修且阻”，“念彼海康，神驰往从”。[②] 苏辙回曰：“手足相依，所钟则情。情忘意消，神凝不征。可以安身，可以长生”，“梦往从之，引手相抚。笑言未半，舍我不伫”。[③]

元符元年（1098），苏辙60岁生日，苏轼寄来沉香山子及《沉香山子赋》祝寿，赋文中苏轼赞沉香山子“实超然而不群。既金坚而玉润，亦鹤骨而龙筋”，难道不也是希望弟弟如此吗？苏辙的和赋，感叹自己在齿摇发脱的60岁还要受这南迁之苦，但是“苦极而悟”，特别是“东坡调我”，“我”才“久而自笑，吾得道迹”，强调在人生困境之下，要以佛道养生修性，并且“永与东坡，俱证道术”。[④]

苏轼、苏辙琼雷交流唱和诗文的内容非常广，涉及生活、学术、养生、劝农及移风易俗，就算沐浴、理发、午睡甚至濯足这些日常生活琐事，两人都能感受到其间的“闲适”与“悠然”，努力发掘生活中的“适”与“趣”。艰苦的自然环境、险恶的政治环境都没有打倒他们，兄弟子侄，情亲的友爱弥笃慰藉了人生的罹忧，消解了人生的苦闷。苏轼也好，苏辙也罢，人生中的这一坎，他们扶持着，安然跨过。

---

① （宋）苏辙：《子瞻闻瘦以诗见寄次韵》，《栾城后集》卷之二，《栾城集》（中），上海古籍出版社2009年版，第1133页。

② （宋）苏轼：《和陶停云》，《苏轼诗集》卷四十一，《苏轼诗集合注》，上海古籍出版社2001年版，第2125—2126页。

③ （宋）苏辙：《和子瞻次韵陶渊明停云诗》，《栾城后集》卷之二，《栾城集》（中），上海古籍出版社2009年版，第1193页。

④ （宋）苏辙：《和子瞻沉香山子赋并引》，《栾城后集》卷之五，《栾城集》（中），上海古籍出版社2009年版，第1190—1191页。

一个流寓文学案例的思考

唐芸芸*

内容提要 翁方纲于乾隆二十九年至乾隆三十六年，任广东学政三届计八年，其间写下大量诗篇，是为典型的流寓文学。该案例具有一定的普遍意义：流寓者处于顺境，并以学政的身份从文化圣地流寓至偏狭之地。翁方纲在诗作中处理“人”与“地”的关系时，对有名的景致进行挑选后重复吟咏，对文化符号进行强化，并努力发掘新景致的文化价值；他乐于追寻前代流寓名人的足迹，对当地士子多以奖掖、提携为主。我们可以看到，不是翁方纲作为个体，被广东这个流寓之地所融化，而是他以自己渊博的知识、充沛的写作能力以及强大的身份号召力，将流寓之地融入了整个文化之中。这种积极的态度所体现的，正是一种心理隔阂。

关键词 流寓 翁方纲 广东 学政 隔阂

离开本籍的生活被称为“流寓”，其间产生的文学便是“流寓文学”。中国历史上无论由于仕宦、游历，还是迁徙，大部分文人的文学活动，都是在相对于本籍的异地进行的。那么，流寓文学就成了中国文学史上的重要部分。本文讨论翁方纲视学广东的例子，以期从中分析流寓文学的一些特征。乾隆二十九年甲申（1764），翁方纲奉命提督广东学政。七月二十六日，携家出都赴任。直至乾隆三十六年辛卯（1771），连任三届共八年。① 其

---

* 作者简介：唐芸芸，重庆师范大学文学院副教授，文学博士。

① 翁方纲生平均参照沈津整理《翁方纲年谱》，中央研究院中国文哲研究所 2002 年版。以下不再注出。

间所作诗，收于《复初斋诗集》卷二至卷九，名为《药洲集》。另存诗《复初斋集外诗》卷二至卷八。这些诗作是为典型的流寓文学。

如何对一种文学类型进行界定，以及如何分类以便更好地描述和归纳，是一个相对复杂的过程。由于流寓之地、流寓人员身份的不同，几乎没有一个案例可以完全涵盖流寓文学的所有问题，成为一个模型。流寓文学包含的因素主要有以下几个方面：

第一，流寓者是以什么身份、什么原因介入流寓之地的。是遭贬，还是外调？是做巡抚，还是做学政？是如李白游历大川成就诗人身份，还是如杜甫因战乱飘零而仅存诗人身份？这牵涉流寓者对当地文化的责任，以及流寓者文学创作的自由度问题。

第二，流寓者的本籍与流寓之地在文化、经济、政治上的地域比对是怎样的。人总是对本籍有文化认同感，如果流寓之地与其本籍相比在文化上较差，那么流寓者就有一种优越感，如同南北朝时候的北方士族南迁，又如庾信的北留；如果流寓之地在文化上是优越于本籍的，那么，流寓者会对当地文化有一种相对自觉的融入行为。

第三，流寓地是否在前代有过其他有名的流寓者？后人是如何看待他的事迹？

对应地，本文所讨论的翁方纲视学广东的案例，包含了三个关键词：顺境，京城—广东，学政。

“顺境”：我们对于文人进入本籍之外的其他地方所呈现出来的心理状态折射而成的文字，首先想到的一般都是贬谪文学，充满失意的情愫。但是，由于仕宦者任职一般都要避开桑梓，所以，流寓文学中还大量存在着这样一批创作者：他们的仕宦生涯比较顺利，甚至恩遇隆宠；他们进入流寓之地时抱着积极的心理完成政事，并且希望以对当地的建设来丰满自己的仕途履历。这样为数甚众的一群人，正是研究中相对被忽视的群体。翁方纲 17 岁中进士，补翰林院庶吉士。他为人谦和温恭，乾隆皇帝屡次称赞其学问甚好，故而官运亨通。

“京城—广东”：这是本籍与流寓地的比对关系。翁方纲祖籍福建，但祖父辈已迁至北京大兴，是一个来自京师的文人。他的本籍在与流寓地的心理比对上占绝对优势。而顺利的仕宦生涯，使他与贬谪之士有很大区别。

除了本籍与流寓之地的比对关系外，“京城—广东”这个关键词还包含两个信息。首先，翁方纲的本籍是京城。京城对于其他地域具有绝对的优势，无须过多论述。我们还可以发现这样一些现象：绝大部分流寓者，都在他们的京城待过，然后再因各种缘由出京。京城是一个特殊的地域，这里集聚着众多精英。在京外籍贯人士的文字中，比因陌生或失意而产生的隔阂更多的，是对京师风情的向往和积极融入。本籍与外籍似乎区别不明显。又由于距政治中心最近，在文学观念上来说，这里也更容易产生领袖，进而将文学观念趋于统一，或者进行有效引导。那么，流寓者在进入下一个流寓之地时，京城对于他们来说，只是一个辗转之地，还是已经如“却望并州是故乡”，成为第二个甚至更重要的文化依赖，这是一个复杂的问题。所以，在讨论流寓文学的时候，流寓地“京城”是需要单独分析的。那么，以京城为本籍的翁方纲，就属于较为简单明了的案例。作为本籍的京城在政治、经济、文化上相对于作为流寓地的广东的明显优势，对流寓者的文学创作有重要影响。其次，作为流寓地，南方的扬州、苏州等文化中心，已经是经常被讨论的对象。而广东属于文化相对落后的区域。这类地点在流寓文学中更具普遍性。

还有很重要的一点是，翁方纲不是第一个进入广东的有名的流寓者。历代流寓广东者以刘禹锡、韩愈、苏轼最有名。

“学政”：翁方纲是以学政身份进入广东的。作为在文化建设方面最高级别的职务，他所关注的，不是去疏通水渠，整顿秩序，而是建设文化和教育。这在流寓人群中来说是与文学文化事业关系最紧密的一群人，他们对当地的文化和文学有更多的直接的、主动的接触。而且其担负文化引导的责任，眼光置于流寓之地的整个文化教育事业的发展。也就是说，对当地的文化名人，他们是有吸纳、褒扬和引导义务的。他会更自觉地对自己在流寓之地的文学创作进行记录、整理和思考。

流寓文学归根结底是一种“在地”的关系。对流寓者而言，不仅仅存在流寓之地与本籍或生长地的风物不同，更深刻的变化是：本籍是与流寓者认知能力的成长相伴的，而进入流寓之地时流寓者已经是一个具备成熟认知能力的人，且极有可能是文化名人，两个时段他们看待风物的眼光和体验绝不相同。那么，“地”究竟是如何在“人”的心理进行投射，进而反映在文学作品或文学活动中的？即使对“在地”关系本身，也包含着两个向度：一是“人”与“地”的关系；二是“人”与“人”的关系。翁方纲作为一个一直处于仕宦顺境的文人，从文化圣地到相对偏僻之地，这两个特征是比较普遍地存在于平凡的流寓者中的，而学政的身份，又让这个案例具有一定的特殊性。

一　吟咏风物

翁方纲在广东八年，历经三届学政。学政的任务，就是督察当地的教育状况，引导学官、士子，并主持各地科试、岁试。这对于一个流寓者来说，是直接、全面接触流寓地文化风情的最好方式之一。但是由于职务身份的关系，他所需要到达的地点都是规定的几个，如高州、肇庆、潮州、嘉应、惠州、南雄、韶州等地，路径也相差无几。于是他的诗集里就出现大量作于不同年份对同一地点的重复吟咏。光同名诗作就有《电白山行》两首，《蓬辣滩》三首，《热水池》三首，附和诗一首。另外，观音岩、峡山寺、海角亭、飞泉亭、光孝寺、碧落洞、韩祠、观涛亭、九曜石、雷州西湖、惠州西湖等，都被反复咏唱。这些地点，均为广东当时有名的景胜。翁方纲每过一处，即吟诵不断。我们来看有关蓬辣滩的吟咏：

乾隆三十年乙酉（1765），翁方纲过大埔与嘉应交界处，见蓬辣滩，作诗：

> 僵沙碛砾石巃嵸，大滩小摊如接踵。石罅微澜不受篙，一风吹之万花涌。去时水浅石苦攲，来时水大沙犹壅。行人就岸盼舟人，前船撇漩后船拥。借问舟中赣江客，何如绵津及惶恐。（小字注：谓钝夫）①

① （清）翁方纲：《蓬辣滩》，收于《复初斋集外诗》卷三，1917年吴兴刘氏嘉业堂刊本。

翁方纲第一次见蓬辣滩之势，石怪、水急、船拥，作此诗。结尾与绵津、惶恐滩作比，二者均为赣江险滩，赣江客杨宗岱最分明。这是以所闻见的大好河山作为大背景来观察评价新入之地的风景。

乾隆三十二年丁亥（1767），翁方纲又作一首《蓬辣滩》：

> 下滩若放箭，上滩如弯弓。弓强无弯法，寸寸皆人功。四旁插攲石，巨石横当中。中复寓攲势，起伏理莫穷。水必石面过，相斗声□□。一线细袅袅，飞花舞晴空。石罅两三折，乃有万壑风。而于石罅间，取径寻西东。蒿尖不误点，溅水满篾篷。斛酒酬滩师，相贺到仆僮。我方绕岸寺，酹酒斜阳红。①

此诗铺陈之气比前一首显得持重，但仍透出惶恐。诗作亦对人力表示赞许。

至乾隆三十六年（1771），翁方纲在任最后一年，再作诗蓬辣滩：

> 八年十过蓬辣滩，风雨阴晴晦明异。初春早秋历冬夏，以水大小分难易。水长则平消亦平，最险将消未消际。况兹雨后伏余怒，横迫崖间相拥锐。滩尾西东首南北，碎石中间左右避。弯如鱼肠乙字形，一折盘回剑芒势。我步高岸取山足，万转松毛绿□蔽。亦到中腰山独耸，尽见上下乘流义。下则大埔上嘉应，十郡人文秀灵地。宜其山缓水更舒，造物之意夫焉寄。所以民俗调剂方，比之舟楫牵挽利。一舟前导一舟进，逆水还教逆风试。翻从众壑一线中，卷得层澜万花气。②

这一次的视野较前两次更为开阔，包括空间的和时间的。写景笔触也更加细腻。他认真总结道："最险将消未消际"，才是蓬辣滩的显著特点。回顾八年经验，翁方纲结合人事，对站在山腰俯视"尽见上下乘流义"已经是十足掌握。后半首着重提到舟楫，自比很是明显。

---

① （清）翁方纲：《蓬辣滩》，收于《复初斋诗集》卷三，《续修四库全书》第1454—1455册，上海古籍出版社2002年版。

② （清）翁方纲：《蓬辣滩》，收于《复初斋诗集》卷九。

重复吟咏中，我们可以看到翁方纲对景致风物的把握过程：初识是一种试探性的心理，有较强的陌生感，并与祖国其他山河作比，生生拉近与此地的距离。第二次经过，显然对此景险状已有心理准备，对景色能够较好地把握，并开始悠游其中。最后一次总结性的书写，却是直接将景致纳入自己的视野中，景物描述得心应手，在风景与人文之间交替自然。我们可以读到的是满满的自信，“人”与“地”之间的距离是如此相近。

翁方纲重复吟咏的地点，是广东较有名气的景观。除此之外，他在数次周游中，还对未被大量歌咏的连州山水产生好感，而且倍加青睐。

乾隆三十年（1765），亦即到广东任的第二年，翁方纲从韶州回广州途中，经连州，见到了连州山峡中的奇景，诗中如此描绘：

> 一峰缒若猨猱升，前有穹龟俯渔罾。一层黠若鼪鼯腾，后有狡兔避黑鹰。一峰如伞如缠藤，一峰如叟如枯僧。一峰仰卧一跪兴，转瞬一壁尤崚嶒。横空烂漫铺缭绫，重斑叠翠绮与缯。织为芝菌蘘荷菱，璎珞垂结流苏絙。又如凹厂如豆登，如虵蚹拄蠭房承。然后折落泉千层。砰訇乱洒珠玉冰，或萦林杪穿石棱。晶帘雪浪数不胜，是时新雨决沟塍。满江蓊匌云合蒸。少焉斜阳叠冈陵，远近飒拉树鬅鬙。万壑响籁相然譍，船窗目接左右凭。以诗代画我未能。[①]

我们在翁方纲的集子里很少看到这样磅礴的句式。前几联一气呵成，博喻的运用让连州山峡的景色如在目前，令人神往。最后一句“以诗代画我未能”体现出来的遗憾，倒是更让人追慕这里的风景，艳羡此时置于风景中的人。那么，整首诗的描写就是对这句话的最好阐释。诗中淋漓尽致地表现了初见的新奇和激动。在翁方纲的流寓文字里，绝少这种直接的纯净的对风景的描述。的确如题目所言，此处山势是其入粤以前所未见的，即目而成篇者，无须过多粉饰。

下一组《连州江行杂诗十二首》，[②] 便是冷静下来之后所作，诗的格调

① （清）翁方纲：《连州峡中山势奇诡，入粤以来所未见也，即目成篇》，收于《复初斋集外诗》卷三。

② （清）翁方纲：《复初斋集外诗》卷三。

显然收了许多，对景色的描述极具概括性，如：

四山苇叶响如秋，江口斜风送客舟。冒雨柂工齐助力，回帆挝是上连州。

晓起帘钩动水纹，乱峰层树一窗分。须臾翠竹甘蕉影，尽染书签作绿云。

组诗中有意将具体的地点名称融入其中，希望点出连州山水的地理位置，进而上升为对其文化的书写，诗作多有小字自注：

岭外韩公来两度，居阳山较久于潮。埔饶澄邑皆多秀，岂合兹乡独寂寥。小字：潮郡文风，大埔、饶平、澄海三县最盛。

斥堠温泉接石螺，层峰密箐土猺多，颇闻一种猺人曲，不亚珠娘蜑子歌。小字：石螺温泉皆滩名。

鹰扬兔起复龟巢，仙客何年卧结茅。峰顶数行疑鸟迹，归时须上上头钞。小字：羊跳峡诸山有飞鹰搏兔灵龟听泉仙人仰卧等名。

片刻风帆驶不收，万峰飞舞送行舟。翻思缓入羊跳峡，三日阳山四日州。小字：末七字船人谚。

岭云西下界蛮陬，海上初春十日留。尚有隽才能琢句，来年曾否似廉州。小字：谓钦州冯生敏昌。

我们可以读到，这组诗较第一次即兴所成之篇，风景特色已经明显减弱，对山、峰、水、舟等固定景致的描述，已渐渐流入文学史写作惯性，模糊了地域特色。而翁方纲要强调的，是人文。他甚至与韩愈阳山之居，苏轼在廉州留下的“万里瞻天”巨匾的气魄作比，还不忘褒奖自己的得意门生冯敏昌。这才是翁方纲对于新开发的连州山水的最终皈依处。紧接着记一首《仆人于江边得树枝，状如鸟，又得怪石一峰承之，雨三见之喜曰，此凤鸣高冈之象也，因为作》，[①] 便是他的惯常风格：叙述口吻，流水

① （清）翁方纲：《复初斋集外诗》卷三。

账记录，使得诗作读毕竟觉不如题目引人联想。

乾隆三十三年（1768）二月，翁方纲再过连州，有诗记连州山水，计六百四十字。[①] 所作仍是铺陈之笔，夹入对山水开发历史的叙述；后来所作的《舟上连州四首》,[②] 再也比不过最初的激动；《舟上连州杂述》[③] 已在讨论江崖上的琳琅古刻了；《连州山水之胜，予屡有诗而意犹未竟，载补以歌》[④] 也是延续此意。[⑤]

从诗作的数量我们可以看到翁方纲对连州山峡风光的喜爱。在任最后一年，留别之际，以诗二首为此情愫作结：

> 底将抟土问鸿蒙，一一分形物役中。拇指劣容汪罔盖，块苏翻肖化人宫。
>
> 隰濈处处露阴漏，石笋时时海眼通。倾听发荣泉向背，春雷莩甲果泥融。
>
> 苍茫咫尺意焉知，变化萦回契有司。禹牒发英文必应，夸娥远贾售谁期。
>
> 虚无遂有根神会，施嫱宁应质□为。漫坐船窗听百鸟，春湍祗续峡中词。[⑥]

天造物形，本是粗鄙低贱之物，竟被造化成仙人之所。翁方纲用禹登南岳获金简玉字之书的传说，又用韩愈《南山诗》“巨灵与夸蛾，远贾期必售”之句，写山河之奇美。用词用典都不失雅正。

此时的连州山水并未形成如蓬辣滩、雷州西湖等地那么成型的人文性格，故而翁方纲可以毫无顾忌地将自己贴近自然，把对它的神奇想象都脱

① （清）翁方纲：《纪连州山水六百四十字》，收于《复初斋诗集》卷五。

② （清）翁方纲：《复初斋诗集》卷六。

③ （清）翁方纲：《复初斋集外诗》卷六。

④ 同上。

⑤ 翁方纲另有《连上杂事诗八首》（《复初斋集外诗》卷六），《去年正月十一日，鹤峰同往廉州，今复以是日相值浈江，同往连州，而琴研亦以归后四年复来游连，皆若有夙因者。赋此二首，博幕舍诸君和》（《复初斋集外诗》卷八）。

⑥ （清）翁方纲：《连峡之奇，予屡有诗，兹櫽栝以二律》，收于《复初斋集外诗》卷八。

口而出，即兴成篇。冷静过后，他开始试图概括这里的风景——这与对蓬辣滩越来越细腻到位的风景描写是不同的。因为蓬辣滩已成名，翁方纲对它的目的是接近，并力求把握。对风景描写得越细，就显得越从容。同时再加上人文的描述——只是描述而已，已经没有太多重新定位的空间——对一个异域景致的心理接受过程便完成：因为熟悉而不再惧怕，因为把握而不为所役。而连州作为较新的风景，逐渐概括的风景特色，正是可以更方便地传播此地名声。而对其文化定位才是更重要的。故而翁方纲不遗余力地对滩名、谚语、地理位置、悬崖石刻，甚至人文关照进行文化探寻。最后结成的两律，山水的灵动已经消失无踪，只留得一片沉甸甸的寄望。

二　踵名人足迹

翁方纲在广东最热衷的，其实是踵名人足迹。其中当数关于苏轼的最多。和苏轼诗已是常见，苏轼故居亦是必到之所，[①] 连课士都学苏轼。[②] 更重要的是，翁方纲游历广东各处，搜集苏轼的笔迹，拓碑刻石，这些文化事迹他都作诗记录下来：《琼州苏文忠像石刻》，[③]《鸣弦峰后苏文忠题字》，[④]《遍访韩山石刻，苏碑原石竟不见，余无佳者，独拓公所书白鹦鹉赋，分遗幙中诸君并诗邀和》，[⑤]《广州海角亭，苏文忠题“万里瞻天”四字，真迹久失，予昔两至此，每思补书，今来箧中，适有公书蔡君谟“天际乌云帖”墨迹，并取戏鸿堂石刻“瞻”字合之，而缀以诗》，[⑥]《集苏轼书峡山寺苏题，刻之飞泉亭壁，有诗二首，借苏轼〈众妙堂诗〉韵》，[⑦]《广州西北七十里，灵峰山宝陀院，苏文忠以元符三年十月题诗于此，今石是元泰定二年重摹。又明万历十七年南海朱完绘文忠像，番禺刘克平八

① （清）翁方纲：《白鹤峰苏文忠公故居井、思无邪斋、东新桥、合江楼、野吏亭、西新桥、六如亭、默化堂》，收入《复初斋诗集》卷三。

② （清）翁方纲：《继苏文忠瓶笙诗，用“敲”字课廉州土作》、《瓶笙诗意犹未尽，更赋此篇示冯生，倒用前韵》，收于《复初斋集外诗》卷七。

③ （清）翁方纲：《复初斋诗集》卷四。

④ 同上。

⑤ （清）翁方纲：《复初斋集外诗》卷四。

⑥ （清）翁方纲：《复初斋集外诗》卷七。

⑦ （清）翁方纲：《复初斋集外诗》卷八。

分书赞。克平并绘晋郭景纯像于石，暇日拓之。同钝夫用灵峰字二首》，[①]《儋州载酒堂，今为东坡书院，丁亥秋，作歌刻于室侧。庚寅春，复书虞文靖二诗以贻，司训梁曜石次其韵》。[②]

乾隆三十三年（1768）十月八日，对翁方纲来说是一个重要的日子，“时报满候旨之暇，延一画师至署，住旬日，摹绘先世谏议公、一桂公以下遗像成册。画者，福建人郑润，字雨亭，上官竹庄（名周）弟子也，来寓于厅事后药洲前之尚有西斋对面客堂，每夕偶共论书画。郑云有湖南人吴君客游于此，以所藏坡公书《天际乌云帖》墨迹欲出售，予因托郑往取来，以六十金购之”。作《苏文忠天际乌云帖歌》。[③] 购苏轼书《天际乌云帖》后，他又因在韶州道中经英德南山，见山崖后壁坡公手题，乃重摹勒石二片，一嵌广州使院壁，一留以自随，因自号“苏斋”自此始。

很明显，作为一个顺境诗人，翁方纲对待流寓之地的态度，首先是积极的。他对前代因贬谪而流寓此地的刘禹锡、韩愈、苏轼，并没有在政治上表达自己过多的看法，而是将他们作为广东的文化符号。如对韩祠，对苏轼故居各景点的描写。这些诗作与《惠州览古》、《高州八咏》一样，描述对象都定义为当地的历史古迹。

之所以他会更多地关注韩愈和苏轼，一是因为他们留下的或与他们有关的金石碑刻较多，翁方纲不辞辛劳地寻找、重刻或摹写他们的真迹，于是，此役的最大成就之一就是编成《粤东金石略》。这贯通他一生的兴趣，并大量反映在诗歌及序跋中。二是因为韩、苏二人的诗歌创作偏向与翁方纲的论诗主张相契合。此役的另一个成就即是与当地士子的论诗讲义《石洲诗话》卷一至卷五。其中大篇幅地分析比较了韩愈和苏轼的《石鼓歌》，既与金石有关，又与其论诗主张：实写、铺陈有关。

三　交游与奖掖

京城对于广东的文化优势，以及“学政”的身份，使得翁方纲从进入当地开始，对文化上的把握就是一种通观全局的俯视视角。他在进入广东

---

① （清）翁方纲：《复初斋集外诗》卷六

② （清）翁方纲：《复初斋诗集》卷七。

③ （清）翁方纲：《复初斋诗集》卷五。

时作诗：

> 二十年来采泮芹，粉围红烛晓氤氲。重逢甲岁衡多士，还得珠光报圣君。百粤山川钟地脉，五羊城郭壮人文。今朝日近亭边望，尽绕文昌五色云。①

诗中体现出他要将圣恩带到百粤山川的豪气和决心。而广东之地，由于蒙被圣恩，实为可教。他对自己职责崇高性的强调，奠定了对五羊城郭的文学文化的引导决心。

引导分为与友朋的交游和对后进的奖掖。翻阅翁方纲诗集，在他的交游记录里，有一个明显的特点。常出现的几个具名的交游者为：陆廷枢、蒋方熙、熊之理、杨宗岱、翁霈霖等。考陆廷枢为浙江人，蒋方熙为湖北人，熊之理、杨宗岱为江西人，翁霈霖来自福建莆田，为翁方纲族人。这些人都是或任官，或游历，与翁方纲作诗唱和。除了这几个固定老友外，他还与当地的司训、教官等有或公或私的来往，常见的方式是唱和：《光孝寺贯休画罗汉予于前年已有诗，上元前一日，潮州试院与诸君分赋粤中古迹，得此题复作一篇》，②《遍访韩山石刻，苏碑原石竟不见，余无佳者，独拓公所书白鹦鹉赋，分遗幙中诸君并诗邀和》，③《江行春望作歌，索诸君和》④ 等。但翁方纲对这些当地人士，却多不具名，而以“诸君”概称。

翁方纲组织和诗的活动，也成为他教授学生的一种方式。乾隆三十三年（1768）孟夏，翁方纲以“玉荫嘉谷”为题，试嘉应诸生，因检己卯夏七言旧稿俾和之。题曰：“念予初来此，诸生尚未知声律，今四年所多有能学古文词者，因复自和前韵，以示奖励。”⑤ 诗云：

---

① （清）翁方纲：《到广东任有述》，收于《复初斋集外诗》卷二。

② （清）翁方纲：《复初斋诗集》卷三。

③ （清）翁方纲：《复初斋集外诗》卷四。

④ 同上。

⑤ （清）翁方纲：《孟夏以“玉荫嘉谷”题，试嘉应诸生，因检己卯夏七言旧稿俾和之。念予初来此，诸生尚未知声律，今四年所多有能学古文词者，因复自和前韵，以示奖励》，收于《复初斋诗集》卷五。

……我来岭东岁在酉，宵雅初肄吹笙簧。秕稗先须种别白，溯回岂易葭中央。此邦灵秀天所赋，善养天质斯为祥。……树木十年人百年，树谷乃计年年康。我今岂但计树谷，并欲种玉蓝田傍。田傍谷熟玉又出，复荫千仓仍万箱。尽吐山川白虹气，登助郊庙黄流香。匪直嘉名诩肇锡，期言俾嘉行俾臧。昨赋嘉树今嘉谷，中和声彻梅州疆。

诗中充满了对自己责任的认知以及对成就的认可，即对当地士子进步的褒奖。所谓“玉”者，当是冯敏昌之辈。

翁方纲的学识和身份及本籍产生的优越感，决定了他对于流寓之地的士人，只是以客观的态度作出指导和评价。如对岭南十才子之一的程可则，翁方纲重新整理出版并点评其《海日堂诗集》。这些不过是他诗学建构中的一笔而已。而当地士子也多执弟子礼相见。他的学政身份，已经决定了他可以完全有能力把握、指引和教导。这是一个典型的将流寓之地的文化放置于他者的定位。

小　结

蒋寅先生在《一种更真实的人地关系与文学生态——中国古代流寓文学刍论》一文中总结道：“在中国古代文学中，流寓的意识起码结出两种不同的文学果实：一种表现人与地域的隔阂感，一种好奇地咏歌异地的风物民情。”① 其实，无论是对于顺境文人或逆境文人来说，这两种心理都可以同时存在，只不过会呈现不同的景状。翁方纲及与其有相似特征的流寓者，带着一种积极的心态，介入一个陌生的地方，文学创作中所呈现出来的，并不是简单直接的“人”与“地”的关系。这个“地”不再是作为一个自然的存在，而是作为一个文化符号。翁方纲热心歌咏的，不是整个流寓之地的全貌，而是筛选过的风物。他通过反复吟咏，强调了这些景致的文化意义。这成为他把握流寓之地的一种重要方式。同时，他也在积极构建新的文化符号。他又通过对当地文化进行引导，包括热衷追寻前人足

① 蒋寅：《一种更真实的人地关系与文学生态——中国古代流寓文学刍论》，《中国文化研究》2012 年秋之卷，第 19—26 页。

迹，积极奖励当地后进，极力将当地文化推向整个大文化的序列中。翁方纲一直都将流寓之地置于他者的位置，以客观审视的眼光看待。他好奇地咏歌异地的风物民情，同时表现的正是人与地域的隔阂感。

八年时光，并未让翁方纲产生“不辞长作岭南人”的想法。即使态度再积极，相处再融洽，也终究是“客”。免不了的，是对本籍的思念。乾隆三十五年（1770），他在南雄试役中，在一个也叫东湖的地方留饭，望着盘中所盛之食，他开始想念京师东湖柳村家居，发出“我客岭下久”之怨。①

正是因为顺境、本籍的优越感和身份意识，才让这类流寓者时刻与流寓之地保持着一段恰当的距离：既可以对当地的风物抱以最好的审美享受，又可以笃守自身的思考方式和精神皈依。他们无须考虑“融入”当地的问题。因为“融入”即是为自己寻找新的定位，那是对于失去自我，或者需要改变自我的人而言的举动。处于顺境中的流寓者，或许比贬谪文人更加客观和冷静。

那么，整个流寓文学体现的，不是翁方纲作为个体，被广东这个流寓之地所融化，而是翁方纲以其渊博的知识、充沛的写作能力以及强大的身份号召力，将流寓之地融入了整个文化之中。如梁章巨在出任广西巡抚兼学政时，在独秀峰下颜延之留名的读书岩处，重建五咏堂，还将久随行箧的珍藏本《黄庭坚书五君咏》的真迹刻石其中。远近文人墨客络绎不绝，争索拓本。他也是以流寓者的身份，介入当地的文化建设，对文化符号进行强化，而且是对历代流寓桂林的名人的一次很好的总结。最终呈现出来的状态，同样是将桂林文化纳入整个文学文化背景之中。翁方纲广东时期流寓文学所呈现出来的普遍意义正在于此。

① （清）翁方纲《南雄食韭寄内》：“疏疏晚风香，青青东湖韭。登此南食盘，我客岭下久。麫细胜桄榔，土风同牢九。芼之蒌蒿短，又及初春首。前年冰雪晨，怜子泊江口。不为庾郎贫，转成予颜厚。东湖芽向黄，尚待水杨柳。地气此太泄，沉吟倚栏后。”收于《复初斋诗集》卷八。

寇准流寓雷州诗作辨析

刘　岚*

内容提要　宋真宗乾兴元年（1022）二月戊辰，61岁的寇准被贬为雷州司户参军，流放蛮荒之地雷州。寇准出身于儒者之家，一生喜好诗歌创作。被贬雷州时期，亦笔耕不辍。但作于雷州的存世诗歌数量不多，仅6首。诗作内容主要是集中表现其交游、感怀、思乡及迟暮人生的孤寂落寞之感。诗歌创作的题材主要有写景诗、酬赠诗及咏怀诗三种类型，体裁上多选用绝句。与前期相比，诗作题材范围及体裁选取面明显收窄。这与诗人贬谪的心境及生活环境有关。诗作感情深沉，诗风凄婉中愈见平和。语言澄淡隽永，简洁朴素，不事雕琢。

关键词　寇准　贬谪　雷州　诗歌

寇准出身儒者之家，一生喜好诗歌创作。辛教《再开莱公诗集后序》说，“自其少年从仕，以至立朝退处，欢愉逸乐，激烈愤惋，无不并见于诗”。① 宋孙忭《寇忠愍公准旌忠之碑》亦说，寇准“好为诗”。寇准的存世诗歌共有268首，断句10句。② 其中，在入仕之前创作的诗歌5首左右，巴东任期创作的诗歌在150首左右，③ 北方任职期间创作的诗歌在百首左

* **作者简介**：刘岚，广东海洋大学文学院副教授。

① （宋）辛教：《再开莱公诗集后序》，《忠愍公诗集》后附，《四部丛刊三编》本。

② 胡世强：《〈全宋诗·寇准卷〉文献述考》，《东南学术》2012年第5期。

③ 此数据为笔者据胡世强及林伟硕士学位论文《寇准诗歌研究》研究的推断所得。

右，南贬时期[①]创作的诗歌为14首左右，其中，关于寇准在雷州诗歌创作数量说法不一。这是笔者在本文中首要谈论的问题，此外，还将对寇准雷州时期诗作的思想内容及艺术表现予以评析。

一　关于寇准雷州诗作辨伪

寇准在雷州时期创作的诗歌作品，各种本子所录共计9首，即《广教寺》(又作《题雷州广教寺》)、《闻杜宇》、《题曹氏园亭》(又作《题曹氏园亭绝句》)、《留题英灵陈司马宅》、《和陈司马见招》、《海康西馆有怀》、《临海驿夏日》、《偶书》及《病中书》。其中，有观点认为《广教寺》一诗非寇准所作。《闻杜宇》、《偶书》、《临海驿夏日》三首虽为寇准所作，但对前两首在创作时间的认定上意见不统一，有人认为是巴东时期所作，有人认为是雷州时期所作。至于后一首诗，有观点认为它并非作于雷州，而是作于贬谪途中。对于以上提出的几个问题，将在以下做详细考辨。

（一）《广教寺》一诗与贾岛《就可公宿》前四句相同，胡世强认为非寇准所作，[②] 笔者赞同此说

陈永正在广东方志及地方文献中辑得《全宋诗》佚诗歌83首，[③] 其中有寇准诗三首，分别是《雷州广教寺》（辑自明嘉靖《广东通志》卷六五）[④]、《酬陈司马见招》（辑自清道光《遂溪县志》卷十二）[⑤] 及《留题英灵陈司马宅》（清道光《遂溪县志》卷十二）。

胡世强认为《雷州广教寺》一诗非寇准所作，实为贾岛《就可公宿》前四句。理由有三。理由之一，《题雷州广教寺》又见于《全唐诗》卷五七二贾岛《就可公宿》的前四句，《就可公宿》全诗为："十里寻幽景，寒泉数派分。僧同雪夜坐，雁向草堂闻。静语终灯焰，馀生许峤云。由来多

---

① 寇准在天禧四年（1020）七月以后，连续遭贬，先被贬徙知相州（今河南安阳）、八月徙知安州（今湖北安陆县）。而后因周怀政余党朱能叛乱，又遭连坐贬湖南道州（今湖南道县），之后再贬雷州。因为贬谪之地多在南方，所以笔者称其为南贬时期。

② 胡世强：《〈全宋诗·寇准卷〉文献述考》，《东南学术》2012年第5期。

③ 陈永正：《从广东方志及地方文献中新发现的〈全宋诗〉辑佚83首》一文中，《岭南文史》2007年第3期。

④ 《雷州广济寺》：十里寻幽景，寒泉数派分。僧同雪夜坐，雁向草堂闻。（明万历《雷州府志》作《广教寺》。）

⑤ （明）欧阳保：《雷州府志》作《和陈司马见招》。

抱疾，声不达明君。”理由之二，从版本和内容看，此诗与寇准的创作情况不符，更像是贾岛所作。《雷州广教寺》一诗流传版本少，且时间较晚。《〈全宋诗〉辑佚83首》之《雷州广教寺》一诗依据明嘉靖《广东通志》辑录，目前只有这一处资料认为是寇准诗，因其时代晚，恐有后世修地方志未能详审之误。相比而言，此诗为贾岛作品要可靠得多。贾岛的作品流传版本多，且流传时间早。在唐代已开始流传，宋代编订为《长江集》十卷，之后的元明清刊刻传抄不断。李嘉言在《长江集新校》之《前言》中说明以《全唐诗》为底本，参考多种版本而成，并在卷三中收录了此诗。两相比较，胡世强认为此诗为贾岛作品更可信。理由之三，诗作内容与寇准身份不符。乾兴元年（1022）二月，寇准被贬为雷州司户参军，天圣元年（1023）九月七日卒于官。胡世强认为明嘉靖《广东通志》所收寇准之诗应是乾兴元年至天圣元年之间，寇准寓居贬所之遗作。诗中所言“由来多抱疾，声不达明君”，不符合寇准的身份。寇准在宋太宗、宋真宗、宋仁宗三朝任职，历任高位，两度为相，爵居国公，声闻朝野。即使晚年贬谪荒远，也不会在晚年自述中发出“由来多抱疾，声不达明君”这样的穷困之声。全诗情感内容更符合贾岛久困科场，仕途不畅的境况。胡世强分析，以《就可公宿》题目看，是送给无可上人（上人，即上德之人，比丘的尊称）之作。无可，唐代长安人，佛家弟子。贾岛早年弃俗，名无本。贾岛出家初期，两人同居青龙寺，无可呼岛为从兄。两人交往甚密互有赠答。贾岛赠无可之诗在《全唐诗》可见于卷五七二之《送无可上人》、《寄无可上人》、《僻居无可上人相访》，卷五七三之《喜无可上人游山回》、《夜集姚合宅期可公不至》。故从《就可公宿》诗题与内容看，与贾岛相吻合。所以认为此诗为误辑。之所以出现这种情况，可能是寇准在游历广教寺时，有感而发，即兴吟诵了贾岛的《就可公宿》诗的前四句（寇准一向喜欢贾岛诗作），后人不知，误以为是寇准所作，予以辑录。此诗虽为误辑但并非简单的误辑。可以断定《广教寺》一诗内容非寇准所作。

（二）《寇准年谱》及胡世强认为寇准的《临海驿夏日》是作于被贬途中，而非作于雷州，相反，笔者认为是寇准在雷州时期所作

《寇准年谱》认为《临海驿夏日》一诗是1022年寇准被贬雷州途中过

临海县所作。[①] 胡世强考辨，临海县，北宋时属台州临海郡，在今浙江台州临海县，寇准从湖南道县取道广东雷州是不可能经过临海县的，故认为《寇准年谱》所说不合实情。同时，认为题中“临海”可能不是确切县名，而是指贬谪途中某一临海之地。笔者同意胡世强关于《寇准年谱》错误的指认，但不认同胡世强关于“临海”是地名的意见。理由有三。一是胡世强关于诗题的理解有误。《临海驿夏日》一诗中的“临海驿”在理解的时候，应从“临”与“海驿”之处断开，“临”即“莅临”、“来临”之意，“海驿”即海边的驿所、驿馆，是虚写并非实写。类似的写法在寇准其他诗中也有，如“水国独惭临县邑”（《春晚书事》)、“还愁别后巴东馆”(《归州留别赠傅君》）等，在这里诗题的意思是来到海边驿所的那个夏天。胡世强囿于《寇准年谱》中的说法，在批驳《寇准年谱》之错误的同时，也犯了相同的错误。二是如果这首诗是作于被贬途中，那就应该是春天而不应该是夏天。寇准是1022年农历二月二十四日，在湖南道县接到被贬通知，大概用了一个月的时间，于1022年农历三月底赶到雷州贬所。也就是说寇准从湖南道县赶赴广东雷州的时候是春天，而非夏天，这一点寇准应该是很清楚的。三是从诗中的措辞“新馆”看，应该是寇准刚到雷州不久所作，否则也不能谓之“新馆”，所以可以肯定这首诗是1022年的夏天寇准于临时寓所——雷州天宁寺西馆所作。

（三）关于《闻杜宇》一诗的时间归属有分歧，有人认为它是寇准知巴东时期的作品，有人认为它是寇准雷州时期的作品。笔者同意前一种说法，并从诗作内容及风格入手予以分析

为方便讨论，笔者先录《闻杜宇》一诗在此，诗云：“曾为深冤无处雪，长年江上哭青春。平林雨歇残阳后，愁杀天涯去国人。”从诗作内容和风格来看，笔者认为《闻杜宇》一诗不像是寇准在雷州时期的作品，更像是巴东时期的作品。

1. 诗歌创作通常是即兴的，是触景生情的结果。从诗题看，“闻杜宇”就是寇准在听到了杜鹃鸟鸣叫声之后有感而作。关于杜宇是有典故的。传说杜宇为古蜀国国王。周代末年，杜宇始称帝于蜀，号曰望帝。晚年时，

① 王晓波：《寇准年谱》，巴蜀书社1995年版，第184页。

洪水为患，蜀民不得安处，乃使其相鳖灵治水。鳖灵察地形，测水势，疏导宣泄，水患遂平，蜀民安处。杜宇感其治水之功，让帝位于鳖灵（号曰开明）。望帝杜宇禅位之后，退居西山。太平日子没过多久，四乡竟传起流言，说杜宇把君主之位禅让给开明，是因为他在开明率众治水期间，与开明的妻子私通，因此才羞惭让位。杜宇听到后又气又急，一病不起，含恨而终。传说他死后化身为鸟，昼夜鸣叫，声音凄切。川中百姓就把这种鸟叫作“杜宇”（又名蜀魄、杜鹃等），并以此表达对望帝杜宇的怀念。寇准19岁高中进士，本想从此就可青云直上，大展宏图，不料却被派去肃杀凄凉的巴东县任职，这让他在心理上遭受沉重的打击。寇准任职所身处之蜀地，正是杜宇典故的来源地。当郁郁不得志的他听到杜宇的叫声时，自然会浮想联翩，由杜宇的传说想到自身的遭遇，再以自身的遭遇反观杜宇的传说，进而迸发出痛苦的哀号。

2. 从诗作意象的选择来看，这首诗也应该是在巴东任上所作。观寇准诗作可以发现“江上”、“天涯”、“去国”、“杜宇”、“愁”等这些意象集中出现在他任职巴东时期的诗作中，“江”、“江上”、“江边”、“寒江”等意象使用非常频繁，在诗题中就多次使用“江上”一词。如《秋寄江上吟僧》、《江上送别》、《求访江上友生所居》、《江上晚望怀所知》等。“天涯”一词多次使用，如《庚辰岁将命至巴东，时已秋序，霜荷索然，偶赋是章，用遣幽怀》：“徘徊独凝望，目极长天涯。”《县斋春书十二韵》：“江到荆门阔，山连蜀国深。……望断天涯外，离魂欲不禁。”《巴东有感》：“长岁天涯悲断梗，逢君无处不伤情。那堪日落红楼畔，更听萧萧杜宇声。”等等。表达了他身处蜀地远离故国的羁旅之思。“杜宇”、“蜀魄”、“子规”等意象，仅在巴东时期的诗作中出现，除了《闻杜宇》之外，还有《春望书事》：“客愁已被杨烟染，春色难甘蜀魄催。”《书怀寄郝监军》：“梦回渭水秦云断，望尽巴山蜀魄飞。”《送左眉川之任》：“江云长映日，蜀魄似悲秋。”《题花》：“能与离人添怅望，一时留与子规啼。”等等。其后诗作都是用“蝉”、“大雁”、“黄鹂”、“莺声”、“寒蛩（蟋蟀）”、“鹧鸪”、“鸡鸣”及“野禽”等意象，没有再出现“杜宇”这一意象。

3. 从诗作风格来看，这首诗也应该是在巴东任上所作。胡仔的《苕溪渔隐丛话》称“忠愍诗思凄婉，盖富于情者。”① “诗思凄婉”已是学界公认，是寇准诗的总体风格。寇准各个时期的诗作从风格上看也是存在差异的，这一点也为学界所认同。具体来说，寇准在入仕之前，诗风“凄婉”之意不浓，较富有朝气；巴东时期的诗风，“凄婉”之意最浓，情感激越，表达显为直露。诗作在表达上喜用“惊”、“恨”、“悲”、“惨”、“痛”、“怪”、“乱”、“愁”、“残”、“不堪”、“不禁”、“断”、“难”、“伤”这样一些情感激烈的字眼；中原为官时期的诗风，虽“凄婉”，但有平淡闲适之意；南贬时期的诗风是“凄婉”中寓以平和沧桑。《闻杜宇》短短四句中就用了“哭”、“沉冤”、“残阳”、“愁杀”等多个感情色彩比较强烈的词语。与巴东时期激越直露的语言表达风格相一致。

4. 在意境的营造上，寇准《闻杜宇》一诗也与其巴东时期诗作表现出惊人的相似性。如《县斋春书十二韵》：“庭荒多古木……。印锁残阳，……望断天涯外，离魂欲不禁。”《初秋即事》：“蝉噪平林夕照微”，《春郊闲望》：“门掩残阳暮草深”，《春雨》：“望回肠已断，何处更莺啼。”《巴东有感》：“长岁（又作‘长啸’）天涯悲断梗，逢君（又作‘春’）无处不伤情。那堪日落红楼畔，更听萧萧杜宇声。”《秋夕书怀》：“官路时风渐识情，一悲前计远愁生。深秋寒气侵灯影，半夜疏林起雨声。……”这些诗中使用“古木”、“平林”、“残阳”、“天涯”、“长岁”、“望回肠已断”、“悲断梗”等意象营造出的意境与《闻杜宇》诗的意境完全吻合。因此，可以断定《闻杜宇》一诗是寇准知巴东时期所作，而非雷州时期所作。

（1）《偶书》诗作的内容与情绪风格与寇准南贬时期的诗作明显不一致。寇准在天禧四年（1020）七月以后，连续遭贬，先后贬谪相州（今河南安阳）、安州（今湖北安陆县）、湖南道州（今湖南道县），最后贬至雷州。寇准在赴任中，写了不少诗歌，如《离京作》、《望都雨夜》、《途次方城》、《途次邓州》、《过襄州留题驿亭》、《南平驿》、《经郴州永兴驿》等，这些诗歌在情感上没有表现出撕心裂肺的痛，也

① （宋）胡仔撰，廖德明校点：《苕溪渔隐丛话·后集》，人民文学出版社 1981 年版，第 137 页。

没有表现出强烈的愤懑不平，相反表现出的是历尽沧桑之后的反思及由此产生的豁达、释然与平和。如《离京作》[①] 一诗（致君才业本无能，恋阙情怀老不胜。欲过龙津重回首，朣胧初日上觚棱。）此诗为寇准天禧四年（1020）被贬离开京都所作。表现的是对仕宦生涯的冷峻思考。自省意识强烈。在诗中诗人说自己原本不具有辅佐君王的才能，现在自己老了，越来越不能承担忠君为国的责任了。这是历经宦海沉浮之后的耆耆老人的自白。言语中没有哀怨，只有反思与叹息。在离开京城之后，前尘往事萦绕于胸，使他难以入眠，驿站的风雨之夜，寇准独自徘徊于驿站长廊，没有焦灼，没有呐喊（寇准《望都雨夜》[②]）。《途次方城》[③] 一诗"独倚客亭思往事，南阳何异梦南柯。"则表现出反思之后的顿悟，情绪表现上依然很平和。《途次邓州》[④] 一诗表现的是顿悟之后的自嘲。心态非常轻松，给人一种如释重负的感觉。《过襄州留题驿亭[⑤]》一诗则表达了放下荣辱得失之后的轻松与自由感。显然，《偶书》一诗中诗人心有羁绊，情绪表现过于激烈，这与寇准南贬时期的诗作情绪风格完全不符。

（2）通过比较可以发现，《偶书》一诗在诗作内容及情绪风格与寇准大中祥符八年（1015）四月底赴洛阳任所作的《和人春暮》[⑥] 具有惊人的

---

① 才业：才学，才能。恋阙，留恋宫阙。旧时用以比喻心不忘君。

② 《望都雨夜》：孤驿萧条风雨夜，夜深声窗竹动声。离魂无睡难成梦，却绕长廊独自行。

③ 《途次方城》诗云：方城旧路四曾过，此度偏饶怅望多。独倚客亭思往事，南阳何异梦南柯。方城，在今河南南阳市东北部，因其地有方城山而得名。南阳旧名邓州，寇准曾于至道二年（996）至咸平元年（998）知邓州。故曰"旧路"。此诗为寇准天禧四年（1020）被贬路过河南南阳所作。

④ 《途次邓州》：南阳西去见遗基，驻马平郊远树微。自笑平生无所着，不如山鸟解思归。此诗为寇准天禧四年（1020）被贬途经邓州所作。

⑤ 《过襄州留题驿亭》：沙堤筑处迎丞相，驿吏催时送逐臣。到了输他林下客，无荣无辱自由身。据宋叶梦得《石林词话》，此诗为寇准天禧四年（1020）被贬途经襄阳所作。林下客，指隐士。

⑥ 关于《和人春暮》的写作时间一直是悬而未决。从（二）"昔曾过洛浦"的诗句得知两点：一是寇准这首诗是作于洛阳；二是寇准之前曾经到过洛阳。据史载，景德四年（1007）二月寇准曾随真宗至洛阳祭拜诸陵，大中祥符八年（1015）五月至九年二月曾知洛阳府。另其（一）中有"犹谢海棠花始发"的诗句可知寇准到洛阳的时间是在海棠花初开时节。查知海棠花花期是在4—5月，海棠花初开的时间应是在4月，这与寇准上任的时间吻合。由此，可以断定《和人春暮》的写作时间应是大中祥符八年（1015）四月底。

相似性。

《和人春暮》诗共有两首。其一，“流年赋分[①]长多感，尽日长思立短亭。犹谢海棠花始发，似留春色向凋零。”其二，“昔曾过洛浦，遗恨写苍苔。往事诗空在，春深我独来。”从写作时间看，《偶书》与《和人春暮》都写于春暮。《和人春暮》一诗在诗题中便已点明写作时间，《偶书》则是在诗中表明，即所谓“春尽日”，也就是春暮。从写作主题看，两首诗表达的都是由暮春时节春色凋零所引起的韶华易逝、往事如梦之感。从诗作用词看，与《和人春暮》使用“往事”、“空”、“流年”、“多感”、“尽日长思”、“遗恨”等词相对应，《偶书》也用了“往事”、“如梦”、“流年”、“断魂”等意思一致的措辞。从情绪风格上，两首诗表达的都是因韶光易逝所产生的痛苦情绪，情绪表现委婉中见激越。

很清楚，《偶书》与《和人春暮》属同一时期所作的两首不同的诗作。可以肯定，《偶书》是寇准大中祥符八年四月底赴洛阳任所作，而非雷州作。

综上所述，笔者认为寇准在雷州时期的传世诗歌作品仅有6首，即《题曹氏园亭》、《留题英灵陈司马宅》、《和陈司马见招》、《临海驿夏日》、《海康西馆有怀》与《病中书》。

二　寇准雷州诗作的思想内容

寇准南贬之后，身心俱疲，对仕途的热情已经完全消退，工作之余便寄情于山水，把寂寞孤独之感深深地隐藏在对山水景物、人事光景的描摹之中，偶尔也流露出对故乡的幽幽思念之情。诗作感情深沉，风格凄婉中见平和。语言澄淡隽永，不事雕琢。有“王（维）、韦（应物）之清逸”。

1. 关于交游生活的表现

《题曹氏园亭》：“野静长原迥（一作‘回’），亭开夕（一作‘西’）吹清，登临时一望，海树与云平。”[②] 寇准一生足迹遍及大半个中国，几乎每到一地，都喜欢驻足山水，吟咏风景。风景诗的创作佳作迭出，也最为

① 赋分：天赋；资质。

② （清）吴盛藻、洪泮洙：《雷州府志》，第291页。

人所称道。钱鐘书选《书河上亭壁》及《夏日》说："他的七言绝句，比较不依傍前人，最有韵味。"[①]《历代风景诗三百首》中也说："他的即景诗，风格独特，韵味深长。"[②] 他一生留下 50 多首写景诗。在雷州时期仅有此 1 首。诗作描绘了寇准游曹氏园亭，登临远眺所见的"海树与云平"的辽阔景象。在诗中给我们描摹了一位相忘于江湖，专注于眼前光景的超脱出世的诗人形象。在对景物的描摹中表现出诗人内心的宁静与平和。

《和陈司马见招》一诗："颍川[③]公子重宾僚，花竹开筵远见招，饮至夜深人欲去，飕飕风雨响芭蕉。"[④] 所写的是热情好客的陈司马陈彦德，邀请寇准赴年例"花竹"之宴会，公元 1023 年正月年例时，寇准如约前往，并与陈彦德痛饮至深夜，并被大雨滞留的情景。

《留题英灵陈司马宅》（公余策马到英灵，幸有官僚伴使星，人物熙熙风景盛，好将佳会入丹青。[⑤]）一诗呈现的是寇准策马扬鞭如约赴会，来到风景秀美的英灵村时所见的熙熙攘攘的庙会景致。在诗中可以看到一个暂时置身事外，忘却烦扰的兴致勃勃的诗人形象。

2. 对往事的感怀

《海康西馆有怀》："风露凄清西馆静，悄然怀旧一长叹。海云销（'销'古同'消'）尽金波（金波，谓月光）冷，半夜无人独倚栏。"[⑥] 从诗作中我们可以看到这样一幅情景：在一个风露凄清的秋天的夜晚，寂静无声的西馆内，寇准想起那些陈年往事，不由得发出一声长长的叹息。西馆外，天上的云已经完全散去了，月光冷冷地照着大地，在这样的夜晚，寇准怎么也无法入睡，就独自走出户外倚靠在栏杆上，任凭思绪飞扬。诗作为我们描绘出了一个被往事所缠绕、夜半未成眠的诗人形象，表达了诗人在晚年时流寓雷州的落寞与孤寂的情绪。

---

① 钱鐘书：《宋诗选注》，人民文学出版社 1989 年版，第 9 页。

② 《历代风景诗三百首》选注组编：《历代风景诗三百首》，北京师范大学出版社 1983 年版，第 283 页。

③ 颍川，是古郡名。秦始皇十七年（前 230）置，以境内有颍水而得名，辖地大致在今天的河南许昌市及漯河市。陈彦德祖籍颍川，故寇准以颍川公子相称。

④ （清）吴盛藻、洪泮洙：《雷州府志》，第 291 页。

⑤ 同上。

⑥ 谭达智：《寇准》，第 502 页。

3. 表达对故乡的深深的思念之情

《临海驿夏日》："岭外炎蒸（一作'突蒸'）当盛暑，雨余新馆觉微凉，最怜夏木清（一作'青'）阴合，时有莺声似故乡。"[①] 此诗作于寇准迁居桂华坊新馆后。诗作描绘了炎炎夏日雨过天晴树木葱茏，青阴闭合，黄莺时鸣的景象，诗作表现出作者在经历了酷热天气，突然享受到凉爽之感的抑制不住的欣喜，同时也流露出作者对故乡难以忘怀的思念。

4. 描摹了多病缠身、万念俱灰的孤寂凄凉的人生境况

《病中书》："多病将经岁，逢迎故不能。书唯看药录，客只待医僧。壮志销如雪，幽怀冷似冰。郡斋风雨夜，无睡对孤灯。"[②] 这首诗应作于寇准弥留之际。寇准在诗中自言自己身体多病已经快一年了，现在已经不能够迎来送往了。自己看的书只剩下了"药录"，他想见的客人也只有医生和僧人了。曾经让他为之销魂的凌云壮志，如今也已经如同冰雪般地消散了，内心幽冷似冰。风雨之夜的寓所中，他形单影只，怎么也无法入睡，面对着明晃晃的灯光，倍感孤独与凄凉。这应该是寇准最后人生的写照。据宋孙抃《寇忠愍公准旌忠之碑》所记，寇准在预感到自己大限将至的时候，派人从洛阳家中替他取回太宗皇帝赐给他的朝服及通天犀束带，朝服束带取回没几天，寇准就穿好太宗皇帝赐的朝服束带，朝北方拜了又拜，怀着对太宗知遇之恩的深深谢意平静地离开了这个让他"宠辱""尝遍"、爱恨交织的人世。

三　寇准雷州诗作的艺术表现

寇准雷州诗作在艺术上表现为，题材及体裁面较窄；感情深沉，诗风凄婉中愈见平和；语言澄淡隽永，简洁朴素，不事雕琢。

1. 随着诗人生活环境及心态的变化，诗歌创作在题材范围及体裁上发生了变化。题材范围及体裁选取面变窄。寇准南贬之前的诗歌题材较为丰富，有应制诗、咏物诗、写景诗、咏怀诗和酬赠诗五种类型。在雷州期间

---

① 谭达智：《寇准》，第501—502页。

② 同上书，第503—504页。

由于生活环境的变化和心态的变化导致诗歌创作的题材范围发生了变化。应制诗、咏物诗退出寇准的诗歌创作，只剩下写景诗、酬赠诗及咏怀诗三种类型。酬赠诗与以前相比，也发生了较为明显的变化。寇准喜欢交游，南贬之前的酬赠之作在寄赠或送别中往往颇多感慨。而雷州时期创作的酬赠诗，完全着力于对交往事件及环境的记述，不再有个人感慨交错其中，交际应酬意味更浓。

寇准巴东及成安时期喜用古体诗和五言、七言律诗的形式进行创作，较少使用绝句。进入中央至43岁任宰相，诗歌创作绝句明显增多；44岁之后，诗歌创作在体裁上有向早期回归的趋势，以古体及律诗为主。53岁以后绝句明显增多；南贬以后，诗歌创作几乎全用绝句，更以七绝为主。雷州时期写作的诗歌共6首，其中有5首为绝句，其中有七绝4首（《海康西馆有怀》、《临海驿夏日》、《留题英灵陈司马宅》、《和陈司马见招》）、五绝1首（《题曹氏园亭》）。南贬时期包括雷州时期在内，体裁选取面变窄，多用绝句的原因是，一是与寇准的贬谪经历有关。在数十年的宦海沉浮中，阅尽了人间沧桑，虽然在晚年屡遭贬谪，但已经是处变不惊了，心态比较平和。二是与绝句的抒情性强有关。其中，多用七绝则又与七绝在表达上比较须臾舒缓有关。

2. 感情深沉，诗风凄婉中愈见平和。

寇准的诗风是与其生活及仕宦经历密切相关的。早年寇准少年中进士，带着家族的荣誉感和对自己高度的自信踏入仕途，他在诗中写到“吾家嗣儒业，奕世盛冠裳，桂籍冠伦辈，天下知声光”（寇准《述怀》）。本期大展宏图，岂料远仕蛮荒，这在寇准看来无异于一次远谪。巴东期间，寇准始终被这种情绪所笼罩，诗中常常抒发这种仕途失意的幽怨感伤。仕途的失意、浓浓的乡愁使寇准精神感伤、意志消沉。知巴东期诗思凄苦，诗风凄婉中显直露，诗歌情感在表现上多少有些“少年不知愁滋味，爱上层楼。爱上层楼，为赋新词强说愁”的味道。宋范雍说：“公（寇准）之为诗，必本风骚之旨，而以感伤为主。尝为《江南春》二绝，其一曰：‘波渺渺，柳依依，孤村芳草远，斜日杏花飞。江南春尽离肠断，苹满汀洲人未归。’其二曰：‘杳杳烟波隔千里，白苹香散东风起。日落汀洲一望时，愁情不断如春水。’人曰少贵无不足者，其摅词（措辞）绮靡可也，气焰可也，惟不当含凄尔。"① 宋文莹在《湘山野录》中说："（寇诗）深入唐人风格……然富贵之时，作诗皆凄楚愁怨。"② 范雍及文莹虽没有直接指出寇准诗歌表现上存在"为赋新词强说愁"的意味，但体察到了寇准"少贵"的人生经历与诗作表达过于"凄楚愁怨"之间的矛盾，间接地表明了寇准有意为诗，强说愁的做法。23岁时也就是雍熙元年（984）调任河北成安，由此开始，仕途呈螺旋式上升趋势，虽往返于中央与地方之间，但在中央居多，景德元年（1004）43岁荣登相位，达到了仕途的最高点。这一时期，仕途顺畅，心态积极，发而为诗，虽凄婉，但已增添了慷慨激昂之气。霍松林在《历代好诗诠评》中也有类似的说法："七言明丽晚雅，五言淡远闲适，间也有激昂慷慨之作。"③ 景德二年（1005）之后，仕途开始呈螺旋式下降趋势，亦往返于中央与地方之间，但在地方为多。虽如此，但与知巴东时期相比，因为经历了数十载的宦海沉浮，"世间荣辱皆尝遍"，所以心态较为从容平和。因此，期"恋阙情怀"仍较为强烈。故而发之于诗，诗风凄婉中见平和冲淡。天禧四年（1020），因反对刘皇后听政，力主太子监国，被罢相，为太子太傅，封莱国公。此后开始了他外调南贬的生活，直至其生命终结。这一时期寇准的"恋阙情怀"已失，在孤驿苦旅中开始了对过往人生的强烈反思。这一时期的诗歌创作用辛弃疾的词句来说就是："而今识尽愁滋味，欲说还休。欲说还休，却道天凉好个秋！"故诗作感情深沉，诗风凄婉中愈见平和。

3. 语言澄淡隽永，简洁朴素，不事雕琢。

寇准一生诗歌创作受王维、韦应物、贾岛、姚合、庾信及鲍照等几家影响较深。《四库全书总目》说："其（寇准）诗乃含思凄婉，绰有晚唐之致。"④ 宋范雍则说，"（寇准）平昔酷爱王右丞、韦苏州诗，吟咏斯则过矣。"⑤ 清末民初目录学家李之鼎又说："（准诗）芬芳悱恻，一往情深，撷庾、鲍之华腴，擅王、韦之清逸，已入唐人之室，固不仅囿于宋也，虽

① （宋）范雍：《忠愍公诗序》，《忠愍公诗集》卷首附，《四部丛刊三编》本。

② （宋）文莹：《湘山野录》，中华书局1997年版，第8页。

③ 霍松林：《历代好诗诠评》，中国社会科学出版社2000年版，第692页。

④ （清）永瑢等：《〈四库全书总目〉集部·别集类五》卷151，中华书局1965年版，第1306页。

⑤ （宋）范雍：《忠愍公诗序》，《忠愍公诗集》卷首附，《四部丛刊三编》本。

与苏、黄、范、陆抗颜而行亦何多让。”① 其中，受贾岛、姚合影响最深，语言精雕细琢、讲究搜句炼字。这种创作上的语言追求以知巴东时期的表现最为突出，几乎贯穿一生。寇准在其《秦中感怀寄江外知己》（此诗大概作于1016—1019年任职永兴军期间）一诗中犹说自己是：“发白犹搜句，时清尚旅游。”南贬之后，由于经历、生活环境与心态的变化，诗歌创作明显受王维、韦应物影响较深，语言澄淡隽永，简洁朴素，不事雕琢。雷州时期表现尤为典型。创作上多用白描，抓住生活细节或事物特征予以简笔勾勒，用笔简洁却不失韵味。如在其《病中作》一诗中，诗人就截取生活细节，简笔勾勒，寥寥数语便将“无睡对孤灯”的多病孤寒的诗人形象呈现在了读者面前，着墨不多，却能神情毕现。充分体现了南贬时期语言澄淡隽永，简洁朴素，不事雕琢的特色。

流寓雷州是寇准的归宿。寇准以其喜好的文学形式——诗歌真实地记录了他最后的人生境况，他的诗歌是其仕宦经历与文人情怀凝结的产物，是生活与艺术统一的结果。

① 李之鼎：《宋人集奉寇愍公诗集跋》，转引自程千帆等编《中华大典·宋文学部一》，江苏古籍出版社2000年版，第335页。

秦观流寓雷州行迹述论*

邓　建**

内容提要　秦观流贬生涯的最后一站是雷州，他离雷北返仅一月余便猝逝于途。秦观的雷州行迹可以概括为：削秩除名，编管雷州；沉潜书法，技道两进；海康晤师，生死永诀；遇赦放还，猝逝藤州。随着岁月的变迁和历史的沉淀，秦观寓雷成为雷州文化的一个重要组成部分。

关键词　秦观　雷州　行迹

秦观，初字太虚，后改字少游，别号淮海居士、邗沟处士，扬州高邮人。北宋著名才子，以文才受知于苏轼，哲宗元祐年间与黄庭坚、张耒、晁补之同游于苏门，合称“苏门四学士”。

秦观才气过人，风姿超卓，深受历代读者欢迎，却因党争攻讦遭受了严酷惨烈的政治打击。在哲宗亲政之后，他于七年之间（1094—1100）连续五次遭贬，先是以馆阁校勘出为杭州通判，行至中途又贬监处州酒税，继而流贬郴州、横州，直至中国大陆的最南端——广东雷州，以负罪之身转徙流落于瘴疠蛮荒之地，直至客死异乡。人生至此，痛何以堪！其命多舛，令人扼腕。

让人诧异的是，今人论及秦观之流贬经历时，往往言不及雷州，可能

* 本文系广东省教育厅特色创新项目（人文社科类）“中国古代书院与流寓文化研究”（2041WTSCX052）、湛江市哲学社会科学规划项目“秦观雷州行迹、诗文及其影响研究”（ZJ14YB11）阶段性成果之一。

** **作者简介**：邓建，广东海洋大学文学院副教授，文学博士。

是因为秦观流寓雷州的时间太短（不足两年），抑或是因为其地过于偏远。殊不知，流寓雷州是秦观人生的最后一个时期，厘清秦观此期的活动行迹与心路历程，对于全面认识秦观其人，尤其是深入理解秦观在最后一段生命岁月中内心的惨痛与挣扎、绝望与超脱，具有极为重要的意义。鉴于此，本文对秦观寓雷行迹略作述论，以为知人论世之助。

一

哲宗元符元年（1098）九月，秦观被贬往雷州。关于秦观此次被贬的具体情况与缘由，文献中多有记载。《宋史·哲宗纪》载："元符元年……九月……庚戌，秦观除名，移雷州编管。"①《皇宋通鉴长编纪事本末》卷一〇二载："元符元年……九月……庚戌，追官勒停、横州编管秦观特除名，永不收叙，移送雷州编管，以附会司马光等同恶相济也。"② 在宋代，官员犯罪，谪放偏远州郡，编入该地户籍，并由地方官吏加以监管，谓之"编管"；"勒停"即勒令停职；"除名"即追毁出身，取消功名，除去官员名籍；"永不收叙"即永不录用。秦观从横州编管移送雷州编管，地方愈发偏远荒僻，愈发远离政治中心，而从"勒停"到"除名"、"永不收叙"，处罚越发严厉，打击越发残酷，简直就是除死刑之外最为严厉的处罚了。

秦观得罪的原因是"附会司马光等"。当时，哲宗亲政，新党得势，对旧党恶意打击，宰相章惇甚至奏请哲宗，欲对已去世多年的旧党首领司马光掘墓、砸棺、鞭尸，好在哲宗认为此举对国家无益，章惇这才罢手。苏轼等旧党人物皆被罢职外放，秦观作为苏轼的得意门生和坚定追随者，得罪谪放，一贬再贬，也就是情理之中的事了。

当时的雷州，在中原士人的心目中，是一片赤地千里的南蛮炎荒之地。被贬雷州，对秦观来说，是一个致命的打击，他的心情随他的命运一起跌落到了最低谷。

---

① （元）脱脱等：《宋史》卷十八《本纪十八·哲宗二》，中华书局1977年版，第351页。

② （宋）杨仲良：《皇宋通鉴长编纪事本末》卷一〇二"逐元佑党下"条，李之亮校点，黑龙江人民出版社2006年版，第1770页。

当年12月，秦观50岁，有自寿之作《反初》[①]。在这首诗中，他回想平生，恍如梦幻。自己早年本来颇有灵骨，与道家有缘，后来却误入官场，惨遭打击，累受贬谪，年届五十而远处天涯。他悲从中来，无限凄凉，泪下沾衣，彻夜难眠，“夜参半不寝，披衣涕纵横”，而“誓当反初服，仍先谢诸彭。晞发阳之阿，哺啜太和精”等句则表明他远离官场、回归本我、遁世访道的心迹。可惜的是，此时的秦观身为罪官，受人监管，他之于官场，已是欲进不得、欲退不能了。

秦观在雷州的生活非常艰难，他同雷州的黎民百姓一道，灌园糊口，勉力自给。此时的秦观，已失去了早年豪迈俊逸、好大嗜奇、慷慨踔厉的风采，变成了一个“白发坐钩党，南迁海濒州。灌园以糊口，身自杂苍头”（《海康书事十首》其一）的“搰搰抱瓮人”（《抱瓮》）。

对于此种生活情状，秦观在诗中多有表现。如言其居住环境：“卜居近流水，小巢依嵚岑。”（《海康书事十首》其三）看来他的住所是非常狭小简陋的，位置则是在一个背靠险山、面临流水的荒野之地。言其劳动情景：“篱落秋暑中，碧花蔓牵牛。谁知把锄人，旧日东陵侯?”（《海康书事十首》其一）他就像一个普通的农夫一样，冒着酷暑，把锄耕种，而我们从后两句“谁知把锄人，旧日东陵侯”不难体会秦观当时内心的不甘与凄凉。他从自己的惨痛经历中真切体悟到世事无常：“世事如浮云，飘忽不相待。欻然化苍狗，俄顷成章盖。”（《无题二首》其二）面对不可把握的人生命运，面对无法承受的人生苦痛，似乎唯有借酒消愁、与天同醉：“天生此神物，为我洗忧患。山川同恍惚，鱼鸟共萧散。”（《饮酒诗四首》其二）无奈身居雷州，烈酒难觅，“雷觞淡如水，经年不濡唇”（《饮酒诗四首》其四)，寡淡如水的雷州水酒，让秦观连一醉解千愁的机会都难以求得，不亦悲乎！

二

秦观以词名世，而于诗、文、书法诸领域皆造诣高深。在书法方面，秦观早年就已经表现出不同寻常的禀赋。《冷斋夜话》卷一载：“东坡初未识秦少游，少游知其将复过维扬，作坡笔语题壁于一山中寺。东坡果不能

---

① 文中所引秦观诗文，均据徐培均《淮海集笺注》，上海古籍出版社2000年版。

辨，大惊。及见孙莘老，出少游诗词数百篇，读之，乃叹曰：'向书壁者，岂此郎邪！'"① 当时秦观与苏轼二人尚不相识，秦观就能模仿苏轼笔迹，以假乱真，连苏轼本人都无法辨别，令苏轼大为惊叹。苏轼书法乃"宋书四大家"之首，造诣精深，风格独特，一般人根本无法企及，而秦观却能模仿得惟妙惟肖以至苏轼本人都不能识别，这说明秦观于书法一途确天赋异禀。

这则记载后半段提到，后来苏轼在孙莘老处读到秦观所作的"诗词数百篇"后，马上意识到先前模拟他的笔迹题壁于寺的就是秦观。这说明，秦观的书法与其诗词作品在内在精神和艺术品性上是相通的。另外，所谓书如其人，筋骨血肉，耳目口鼻，相与为一，秦观为人一则豪隽慷慨、真率透明，二则敏感善思、多情善感，这种独特性情在其诗词、书法中都有体现。南宋张元干《跋少游帖》云："吾家顷岁藏少游《访龙井辨才师行记》手稿，字画遒媚，深有二王楷法。"② 所谓遒媚，是说书法苍劲而妩媚，骨力劲健而又姿态美妙，气韵流畅，富于变化。

在艰难的贬谪路途中，为了消解内心的苦闷愁怨、捱过孤窘漫长的失意岁月，秦观经常以书法自遣。哲宗绍圣四年（1097），编管郴州期间，秦观潜心研究书法理论，著成《法帖通解》一书，对《汉章帝书》、《仓颉书》、《仲尼书》、《史籀李斯书》、《钟繇书》、《怀素书》六篇古帖进行了严密周详的考证和细致深入的理论诠释，议论博洽，时见精思，显示了秦观于书法之道的精深造诣，为后世留下了一部价值不菲的书论著作，明人徐渭评价其"通卷皆可入书法谱"。③ 秦观自己在《法帖通解》序中说"灼然可考者疏记之，疑者阙之"，颇为自谦，而近人林纾评价此书"考处甚精严，而疑者亦极有理……此数篇之文，语语皆有根据"，④ 可谓公允之论。

由郴州移送横州、再移雷州后，秦观仍然勤于书法，他每有吟咏之作，即手自书写，擅自珍藏，累积到一定数量，便想方设法托人送给谪居

① （宋）惠洪：《冷斋夜话》卷一，《丛书集成初编》本。

② （宋）张元干：《芦川归来集》卷九，上海古籍出版社 1978 年版，第 164 页。

③ （明）徐渭批点：《淮海集》卷三十五，周义敢、周雷：《秦观资料汇编》，中华书局 2001 年版，第 187 页。

④ 林纾：《林氏选评名家文集·淮海集》，《秦观资料汇编》，第 363 页。

儋耳、隔海相望的恩师苏轼。《淮海先生年谱》云："先生每有讽咏，辄自作书，因便寄琼州。"① 苏轼收到后，常常会惊叹于秦观诗歌水平和书法技艺的长进。他对幼子苏过说："秦少游、张文潜才识学问，为当世第一，无能优劣二人者……二人皆辱与余游，同升而并黜。有自雷州来者，递至少游所惠书诗累幅。近居蛮夷，得此如在齐闻韶也。汝可记之，勿忘吾言。"② 孔子当年在齐国听到《韶》乐，沉浸于其尽善尽美的美妙滋味，以至于"三月不知肉味"，苏轼穷居儋耳，于困厄之中收到秦观的书法、诗歌作品，吟咏竟日，从中得到莫大的精神享受与情感慰藉，以至于如此郑重其事地告知苏过。而秦观如此不惮烦琐，将书诗作品托人渡海送至儋耳，一方面表明他对恩师之敬重，另一方面也足以证明他对这些作品用力甚勤。故苏轼又有《跋秦少游书》云："少游近日草书，便有东晋风味，作诗增奇丽。乃知此人不可使闲，遂兼百技矣。技进而道不进，则不可，少游乃技道两进也。"③ 苏轼说秦观书法有"东晋风味"，是说秦观书法有东晋王羲之书法的神韵，这与前文提到的张元干评价秦观"字画遒媚"如出一辙。"遒媚"二字所指称的正是王羲之所代表的"东晋风味"，如唐人何延之评价王羲之《兰亭序》"遒媚劲健，绝代更无"。④

正是因为秦观在书法理论与书法技艺两方面的精深造诣，不但精乎书艺，而且明于书理，游艺志道，以书明志，所以苏轼才评价他以道进技、"技道两进"。

书法贵在性情，流寓雷州是秦观人生的最后一个时期，他人至老年，阅尽沧桑，心境渐趋圆融，他是用生命在进行书法创作，在累受迁谪、颠沛流离中遭遇的种种人生苦劫与世间无常，都在书法的尽兴挥洒中得到了超越和解脱。流寓雷州期间，秦观的书法艺术臻于极致。

值得一提的是，因为秦观在文学创作方面的杰出成就，其书法艺术以前不太为人们所注意，但到了后世，人们开始逐渐发现并肯定其书法造

---

① （清）秦镛编，秦瀛重编：《淮海先生年谱》，《宋人年谱丛刊》第5册，四川大学出版社2003年版，第3204页。

② （宋）朱弁：《曲洧旧闻》卷五，中华书局2002年版，第155页。

③ （宋）苏轼：《苏轼全集》文集卷六十九，傅成、穆俦标点，上海古籍出版社2000年版，第2179页。

④ （唐）张彦远：《法书要录》卷三，《文渊阁四库全书》本。

诣，如今人有云："秦观的书法作品以文章本身的意境为主要取向，突破历代以来以书写法度为主的书法风气，将文章本身艺术特质放大巧妙地与作品相融合"，"不失大家的风范"，"笔墨当随时代，我们都把秦观书风看作是中国书法发展历史中的一座丰碑……这样的丰碑在当今社会绝难再现，也无法超越……"①

三

元符三年（1100）正月，哲宗驾崩，皇弟端王赵佶即位，是为徽宗。新皇登基，大赦天下，百官进秩一等。徽宗深感党派之纷争难平，为巩固统治，开始以调停的姿态对待新、旧两党，宣布实施不偏不倚的政治策略，此前被逐的元祐旧党人物开始获准内迁。二月，秦观诏移英州。四月，又诏移衡州。虽然此时秦观仍滞留雷州，未及动身，但政治风向的转变，使他的命运也开始向好。就在这种境况下，秦观迎来了与恩师苏轼的海康相会。

前文已提及，当时秦观与恩师苏轼一居雷州，一居儋耳，隔海相望，秦观每有诗书，辄因便寄予苏轼，苏轼亦累有回复。元符三年（1100）四月，秦观有书信寄给苏轼。王文诰《苏诗总案》卷四十三载："四月，得秦观书。"注云："本集《与秦太虚书》云：'近累得书教，海外孤老，志节朽败，何意复接平生钦友。伏阅妙迹，凛凛有生意。幸甚幸甚。'"②秦观原信已佚，不可复见，据苏轼回信可知秦观是听闻苏轼可能北移廉州的消息后，特意修书给苏轼的，他在信中除了告知苏轼将移廉州的消息外，还谈到了范祖禹去世一事。范祖禹与秦观是儿女亲家，范祖禹的儿子范温（字符实）是秦观的女婿。范祖禹当年曾与苏轼同为翰林学士，绍圣以后连续被贬，他曾在雷州迎候苏轼，而于元符二年（1099）十月卒于化州贬所。苏轼在回信中对范祖禹的离世甚为伤悼，"言之泪落不已"，又询问秦观听到的自己将移廉州的消息是否确切，说如果消息属实，自己也需半个月准备才能成行，并希望能与秦观见面，"前所闻果的

① 戴干明：《论秦观书法对当代书法研究影响》，《大家》2010 年第 15 期。

② 徐培均：《秦少游年谱长编》，中华书局 2002 年版，第 574 页。

否？若信然，得文字后，亦须得半月乃行。自此径乘蛋（蜑）船至徐闻出路，不知犹及一见否？"①

六月，苏轼又有书信寄给秦观。《淮海先生年谱》云："五月，下赦令迁臣多内徙。苏公量移廉州，寓书来云：'顷得移廉之命，治装十日可办，但须得泉人许九船，即牢稳可恃。余蜑船多不堪。而许见在外邑未还，须至少留待之，约此月二十五六间方可登舟。并海岸行一日，至石排，相风色过渡，一日至递角场。但相风难克日耳。有书托吴君，雇二十壮夫来递角场相等。若得及见少游，即大幸也。'"② 苏轼在信中明确说大赦移廉的朝命已经正式下达，十余日之后即可出发，已经托朋友安排渡海的船只并雇脚夫，再次期待能与秦观相见。

后来事态的进展超过了苏轼的预期，他原先预计"约此月二十五六间方可登舟"，而实际他得以提前数日登船，六月二十日即已渡海，并写下其名作《六月二十日夜渡海》："参横斗转欲三更，苦雨终风也解晴。云散月明谁点缀，天容海色本澄清。空余鲁叟乘桴意，粗识轩辕奏乐声。九死南荒吾不恨，兹游奇绝冠平生。"③ 全诗表现了他面对不幸与磨难，坦然处之、矢志不渝、九死不悔的倨傲之心和旷放通脱的阔大襟怀。

渡海后苏轼在递角场登岸。递角场所指何地，一向不明，张学松先生撰文对此详加辨考，认定递角场即当时的徐闻县治"隶角场"，在今徐闻角尾湾五里乡芒海村一带，海上丝绸之路始发港汉三墩即在此。此处与对面海南的澄迈（苏轼渡海时南岸渡口）基本处于南北垂直线上，距离最近。④

在徐闻稍事休整后，六月二十五日，苏轼与秦观在海康（雷州治所）晤面。关于师生晤面的地点为什么在海康而不是在徐闻，张学松先生言："按理，秦观该到徐闻亲迎苏轼，从苏轼'困厄多畏'的思想看，可能拒绝了秦观此举。"⑤

① （宋）苏轼：《答秦太虚七首》之七，《苏轼全集》文集卷五十二，第1738页。

② （清）秦镛编，秦瀛重编：《淮海先生年谱》，《宋人年谱丛刊》第5册，第3205页。

③ （宋）苏轼：《苏轼全集》文集卷四十三，傅成、穆俦标点，上海古籍出版社2000年版，第541页。

④ 张学松、彭洁莹：《苏东坡雷州行迹考辨》，《文学遗产》2011年第4期。

⑤ 同上。

关于此次晤面的情景，苏轼文中有明确载录："庚辰岁（按即元符三年）六月二十五日，予与少游相别于海康，意色自若，与平日不少异。但自作挽词一篇，人或怪之。予以谓少游齐生死，了物我，戏作此语，无足怪者。"（《书秦少游挽词后》）①

《淮海先生年谱》云："至六月二十五日，苏公与先生相会于海康，先生因出自作挽词呈公，公抚其背曰：'某尝忧逝，未尽此理，今复何言。某亦尝自为志墓文，封付从者，不使过子知也。'遂相与啸咏而别。"②

从以上所引不难看出，此次师生晤面给苏轼留下印象最深的，是秦观在晤面过程中曾向苏轼出示一篇《自作挽词》。秦观在挽词中详尽描绘了自己"茹哀与世辞"的情景："官来录我橐，吏来验我尸。藤束木皮棺，藁葬路傍陂。家乡在万里，妻子天一涯。孤魂不敢归，惴惴犹在兹……"人都有恋生惧死的本能，故常人一般不愿言及生死之事，视"死"、"尸"、"葬"等字眼为忌讳，而秦观却不同于常人，人尚在世，而自作挽词，且将死后录橐、验尸、入棺、下葬等情景一一描述，这不能不令人感到惊悚，故而"人或怪之"，而秦观本人却异常平静，"意色自若，与平日不少异"。只能说，一贬再贬，历经劫难，痛无可痛，此时的秦观已然看透人生、勘破生死、不觉其痛，所以苏轼谓其"齐生死，了物我，戏作此语，无足怪者"。话虽如此，苏轼也明白，不是心中痛苦至极之人，断不能此，他为秦观内心之至痛而痛心，不禁为他的心理状态深深担忧，他轻抚其背，轻言相劝："我也曾经有过与你相似的想法和行为，也曾为自己写好了墓志铭，只不过我不想让过儿感到惊骇和伤心，没有让他知道此事，只是悄悄封好交给身边的人。"听了恩师的劝慰，秦观心下稍安，师生二人尽诉别情、感慨唏嘘，最后啸咏而别。

苏轼劝慰秦观时说自己"亦尝自为志墓文"，所指应当非虚，他先前贬迁儋耳时曾写信给朋友王古说："某垂老投荒，无复生还之望，昨与长子迈诀，已处置后事矣。今到海南，首当作棺，次便作墓，乃留手疏与诸子，死则葬海外……生不挈家，死不扶柩，此亦东坡之家风也。"

① 《苏轼全集》文集卷六十八，第2155页。

② （清）秦镛编，秦瀛重编：《淮海先生年谱》，《宋人年谱丛刊》第5册，第3205页。

（《与王敏仲十八首》之十六）[①] 信中所表现出来的情感与秦观《自作挽词》颇为相类，且明确提到“留手疏与诸子”，所留“手疏”中或即有“志墓文”。

令人没有想到的是，师生二人的此次晤面，竟成了两人的最后一面。期盼已久的重逢，竟成生死永诀！

四

与苏轼分别不久，秦观接到朝廷诏命，恢复了宣德郎的身份，准予放还。于是，秦观于七月间启程离开海康，踏上北返之路。经容州，过横州，一个多月后到达藤州（今广西藤县）。

宋代的藤州与雷州一样，属南夷化外之地，但它地理位置特殊，是连接两广、湘桂的交通要路，唐宋以来的南贬文人很多都曾寄寓藤州，苏轼就曾不止一次经由藤州。秦观到达藤州以后曾稍作停留。由于天气溽热，路途辛劳，加之长期的流徙生涯损害了秦观的身体健康，秦观至此“伤暑困卧”，[②] 但因此次经由藤州是遇赦放还，秦观心情不错，所以强撑病体，出游赏景，还作有《江月楼》、《流杯桥》、《玉井泉》、《光华亭》等几首诗。

八月十二日，秦观在藤州光华亭饮酒赏景，醉后小憩，醒后口渴索水，水至而逝。《淮海先生年谱》云：“先生遂以七月启行而归，踰月至藤州，尚无恙。因醉卧光化（华）亭，忽索水饮，家人以一盂注水进，先生笑视之而卒。实八月十二日也。”[③] 秦观自郴州南迁时，家眷未获同行，只有一老仆滕贵跟随，此处所谓的“家人”当即此仆。

《宋史·秦观传》中关于秦观之死的记载是：“徽宗立，复宣德郎，放还，至藤州，出游华光亭，为客道梦中长短句，索水欲饮，水至，笑逝之而卒。”[④] 这段记载中提到的长短句，是秦观贬居处州时因梦而作的一首词——《好事近·梦中作》：“春路雨添花，花动一山春色。行到小溪

① 《苏轼全集》文集卷五十六，第1846页。

② 苏轼《与欧阳元老一首》：“少游过容留多日，饮酒赋诗如平常……至藤，伤暑困卧，至八月十二日，启手足于江亭上。”（《苏轼全集》文集卷五十八，第1889页。）

③ （清）秦镛编，秦瀛重编：《淮海先生年谱》，《宋人年谱丛刊》第5册，第3207页。

④ （元）脱脱等：《宋史》卷四四四《文苑六·秦观》，第13113页。

深处，有黄鹂千百。飞云当面化龙蛇，夭矫转空碧。醉卧古藤阴下，了不知南北。”[①] 词写梦中出游的情景，始而意兴飞扬，终而物我两忘，颇为浪漫、奇诡，在醉卧古藤、不知南北的超逸、旷放背后，隐现秦观心中的忧苦与对现实的消极反抗。因词结语有“醉卧古藤阴下”之句，后人遂以为其死于藤州之谶，实为附会之说。

秦观猝逝的消息传开，士林震动，刚刚与秦观分手不久的苏轼哀恸不已，扼腕长叹，仰天悲呼：“哀哉痛哉，何复可言。当今文人第一流，岂可复得。”（《与欧阳元老一首》）[②]“哀哉少游，痛哉少游，遂丧此杰耶！”（《与范元长十三首》之十一）[③]“少游遂死于道路，哀哉！痛哉！世岂复有斯人乎？”（《答李端叔十首》之三）[④] 次年秋初，同为“苏门四学士”之一的黄庭坚有诗悼秦观：“闭门觅句陈无己，对客挥毫秦少游。正字不知温饱未，西风吹泪古藤州。”（《病起荆江亭即事十首》其八）[⑤]

一代才子，仓皇流徙，奔走南荒，猝死异乡，其情惨悲，实可哀痛。而对于雷州而言，秦观曾经的寄寓，随着时光的流逝逐渐衍化为一段文化传奇，广布人口，永久流传。

---

① 周义敢、程自信、周雷：《秦观集编年校注》，人民文学出版社 2001 年版，第 843 页。

② 《苏轼全集》文集卷五十八，第 1889 页。

③ 《苏轼全集》文集卷五十，第 1682 页。

④ 《苏轼全集》文集卷五十二，第 1740 页。

⑤ （宋）黄庭坚：《黄庭坚诗集注》，中华书局 2003 年版，第 520 页。

胡铨流寓雷州诗文探析*

钟嘉芳**

内容提要 在海外流人心中，雷州是重要的分水岭。他们南迁和北归经过雷州的心境在其人生中是特别的。胡铨在雷渡海时写下了压卷之作《雷州和朱彧秀才韵·时欲渡海》，诗歌格调昂扬、气貌不衰。8年后北归过雷时，为纪念修筑雷州城一事他写下了《筑雷州郡城记》，表现了忧国忧民的爱国情怀。其诗文是雷州人民宝贵的文学遗产。

关键词 胡铨 雷州 流寓 诗文 爱国情怀

胡铨（1102—1180）是南宋“中兴名臣”、文学家，爱国志士，庐陵“五忠一节”之一。他不仅是江西的历史名人，被评为“江西脖子最硬的人”，也是雷州半岛的历史文化名人，为“雷州十贤”之一。终其一生，他致力于抗金事业，为南宋朝廷主战派的代表人物。尽管为此半生贬谪岭海，受尽磨难，他依然铁骨铮铮，矢志不移。对其流寓人生，历来关注的热点是他在海南的生涯，而对其贬谪行驿的研究较少。雷州处于中国大陆的最南端，与被茫茫大海包围的海南岛相对，因此，雷州这一地域在海外流人心中是重要的分水岭。雷州为去往海南的必经之路，谪迁海岛的流人会有南迁与北返两次过雷的经历。基于雷州特殊的地理位置，他们两次的心态不可同日而语，往往通过创作抒发感慨，因此研究流人在雷州的创作具有一定的意义。胡铨流寓雷州作有一诗一文，分别写于南迁和北归时。

---

* 本文系广东海洋大学2014年度人文社科研究项目《胡铨流寓雷州研究》阶段性成果之一。

** 作者简介：钟嘉芳，广东海洋大学文学院讲师。

一　崎岖天涯万里路，澹庵渡海意气发

（一）胡铨贬谪到海南的历程

胡铨被贬海南的基本原因是，他以天下苍生为己任，“铁肩担道义，妙笔著文章”，忠直作文进谏，触怒了当权者秦桧。而根本原因是宋室朝廷主战派与主和派矛盾斗争无法调和的结果。

绍兴八年（1138），宋金谈判议和期间，枢密院（主要管理军事机密及边防等事）编修官胡铨秉承“文死谏，武死战”的气节，冒死抗诏上书《戊午上高宗封事》，请斩误国奸佞秦桧、王伦和孙近。这篇“斩桧书”威震天下，当时奉为“中兴第一，可与日月争光”。此文亦开启了胡铨的贬谪之旅。此书一出，无异成为讨伐当权主和派的战斗檄文，他立刻遭到秦桧的狠狠打击。秦桧以“狂妄上书，语多凶悖，意在鼓众，劫持朝廷”[①]之罪，将他编管昭州（今广西平乐县）。胡铨的忠肝义胆，使得朝臣纷纷营救。秦桧迫于公论，又因宋太祖曾有“不杀士大夫和言事者”的遗诏，对他从轻处置，将其降职贬到广州监盐仓，第二年任福州签判。

胡铨虽遭贬谪，但对气焰嚣张的秦桧从不低头，誓与奸臣抗争到底。绍兴十一年（1141），在抗金战场上捷报频传、金兵节节败退之时，丧权辱国的绍兴和议被签订。胡铨义愤填膺，再次上书谴责秦桧的误国。绍兴十二年七月，在秦桧的授意下，他的亲信罗汝楫弹劾胡铨。胡铨被除名，以“饰非横议”之名被押送新州（今广东新兴县）编管。编管，指把有罪的官吏谪放远方州郡，除名勒停，不刺面，不服役，编入该地户籍，并由地方官吏加以管束。

在新州，胡公一住就是六年。他命名其室“澹庵”，潜心著述，作易传、拾遗十卷。由于是“罪臣”，没有自由，动辄得咎，他的一举一动受到地方官员的监视。绍兴十八年（1148）十一月，新州守臣张棣上奏秦桧攻讦胡铨“不自省循，与见任寄居官往来唱和，怨望朝廷，鼓唱前说，殊无忌惮”，[②] 指责胡公没有自我反省，好好改造，反而在与人唱和的诗歌当

---

① （清）厉鹗：《宋诗纪事》，上海古籍出版社 1983 年版，第 1099 页。

② 同上。

中肆无忌惮地怨刺朝廷。

秦桧知道后更加恼怒，把他下放到更为偏远的吉阳军（今海南三亚）编管。

（二）气貌不衰的渡海诗

胡铨此行备受种种磨难，历尽千辛万苦。绍兴十八年（1148）十一月，他从新州起程，到雷州渡海，于绍兴十九年（1149）正月在澄迈县通潮驿（今老城镇）登岸，历时三个月。雷州到海南，乘船只需一天一夜，《舆地纪胜》称朱崖与徐闻对渡，“北风举帆，一夕一日而至”。① 胡铨到达雷州的时间约在1148年12月底或是1149年1月初。《宋诗纪事》记载：“棣选使臣游崇部送，封小项筒过海。铨徒步赴贬，人皆怜之。”② 新州守臣张棣是秦桧的爪牙，他命令一位名叫游崇的牙校（低级武官）押送。宋代押解流人的执法比较苛刻：流人戴枷锁上路，除有病需要医治才免去枷锁。全程有兵士或将校押送，逐州递送，沿途不得耽误。据《胡忠简公年谱》载：“张棣择一牙校游崇者送公，至半途，临大江，崇拔剑而前。公色不动，徐曰：‘棣尝谓送某至吉阳军者赏，尔不爱赏乎？’崇笑而罢。”③ 押送的途中，游崇试图打劫他，想从中捞点油水。胡公临危不惧，用智慧不动声色地劝阻，游崇最终讪笑罢手。可推知，押送途中他免不了受到差役的呼呼喝喝，甚至可能遭到打骂。在寒冬腊月的季节，胡公一路身戴枷锁，沐风栉雨，徒步行走到雷州。他面容沧桑，憔悴不已，狼狈不堪，路人见了莫不表示同情。

胡铨来到雷州，他得到了“敬贤如师，疾恶如仇”的雷州人民的景仰，诚如《海康县续志·流寓志序》所言：“君子至雷，雷人士仰之若祥云，慕之如威凤，授餐假馆奔走无数，甚且畏罍尸祝倚以为重。”④ 自从胡铨被贬后，“一时士大夫畏罪箝舌，莫敢与立谈”（岳珂《桯史》），士大夫们畏惧秦桧的淫威，害怕引祸上身，人人自危，更别提替他奔走说情。

① 王象之：《舆地纪胜》卷134，中华书局1992年版。

② （清）厉鹗：《宋诗纪事》，上海古籍出版社1983年版，第1099页。

③ 胡嚣：《胡忠简公年谱》卷2，1945年版，第13页。

④ （清）刘邦柄修，（清）陈昌齐纂，梁成久纂修，陈景棻续修：《嘉庆海康县志 民国海康县续志》卷8，上海书店出版社2003年版，第190页。

又“胡公铨上书请剑，欲斩议者，得罪权臣，窜谪岭海，平生亲党，避嫌畏祸，唯恐去之不速”（蔡戡《芦川居士词序》），甚至连亲朋好友为了明哲保身，也与他划清界限。因为已有前车之鉴，凡是与他接触的，被视作同党，纷纷遭了殃。将胡公“斩桧书”刻板印刷传播的进士吴师古被贬到袁州。胡铨贬谪广州，同僚陈刚中撰写启事以祝贺，为他送去慰藉，最终被贬到江西赣州安远县做县令，不久因为感染疾病而死于任上。胡公被贬新州时，同乡挚友王廷珪写诗歌《送胡邦衡之新州贬所》为他送行，那是两首充满磊落之气、哀而不伤、让人感到大义凛然的送别诗。秦桧忌恨，将王廷硅“坐以谤讪”的罪名流放辰州（今湖南沅陵）。好友张元干也激于义愤，不顾个人安危，前来福州为他饯行，并奋笔成书，写下了著名的爱国主义词篇《贺新郎·送胡邦衡待制赴新州》。张元干因此受到削职除名的处分，被捕下狱。鉴于此，全身远祸，是人之常情。更有甚者，为了讨好当权者，一些官吏不遗余力地搜罗胡公的“罪证”。他们找到证据即如获至宝，甚至不惜放大构成诬陷，向上级阿谀谄媚，以此获得升迁的资本。但也有例外，雷州的知军事王趯为人慷慨仗义，富有正义感，他同情那些受到打击迫害，远离中原，跋涉万里流放或经过此地的“罪臣”，通常都向流寓者施以援助之手。“至雷州，守臣王趯廉，得崇以私茗自随，械送狱。厚饷铨……海上无薪粲百物，趯辄津置之，其后卒以此得罪。”①他钦佩胡公的气节，目睹了胡公受到差役折磨的遭遇，要惩治那些作恶多端的爪牙。他以游崇走私茶叶为借口，将其逮捕、下狱。他还上书奏请派别的差役护送胡公过海。他款待胡公，给胡公乘坐的渡船添置薪柴、上好的大米等必需的生活物品。世道普遍人心不古，王公的古道热肠不知温暖了多少饱受世态炎凉的流人！“公道自在人心”，雷州人民及当地官员的敬重、热心照顾给他带来了融融的暖意，也使他的意志更加坚定。

在雷州准备渡海的这段时间，胡铨见到了朱彧秀才。朱彧，字无惑，北宋乌程人。仕履无考，年轻时一直随父亲朱服仕宦四处游历。晚年居湖北黄冈，自号“萍洲老圃”，作有笔记体《萍洲可谈》一书。② 也许是旧

① （清）厉鹗：《宋诗纪事》，上海古籍出版社 1983 年版，第 1099 页。

② 李伟国：《萍洲可谈点校》，见钟仲联《中国文学大辞典》，上海辞书出版社 2000 年版。

识，也许是朱彧仰慕胡铨的壮举特地赶来相见，也许是朱彧漫游雷州恰好相遇。时朱彧已是耄耋之年，他阅历丰富，见闻广博，二人相谈甚欢，相逢恨晚。渡海前，朱彧为胡公饯行。那天傍晚，天气晴朗，夕阳西下，海风凛冽，二人诗酒酬唱，借酒消胸中块垒，驱赶了寒冬的冷意。由于朱彧曾到南海见过苏轼，他以苏轼为成功的范例开解胡铨，胡公深受鼓舞。朱彧的诗已查无可考，但胡公的唱和诗却留存下来：

何人着眼觑征骖，赖有新诗作指南。
螺髻层层明晚照，蜃楼隐隐倚晴岚。
仲连蹈海齐虚语，鲁叟乘桴亦谩谈。
争似澹庵乘兴往，银山千叠酒微酣。

《雷州和朱彧秀才韵·时欲渡海》这首诗在宋人的许多典籍里都有记录，在宋代诗坛上是一篇不可多得的佳作。

该诗文采斐然：一是写景壮阔，画面优美。傍晚的夕阳映照着海边的山，大海与山峦隐隐被晴空的雾气笼罩着。把雷州地区的丘陵比作螺壳式的发髻，比喻新奇。柔美的海天山色与浓厚的相聚气氛是如此的和谐。二是寓情于景，情景交融。诗歌含有丰富的象征意义，大海“银山千叠”的惊涛骇浪象征着人生的险恶，暗示着未来难以预料，前途吉凶未卜。同时，浩瀚的大海涤荡胸怀的忧愁，容易激发人的浩然正气，博大情怀。胡铨乘酒兴看海，大海成了他精神的寄托，既预示着放逐的忧患，又承载着对苦难人生的慰藉，乐以自宽。三是对仗工整、用典精切。“仲连蹈海齐虚语，鲁叟乘桴亦谩谈”，其中“仲连蹈海”是指战国时期齐国名士鲁仲连，他在秦国围困赵国国都邯郸的背景下，劝阻赵平原君不向秦国称臣，否则他宁愿蹈东海而死，表示宁死而不受强敌侮辱的气节和情操。“鲁叟”指孔子，孔子说过：“道不行，乘桴浮于海。”意为，理想不能实现，他就乘上木筏飘然过海去推行。胡铨借典故以自况，他想向鲁仲连那样誓死效忠国家，向孔子那样矢志不渝地实现报国的理想。如今一切成空，抒发了君王昏庸，奸佞当道，忠臣见弃，报国无门的苦闷。周必大曾评价胡铨的诗赋：“尤刻意诗骚，用事深远，措词奇崛。"① 此诗用典恰到好处，显示他深厚的文学功底。

然而奠定此诗在诗坛地位的重要因素是诗歌格调昂扬，气势豪迈。流人的情绪一般比较低沉，但此诗却"气貌不衰"，锐气未减，依然充满抗争的斗志。鲁迅先生说过："真的猛士敢于直面惨淡的人生"，胡铨就是那位猛士，一直与当权者对抗，敢于直视人生的磨难。"何人着眼觑征骖"是反问句，"何人"暗指当权得意小人，他们正睁眼等着目睹"我"这个逐臣的痛苦，但"我"偏不如他们的意。"赖有新诗作指南"，"我"用诗歌明志，作为前进的指南，绝不与他们同流合污。哪怕未来的处境更加险恶，我依旧怀着愉悦的心情欣赏征途的风景。尽管理想成为泡影，"我"略带感伤，但很快这种感觉一扫而空。俱往矣，"银山千叠酒微酣"，"我"微微酒酣，万丈豪情地欣赏着波涛汹涌的大海。诗歌抒情豪迈，表达了作者九死不悔的精神以及旷达豪放的胸襟，又是一面向政敌开炮的旗帜，堪称胡铨的压卷之作！

二　八年浮海一身轻，雷州城头留墨宝

海南是中国最偏远的蛮荒区域，历来被统治者作为贬谪罪臣之地。流放海南是最严厉的处罚，海南被人们视为不祥之地。唐朝被贬宰相杨炎对此地曾有"崖州在何处？生渡鬼门关"之说，把崖州比作"鬼门关"。

胡铨在海南生活了八年，这在宋代贬谪琼岛的文人当中是历时最长的。八年的艰难险阻没有磨平他的棱角。绍兴二十五年（1155），秦桧病死，54岁的胡铨得诏北归迁回衡阳。面对人生春天的到来，他悲怆地写道："阁下大书三姓在，海南唯见两翁还。"（《哭赵鼎》）一方面以极其沉痛的心情悼念在此逝世的故友赵鼎，另一方面流露出得以生还而悲喜交集的心情。

十二月北返时胡铨又经雷州。时值雷州城外城竣工，受到郡守朝奉郎赵伯桯的邀请，他登上巍峨耸立的雷州城头，饱览了雷州的胜景。听着郡守对修筑雷州城历史的介绍，他欣然应命写下了记事文《筑雷州郡城记》。这篇文章已经成为宋代雷州修城史的经典记叙。在记载宋代雷州城的历史

① （宋）周必大：《资政殿学士赠通奉大夫胡忠简公神道碑》，文渊阁四库全书《澹庵文集附录》，上海人民出版社 1999 年版。

文献里，几乎都是引用了此文的叙述，它具有重要的史料价值。

《筑雷州郡城记》行文古朴典雅，以纪年之法，叙事有条不紊，记叙如下：

1. 叙述了修城的原因。雷州原有内城，绍兴八年（1138），海寇陈旺乘着涨潮长驱直入雷州城南郊，烧杀抢掠，无人能抵御。绍兴十五年，右朝散郎王趯基于此事的深刻教训，决定修筑外城加强防卫。

2. 记叙修城的经过。雷州外城的修筑由历任三位官员的努力才得以完成。先是绍兴十五年，王趯作了创建外城的规划，依附旧城修筑外城，作女墙、辟四门。工程未完，王趯由于善待流人的罪名而被调走。绍兴二十二年（1152），右承议郎黄勋为代郡守，他以土基建筑不坚固，改用砖石结构。第二年南北城墙完工，他又调走。绍兴二十五年（1155），郡守赵伯柽遵循旧规，完成了西北壁、东壁、东北壁的工程，其中东北壁是堑山削成。至此，雷州外城完全竣工。1985 年，在修建雷州市南城环城路时，出土了 40 块印有“绍兴修城官砖”的铭文砖，见证了那段修城的历史。

3. 阐发修城的意义。“尝登高以望，雉堞隐然，虽古所谓矗若长云，屹若断岸，殆不能远过。真一时之壮观，千古之弘规也，顾不伟哉！”胡铨赞扬了新城墙雄伟壮观、规模巨大、城池完备，固若金汤。接着他进一步指出修城的意义，“民获奠枕，优游怡愉”，能够发挥军事防御作用，保民平安，人民据此安居乐业。

4. 颂扬赵伯柽等官员的功绩。他在文末议论道：“窃尝谓人之立事，无不锐于始，至其中则少驰，卒而漫涣不振者多矣。”人们做事多虎头蛇尾，贵在有始有终。没有王趯、黄勋、赵伯柽三位官员前仆后继的努力，就没有“矗若长云，屹若断岸”的雷州城。他盛赞赵公等地方官吏能心忧百姓，急民之所需，此举“泽被天下，虽古名臣可跂及也”。人们评价胡公的序传跋记“时而纵横恣肆，时而萧疏雅淡”，[①] 该文有“平淡萧疏”这个特点，叙事简明，结构完整，简约自然，议论精辟。

值得赞赏的是此文展现了胡公宽广博大的胸襟、忧国忧民的爱国情

① （清）符乘龙：《符乘龙序》，文渊阁四库全书《澹庵文集附录》，上海人民出版社 1999 年版。

怀。在胡铨结束了8年贬谪琼岛的生活、再次踏上北归之路的背景下，该文没有流露出丝毫有关个人得失的主观情感，相反却是赞扬郡守为百姓所做出的政绩。8年前他从雷州渡海时写下的诗歌《雷州和朱彧秀才韵·时欲渡海》也是一样，“仲连蹈海齐虚语，鲁叟乘桴亦谩谈”，他最多只是感叹报效国家的理想未能实现，并没有过多考虑未来的苦难生活，没有表现出对个人命运的悲观意识。“穷则独善其身，达则兼济天下”，但胡铨无论在逆境还是顺境当中，他忧虑更多的是国事，关心国计民生，个人的进退与生死倒在其次。这与范仲淹《岳阳楼记》抒发的情怀是一致的：“居庙堂之高则忧其民；处江湖之远则忧其君……先天下之忧而忧，后天下之乐而乐……”

自胡公去世至今已有900年，雷州城建有纪念他的祠堂，在今天雷州市西湖公园内的十贤祠中有其一席之位。胡铨寓雷创作的诗文成为当地珍贵的历史文化遗产，光昭史册！

苏东坡的流寓人生与文学研究

苏轼岭南流寓诗的异国别解

——以日本汉籍《四河入海》为例

蔡　毅*

内容提要　关于东坡诗的注释，古今甚多，另立新说，已颇为不易。但日本五山禅僧的苏诗注本《四河入海》，以其“异域之眼”，独具机杼，屡有胜解，为苏诗注释别开生面。本文即依据《四河入海》，对苏轼晚年流寓岭南时的两首诗试作重新阐释，以期引起对日本古代的中国典籍注本的关注。

关键词　苏轼　岭南流寓　日本汉籍　《四河入海》

东坡诗注，古来夥矣，近刊张志烈、马德富、周裕锴主编的《苏轼全集校注》（全20册），① 堪称集大成者。然“诗无达诂”，文本阐释未可穷尽，而东坡诗的浩瀚广博，更提供了异说新解的无限可能性。在域外汉籍研究渐成“显学”的今天，如果瞩目传承中国文化历史悠久的东瀛，就可以发现，古代日本人有关中国典籍的大量注解评议，颇有助于我们开阔视野、获取灵感、启发思考，是一个有待开发的资料宝藏，一种可供“预流”的学术资源。本文拟参考日本五山时期的苏诗注本《四河入海》的解释，对东坡的岭南流寓诗谈一点不同的看法。

一　《四河入海》其书

现在可知苏轼著述最早传入日本的记载，是南宋理宗嘉熙四年

---

* **作者简介**：蔡毅，日本南山大学教授。

① 张志烈、马德富、周裕锴主编：《苏轼全集校注》，河北人民出版社2010年版。

(1240)入宋僧辩圆携归的数千卷中国典籍中的《注坡词》二册和《东坡长短句》一册(藏于京都东福寺普门院,此据后人所编目录,原书已佚)。此后苏诗在日本广为流传,研读苏诗也蔚然成风,且成果斐然。其中最值得注目的,是五山禅僧的苏诗注本《四河入海》。

《四河入海》共25卷,笑云清三(生卒年不明)编撰。因该书汇集了当时禅僧编写的四种苏诗注本:瑞溪周凤(1392—1473)的《脞说》、大岳周崇(1345—1423)的《翰苑遗芳》、桃源瑞仙(1430—1489)的《蕉雨余滴》(门生一韩智翃笔录)、万里集九(1428—?)的《天下白》,"譬诸江、河、淮、济之四渎,流入大洋者耶"(大痴贤谆跋),故名《四河入海》。日大永七年(1527)动笔,天文三年(1534)完稿,前后耗时八载。编者笑云清三的亲笔稿本现藏京都东福寺,庆长元和年间(1596—1623)刊行的古活字版25卷100册,现已有勉诚社的《抄物大系别刊·四河入海》和清文堂出版的《抄物资料集成》两种影印本问世,很容易看到。

该书是为日本人阅读苏诗编写的,且"四河"原来均为讲谈底本,故其最大的特点,应属"串讲",即不仅注出典故、语义、背景,还对全诗分段归纳,阐明题旨,对各句原意也细心揣摩,逐一读解,不厌其详,而这正是中国传统注疏往往不在意,甚至不屑为之的地方。笔者作为以苏轼研究专家山本和义先生为首的"读苏会"的一员,现正继承小川环树、山本和义合作编译的《苏东坡诗集》(4册,筑摩书房,1983—1990)的未竟之业,拟完成东坡诗的日语全译注。要作确切的日语翻译,理解上就不能似是而非,每句每字都必须"落到实处",这时《四河入海》便成为我们的"帐中秘本",除了五山禅僧特有的训读(日语的汉文读法)方式足资借鉴外,其句意阐释、章法点评的每有胜解,亦颇可补众多苏诗注本之不足。下面即以苏轼贬谪岭南时的两首诗为例,分别从词句释义和篇章解读的角度,略见该书异说别解之一斑。

二　句解之异——关于《用过韵冬至与诸生饮酒》

该诗元符二年(1099)冬至日,即十一月八日作于昌化军(儋州)。苏轼之子苏过《斜川集》有《己卯冬至儋人携具见饮既罢有怀惠许兄弟》诗,东坡乃用其韵。诗为五言排律,共32句,其开篇为:

小酒生黎法，干糟瓦盎中。芳辛知有毒，滴沥取无穷。冻醴寒初泫，春醅暖更醲。华夷两樽合，醉笑一欢同。

诗中的“华夷两樽合，醉笑一欢同”，曾被认为反映出苏轼有民族平等友好的认识，常被引用。而“小酒生黎法，干糟瓦盎中”，则被认为是如今海南特产“山兰米酒”特殊酿造法的现存最早记载。这些说法虽然有些牵强，但也不能说毫无依据，笔者的兴趣在于：“华夷两樽合”，“合”的到底是什么？

因为此处并无出典，历来注本均未作解释。《苏轼全集校注》解之为“碰杯饮酒”，这实属望文生义。酒席上碰杯习惯的由来，有古希腊、古罗马、爱尔兰乃至日本等多种起源说，唯独没有中国，在中国古代典籍中，也找不到相关的记载，所以这一解释不能成立。既然“两樽合”不是指两个杯子相碰，“合”就只剩下一种可能性：杯中之酒的“合”。且看《四河入海》诸家之说：

“华夷”——脞云：盖言华酒与夷酒也。

“华夷”——白云：华，京酒也。一说此云以京酒酿造之法，而事酿造。(该条原文日文)

“合”——白云：续翠云，非杂合也。或说云杂合也。

“华……醉……”——一云：言黎酒乃夷中酒，又持京华与之相杂，乃有此合酒，饮之则同欢。(该条原文日文)

四家中有三家（瑞溪周凤《脞说》、万里集九《天下白》、一韩智翃笔录《蕉雨余滴》）认为，“两樽”分指“华酒”（京酒）和“夷酒”，即汉人之酒和黎家之酒，只不过在“合”是不是“杂合”的理解上略有差别［“续翠”为江西龙派（1375—1446）之号，作有东坡诗讲释书《天马玉（津）沫》（已佚），万里集九《天下白》引用“续翠”两种对立的意见，可知他对是否“杂合”并无定见］，大岳周崇的《翰苑遗芳》则没有发表意见。按所谓“杂合”，当或指杯中之酒相掺和，或指同时喝不同的酒。窃以为从中国传统的饮酒习惯来看，把“华夷”两种酒互相掺兑，如同现今西方人的调制鸡尾酒，可能性非常小，“两樽合”应该理解为两种酒都端上了桌面，与座者随意取之，一起畅饮。如果此说能够成立，前面六句的意蕴也就迎刃而解了。《宋史》卷一八五《食货志下七》云：“自春至秋，酤成即鬻，谓之小酒”，“腊酿蒸鬻，候夏而出，谓之大酒”。此诗开头四句，是写黎家的“小酒”，即“夷酒”，其独特的酿造方法，是把“干糟”直接浸泡在“瓦盎”之中。《太平寰宇记》卷一六九“儋州”云：“酝酒不用麹蘖，有木曰严树，取其皮叶，捣后清水浸之，以粳酿和之，数日成酒，香甚，能醉人。又有石榴，亦取花叶，和酝酿之，数日成酒。”这种用植物皮叶制成的“干糟”，气味芳香而辛辣，带有毒性，操作须谨慎从事，使之慢慢“滴沥”流淌，乃可取之无穷。第五、六两句“冻醴寒初泫，春醅暖更饛”，乍看似乎顺承前文，进一步描写黎家“小酒”的制作过程，其实对作者的遣词造句细加品味，就可以看到，这里的“冻醴”、“春醅”等显得高雅华贵的字眼，与上文“干糟”、“有毒”等略带贬抑的氛围有别。由“寒”到“暖”，也显然说的是季节，与前引由“腊”至“夏”相合，故作者应当另有所指。也就是说，第五、六句并非前四句的直承，而是一个逆接，作者笔锋一转，另述汉人的“大酒”，即“华酒”（京酒）的酿造方法：冬天着手酿制时，因为气候寒冷，最初只是约略渗出一点汁液，到了春暖花开的季节，酒浆便沛然涌出，满溢横流。《苏轼全集校注》解“冻醴”为“冷酒”，“春醅”为“泛指美酒”，皆囿于旧说，失之皮相。因为这样解释，并不能坐实诗意：“美酒”若指黎家“小酒”，则与“有毒”格格不入，若非承前，则又横生枝节，突兀生硬，令人不知所云。由此，我们也更能感知《四河入海》细说详解之可贵。

此外，即便是对诗的史实背景，远隔重洋的五山禅僧们也并不隔膜。该诗后半四句：

> 河伯方夸若，灵娲自舞冯。归途陷泥淖，炬火燎茅蓬。

包括《苏轼全集校注》在内的古今各种注本，只对“河伯”、“夸若”、“灵娲”、“冯夷”等典故作解，而完全忽略了苏轼为什么要罗列这些涉及“水”的神灵。对此《四河入海》的解释是：

"河伯"——脞云：此以下二句，盖言时有大水，故河伯夸而冯夷舞也。

"归途"——脞云：此以下二句，盖坡言时与诸生饮，归途陷泥淖，以有大水也。

"河……灵……"——一云：该二句曰此时发大水。河伯乃水神。河伯逢北海若，夸曰无如我者。又灵娲鼓瑟而冯夷起舞，冯夷亦水神。言因大水，水神并出。（该条原文日文）

四家中有两家（瑞溪周凤《脞说》、一韩智翃笔录《蕉雨余滴》）注云当时有"大水"，所以"水神并出"，值得注意。五山禅僧饱读经史，对中国文化顶礼膜拜乃至亦步亦趋，且距东坡时代仅隔四百余年，较之现今，其所见资料更为丰富，生活实感也更为接近，故"大水"之说当非无中生有，必有所据。遗憾的是，笔者现在尚未找到元符二年（1099）十一月初昌化军发生水灾的确凿历史记录，故于此聊备一说，冀本地学者有以教之。

三　篇解之异——关于《正月二十四日，与儿子过……》

该诗绍圣二年（1095）正月二十四日作于惠州，题为《正月二十四日，与儿子过、赖仙芝、王原秀才、僧昙颖、行全、道士何宗一同游罗浮道院及栖禅精舍，过作诗，和其韵，寄迈、迨一首》。轼之子苏过《斜川集》有《正月二十四日侍亲游罗浮道院栖禅山寺》诗，东坡乃用其韵。诗为五古，共28句，写与儿子苏过及当地友人同游罗浮山道观禅寺时的所见所感，内容并无特别难解之处，值得注意的是最后四句：

寄书阳羡儿，并语长头弟。门户各努力，先期毕租税。

"阳羡儿"指长子苏迈，阳羡为宜兴旧称，苏轼于此地置有田产。"长头弟"指次子苏迨，苏轼《赠上天竺辩才师》诗有"我有长头儿"句，语出《后汉书·贾逵传》："自为儿童，常在太学，不通人间事，身长八尺二寸，诸儒为之语曰：问事不休贾长头。"苏轼南迁，道贬惠州，不能举家同往，乃使苏迨从兄长留居宜兴，自己仅携三子苏过随行。对千里之外的爱子，苏轼叮嘱他们要各自努力持家，在规定期限之前交清租税。

从全诗内容看，这末尾四句凭空插入，横生波澜，似属“节外生枝”。诗从荒郊野岭的隆冬景色起笔，调侃道士，戏谑禅门，然后慨叹“嬉游趁时节，俯仰了此世。犹当洗业障，更作临水禊”，行文至此，苏轼固有的乐天精神，仍流贯其间，最后四句却突然对儿子们板起脸来说教，神态陡变，训诫有加，于通篇题旨甚为游离。对苏轼的这种“反常”之举，纪昀的解释是：

> 后四句乍读似不贯，细玩语意，乃言在此甚适，不必更以为念，惟应专力持门户、办租税耳。(《纪评苏诗》卷三九)

对苏诗时有苛评的纪昀，在这里颇为善解人意，说苏轼的用意，是要两个儿子放心，并好自为之。纪昀之解，可谓言之成理，但他就此止步，不再深究，显然未能读出苏轼言外的深心。

幸而东坡在东瀛尚有知音，且看《四河入海》的解释：

> “门户”——脞云：此以下二句，言我一门迈追辈各努力作农业也。蕉雪云：时谪居惠州，一向如农父，故教其子弟以不可缓农业也。向时岂有此语哉？可怜哉！
>
> “门户”——白云：此一联感慨之意，见于言外也。
>
> “门户”——一云：……此前可有此语？可怜也！感慨之意，见于言外。(该条原文日文)

四家中有两家（一韩智翃笔录《蕉雨余滴》、万里集九《天下白》）认为其间有苏轼难以言述的“感慨”，颇为“可怜”，而对苏轼过去并无此类言说的指摘，尤能发人深思。

苏轼一生多难，但他总是处之泰然，以幽默化解烦恼，用旷达排遣忧愁，而内心对节操的持守，则一以贯之。但惠州之贬，已是晚年，他对此生能否北还，其实并不乐观。人之将死，其言也善，在生命很可能终老之地，他时时牵挂的，是自己的骨肉至亲。他也许不希望儿子们重蹈自己因率性直言而屡遭坎坷的覆辙，也许在亲历社会底层生活后深有感悟，所以才在这首如同家书的诗中，看似语重心长，其实言不由衷地要他们“先期毕租税”，换言之，即安于农耕，乐于贫穷，做一个不“犯上”的老实人。

无独有偶，几乎与此诗作于同时的《龙尾石砚寄犹子远》，也透露了内中消息。诗为五律，具引如下：

> 皎皎穿云月，青青出水荷。文章工点（黑＋南），忠义老研磨。伟节何须怒，宽饶要少和。吾衰安用此，寄与小东坡（自注：远为人类予）。

“犹子”语出《礼记·檀弓上》，谓兄弟之子，此指苏辙之子苏远。苏轼将珍爱的歙砚之上品龙尾石砚（苏轼曾作《龙尾砚歌》，赞之无以复加）寄赠侄儿，并写了这首诗。颈联上句“伟节何须怒”，表面上用东汉贾彪（字伟杰）于兄弟三人中“最怒”（《后汉书·党锢传》“贾彪”条）即最强之典，实则妙用“伟节”与“怒”，意谓为人须折节息怒；下句“宽饶要少和”，也是明用西汉盖宽饶为人耿直、常犯上谏诤之典，实则妙用“宽饶”与“和”，意谓为人须宽容平和。《四河入海》看出了苏轼借砚喻人的良苦用心，故明确点出：

> “伟节”——脞云：此以下二句，盖坡戒远为人刚，不与世同也。
>
> “伟节”——白云：此一联教训远。

那么，苏轼为何要对侄儿如此谆谆告诫，几欲耳提面命呢？末句“自注”道出了个中缘由：“远为人类予。”原来他对自家子侄的担心，如出一辙，千叮咛，万嘱咐，合起来只有一句话：不要学我。

晚年的苏轼，对人生已大彻大悟。他于己不改初衷，依然从容大度地面对一切灾难，但对至亲的后人，却不得不违心地希求他们遵循现世规范，以保人生平安无虞。《四河入海》的五山禅僧们一再为之叹息的“可怜”，其所指或许在此。

以上仅就苏轼的两篇作品，介绍了日本汉籍《四河入海》的异国别解。其实该书独具慧眼、别出机杼的注释还有很多，入山寻宝，披沙拣金，且容作异日之卷。

（本文撰写承南山大学 2014 年度 PACHE 研究奖励金Ⅰ－A－2资助，谨致谢忱）

苏东坡对白香山的受容与超越

——咏梅诗的视角

陈才智*

内容提要 与白居易相比，苏轼对于梅花的审美独到全面。他笔下的梅花清冷孤傲、不屈不挠，具有梅格的同时，又不失人性的细腻。从咏梅诗这一视角看，苏东坡对白香山既有受容，又有超越，其超越是建立在受容基础之上的超越。而其超越的重要原因就在于，苏轼将梅花置于更为广阔的人生舞台上，将自己的人生际遇、宦途遭遇寄托在了梅花之上。其最大的超越处在于，将梅格与人品有机融合，使梅之高格逸韵，成为东坡范式的形象写真，并进一步将之升华为宋代文化淡雅精神的缩影。

关键词 苏东坡 白香山 咏梅诗

影响与接受之间的因果，或显或暗，有如水洒在地上，浸湿附近土壤是水的本性，但被浸湿的程度则既要看水的量多量少，也需要视土壤的情况而定。白香山之于苏东坡，就是一个很好的例子。

白苏相提并论，由来已久。宋人王直方（1069—1109）、洪迈（1123—1202）皆有“东坡慕乐天”之论，[①] 周必大（1126—1204）有“（东坡）

---

* **作者简介**：陈才智，中国社会科学院文学研究所研究员。

① 前者见《诗话总龟》前集卷九《评论门》五，《宋诗话辑佚》上册，第45页；后者见《容斋三笔》卷五，《容斋随笔》，上海古籍出版社2014年版，第474页。

独敬爱乐天”之评。[①] 明代袁宗道（1560—1600）更以白苏名其斋。而追根溯源，肇启白苏并论者并非他人，正是苏轼自己。这从接受史的角度看，是主动接受的个案。本文拟从咏梅诗的视角，探讨苏东坡对白香山的受容与超越。

梅花，内修外美，玉蕊香清，“自古承春早，严冬斗雪开”，[②]“梅须逊雪三分白，雪却输梅一段香”。[③]《尚书》、《诗经》中早有梅的描述，但仅取其实而已。《离骚》遍撷香草，然独不及梅。“梅花见于五言诗，自晋时始也。……至梁陈而大盛。”[④] 谢朓、鲍照、何逊、萧纲、庾信、陆凯都有咏梅名作传世。有唐肇兴，赋咏未辍，但梅花的幽姿为牡丹的绚丽所掩。至北宋，林逋结庐西湖孤山，梅妻鹤子。苏轼《书林逋诗后》称之“神清骨冷”，“高节”，“绝俗”。[⑤] 林逋《山园小梅》“疏影横斜水清浅，暗香浮动月黄昏”的诗句，曲尽梅之体态，唱出千古咏梅绝调。梅之高格逸韵，遂成为宋代文化淡雅精神的缩影。

梅花审美地位的发展，在中晚唐是个拐点。之前多偶然寄意，视之与其他诸花略同，此后则逐渐别立品题，单成一脉。宋人陈从古曾裒辑古今梅花诗八百篇，一一次韵，其自序云：“在汉晋未之或闻，自宋鲍照以下，

---

① （宋）周必大《二老堂诗话·东坡立名》：“白乐天为忠州刺史，有《东坡种花》二诗。又有《步东坡》诗云：‘朝上东坡步，夕上东坡步。东坡何所爱，爱此新成树。’本朝苏文忠公不轻许可，独敬爱乐天，屡形诗篇。盖其文章皆主辞达，而忠厚好施，刚直尽言，与人有情，于物无着，大略相似。谪居黄州，始号东坡，其原必起于乐天忠州之作也。”（《历代诗话》，第656页）据张海鸥《苏轼对白居易的文化受容和诗学批评》考证，周论在洪评［绍熙四年（1193）］之前。此后庆元五年（1199）己未，周必大《书曾无疑匹纸》亦云：“苏文忠公素慕白乐天之为人，盖二公文章皆以辞达为主，其忠厚乐施，刚直尽言，与人有情，与物无着，亦略相似。乐天为忠州刺史，作《东坡种花》二诗，又有《步东坡》诗云：‘朝上东坡步，夕上东坡步。东坡何所爱？爱此新成树。’文忠公中年谪黄州，偶因筑室，号东坡居士，尝赋八诗，其属意有自来矣。后为从官，羡乐天口之不置，如云：‘定似香山老居士，世缘终浅道根深。’又云：‘我似乐天君记取。’又云：‘出处依稀似乐天。’其他形于诗者尚多。”（《四库全书》本《文忠集》卷五十一平园续稿十一；重见于卷五十五）

② （唐）朱庆馀：《早梅》，《全唐诗》卷515，第15册，中华书局1992年版，第5889页。

③ （宋）卢梅坡：《雪梅》，（宋）陈景沂：《全芳备祖》前集卷一。卢梅坡，即卢钺，见王三毛《宋末诗人卢梅坡考》，《文献》2008年第1期。

④ 方回：《瀛奎律髓》卷二十，李庆甲集评校点：《瀛奎律髓汇评》中册，上海古籍出版社1986年版，第745页。

⑤ （清）王文诰辑注，孔凡礼点校：《苏轼诗集》卷25，第4册，中华书局1982年版，第1344页。

仅得十七人，共二十一首，唐诗人最盛，杜少陵才二首，白乐天四首，元微之、韩退之、柳子厚、刘梦得、杜牧之各一首。自余不过一二，如李翰林、韦苏州、孟东野、皮日休诸人，则又寂无一篇。至本朝方盛行，而余日积月累，酬和千篇云。”① 梅花审美地位的提升，无论是从数量看，还是从影响论，起到重要转捩作用的就是白居易。

白居易是多情之人，爱花是其多情的自然流露。其2700多首诗中，直接咏花的诗达110多首，具体有所指的花20余种。既有象征纯洁的白牡丹、白槿花、白莲花等白色之花，也有象征热情的红辛夷花、红樱桃花等火红明艳之花，更有傲霜斗雪、迎寒怒放的梅花。不像陶渊明仅爱菊，也不似陈子昂、张九龄独以兰若、桂华自比，乐天是爱花“不限桃杏梅”（《东坡种花二首》其一），“逐处花皆好”（《樱桃花下叹白发》）。

而引起苏轼留意的是白居易笔下的紫薇花。宋时杭州府治虚白堂前，有紫薇花两株，初传白乐天所植，苏子瞻守郡时，神宗尝书乐天紫薇花诗以赐之。② 苏轼《次韵钱穆父紫薇花二首》其一云：“虚白堂前合抱花，秋风落日照横斜。阅人此地知多少，物化无涯生有涯。”自注曰：“虚白堂前紫薇两株，俗云乐天所种。”另一首云：“折得芳蕤两眼花，题诗相报字倾斜。箧中尚有丝纶句，坐觉天光照海涯。”自注曰：“乐天诗云：‘丝纶阁下文章静，钟鼓楼中刻漏长。独坐黄昏谁是伴，紫薇花对紫薇郎。’上尝书此诗以赐轼。”（《苏文忠公全集》卷十八）钱穆父，指钱勰，字穆父，元祐初拜中书舍人，迁给事中，后曾知开封、越州等地。唐以来，中书省植紫薇花，历世循用之，不以为非。至宋代舍人院紫薇阁前植紫薇花，用唐故事也。③ 白居易笔下的紫薇花，除了上面苏轼后一首诗中自注所引《内直》，还有45岁在江州所作《见紫薇花忆微之》：“一丛暗淡将何比？浅碧笼裙衬紫巾。除却微之见应爱，人间少有别花（一作惜花）人。”④ 以及54岁在苏州所作《紫薇花》：“紫薇花对紫微翁，名目虽同貌不同。独占芳菲当夏景，不将颜色托春风。浔阳官舍双

① （宋）周必大：《二老堂诗话·程祁陈从古梅花诗》，《历代诗话》，第672页。

② 参见日本近藤元粹辑《苏诗记事》卷上。

③ 《苕溪渔隐丛话前集》卷二十一《香山居士》，引黄朝英《靖康缃素杂记》。

④ （唐）白居易著，朱金城笺校：《白居易集笺校》，上海古籍出版社1988年版，第992页。

高树，兴善僧庭一大丛。何似苏州安置处，花堂栏下月明中。”①

除了紫薇，杭州虚白堂前的牡丹，相传也是白乐天手植。② 因其与乐天的因缘，也曾引起苏轼留意。晚唐范摅《云溪友议》“钱塘论”一则，载有颇具传奇色彩的徐凝、张祜较文公案，开篇就事关杭州牡丹。本来杭州并无牡丹，长庆中，开元寺僧惠澄自京师乍得一株，始栽植于庭，谓之洛花。时春景方深，惠澄设油幕以覆其上，牡丹自此东越分而种之。徐凝《题开元寺牡丹》诗云：“此花南地知难种，惭愧僧闲用意栽。海燕解怜频睥睨，胡蜂未识更徘徊。虚生芍药徒劳妒，羞杀玫瑰不敢开。惟有数苞红萼在，含芳只待舍人来。”③ 张祜亦有《杭州开元寺牡丹花》诗：“浓艳初开小药栏，人人惆怅出长安。风流却是钱塘寺，不踏红尘见牡丹。”④ 白居易来到开元寺看牡丹花，乃命徐凝同醉而归。⑤ 那两句——“惟有数苞红萼在，含芳只待舍人来”，可谓是恰到好处的恭维。至宋代，杭州牡丹渐多，而吉祥寺独盛。苏轼通判杭州时，有《牡丹记叙》，其略云：“熙宁五年三月二十三日，予从太守沈公观花于吉祥寺僧守璘之圃圃中。花千本，其品以百数。酒酣乐作，州人大集，金盘彩篮，以献于座者五十有三人。饮酒甚乐，素不饮者皆醉。自舆台皂隶，皆插花以从，观者数万人。”可谓盛矣。⑥

但若论对苏轼最富启发的咏花诗品类，则首推咏梅诗。乐天咏梅诗，以出现在诗题而论，有四首。《和薛秀才寻梅花同饮见赠》：“忽惊林下发寒梅，便试花前饮冷杯。白马走迎诗客去，红筵铺待舞人来。歌声怨处微微落，酒气醺时旋旋开。若到岁寒无雨雪，犹应醉得两三回。”⑦ 这一首中，梅花还只是个引子，尚未占据全篇核心，从篇幅看，也还不如“饮”的分量重。

---

① 《白居易集笺校》，第 1623 页。

② 罗隐有《虚白堂前牡丹相传云太傅手植在钱塘》（《全唐诗》卷六六四）。

③ 《全唐诗》卷四百七十四，第十四册，中华书局繁体竖排本，第 5374 页。

④ 见尹占华《张祜诗集校注》，巴蜀书社 2007 年版，第 96 页。钱塘寺，一作钱塘守。

⑤ 《云溪友议》古典文学出版社版卷中，第 30—32 页；《丛书集成初编》本卷四，第 2832 册，第 24—26 页。

⑥ 见陈秀民（？—1389 年后）《东坡诗话录》，《丛书集成初编》本卷上。

⑦ 长庆二年（822），51 岁，杭州，杭州刺史。《白居易集笺校》，第 1348 页。

《与诸客携酒寻去年梅花有感》："马上同携今日杯，湖边共觅去春梅。年年只是人空老，处处何曾花不开。诗思又牵吟咏发，酒酣闲唤管弦来。樽前百事皆依旧，点检唯无薛秀才。（自注：去年与薛景文同赏，今年长逝。）"[①] 这一首中，梅花在全诗中的审美地位略有提升，正面描写梅花的篇幅，与饮酒各占一半。三四句："年年只是人空老，处处何曾花不开"，以人花相映，用颠倒之法，颇有杜少陵之笔意。

《忆杭州梅花因叙旧游寄萧协律》："三年闲闷在余杭，曾为梅花醉几场。伍相庙边繁似雪，孤山园里丽如妆。蹋随游骑心长惜，折赠佳人手亦香。赏自初开直至落，欢因小饮便成狂。薛刘相次埋新垄，沈谢双飞出故乡。（自注：薛、刘二客，沈、谢二妓，皆当时歌酒之侣。）歌伴酒徒零散尽，唯残头白老萧郎。"[②] 这一首中，梅花已是主角，正面特写已占到至少三分之二的篇幅。尤其是正面特写中收尾的一句——"赏自初开直至落"，为评家所激赏，许以"最佳"。[③] 明代高鹤《见闻搜玉》以此诗为代表，谓孤山梅花虽以和靖得名，然白乐天《〈忆杭州梅花因叙旧游〉寄萧协律》诗云云，则自唐已赏鉴矣。[④]

《新栽梅》："池边新种七株梅，欲到花时点检来。莫怕长州桃李妒，今年好为使君开。"[⑤] 已全篇句句写梅花，唯角度不同而已。

另外，还有一首《寄情》，其实也是咏梅诗："灼灼早春梅，东南枝最早。持来玩未足，花向手中老。芳香销掌握，怅望生怀抱。岂无后开花，念此先开好。"[⑥] 满含惜花之意，但并无怕花开早的惆怅。全首写因春梅早开引发的情思波动，娓娓道来，一一铺开，说得极纤细，极平淡，但令人有静观物理、因花悟道之感。

白居易还有一些咏梅诗句，如"春风先发苑中梅，樱杏桃梨次第开"。[⑦]

---

① 长庆四年（824），53 岁，杭州，杭州刺史。《白居易集笺校》，第 1384 页。

② 宝历元年（825），54 岁，洛阳，太子左庶子分司。《白居易集笺校》，第 1595 页。

③ 《瀛奎律髓》卷二十"梅花类"，李庆甲：《瀛奎律髓汇评》，第 784 页。

④ （明）高鹤：《见闻搜玉》卷四，明万历十九年夏越中函三馆雕本，中国社会科学院文学研究所图书馆善本室藏。

⑤ 宝历元年（825），54 岁，苏州，苏州刺史。《白居易集笺校》，第 1647 页。

⑥ 大和六年（832），61 岁，洛阳，河南尹。《白居易集笺校》，第 1519 页。

⑦ 《春风》，大和五年（831），60 岁，河南尹。《白居易集笺校》，第 1928 页。

"碧毡帐暖梅花湿，红燎炉香竹叶春。"① 或对比于樱杏桃梨，或相衬在竹叶炉香，点缀在全篇之中，皆气色难掩。

再来看苏轼的咏梅诗。苏轼与梅花的结缘，始于被贬黄州之后。从诗题上看，苏轼的咏梅诗有四十余篇，大都作于被贬黄州之后，占到其全部咏花诗的半数之多。这些"惜花未忍都无言"（《花落复次韵》）的歌咏，与白居易咏梅诗相较，已青出于蓝而胜于蓝，全无风花雪月，无病呻吟之感，往往融入诗人对坎坷经历的切身感触，而在这样的主题之下，诗人并未喧宾夺主，将梅花视作附庸风雅的点缀。梅花仍是诗中主角，咏物与抒情，描摹与寓意有机但却无形地结合于咏梅诗之中，令人叹为观止。其中《梅花二首》是代表上述特色的名作：

> 春来幽谷水潺潺，的皪梅花草棘间。昨夜东风吹石裂，半随飞雪渡关山。
>
> 何人把酒慰深幽，开自无聊落更愁。幸有清溪三百曲，不辞相送到黄州。

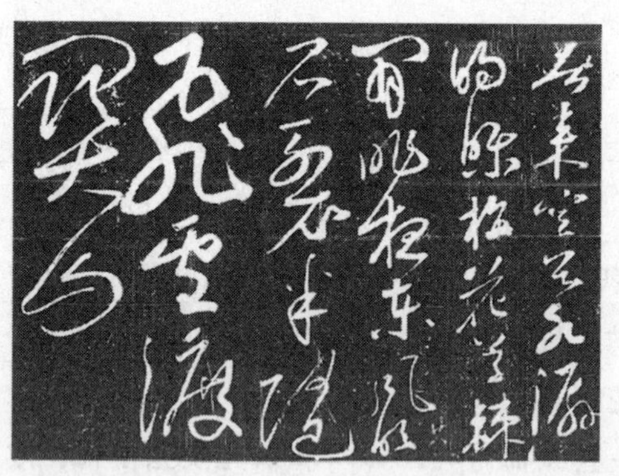

此诗作于元丰三年（1080）正月。时苏轼赴黄州贬所路途中。东坡从乌台死地回归人间，心情复杂难言。在赴贬所的路途中，看见幽谷寂寞开落的清梅，触动情怀，写下这两首七绝。第一首开篇所云幽谷，令人联想到杜甫的《佳人》："绝代有佳人，幽居在空谷。"幽居在空谷的是佳人绝

① 《洛下雪中频与刘李二宾客宴集因寄汴州李尚书》，开成三年（838），67岁，洛阳，太子少傅分司。《白居易集笺校》，第2331页。

代，幽处在草棘间是梅花的皪，赞美梅花明妍的皪之貌，感叹它“半随飞雪渡关山”、“开自无聊落更愁”，显然寄托了诗人自己的感情、个性和遭遇。风吹石裂一句，化自欧阳修《山斋绝句》“正当年少惜花时，日日东风吹石裂”之句。飞花如雪一句，化自高适《和王七玉门关吹笛》“借问落梅凡几曲，从风一夜满关山”。

这两首咏梅诗，不即不离，亦实亦虚，托意在似有似无之间，运笔空灵而深沉。第二首后两句从“落”字生情，写只有三百曲清清溪流不辞辛苦，直送落梅到黄州，实际是暗寓了自己的身世之悲。人情之炎凉，使原本无心的自然之物在孤寂的诗人看来，眷恋怀感，一往情深。其中情深绵邈，奇幻非凡，令人百读不厌。东坡后来屡次提到这两首咏梅诗，可见他当时写作时是极有所感而有所寓怀的。如一年后的《正月二十日，往岐亭，郡人潘、古、郭三人送余于女王城东禅庄院》“去年今日关山路，细雨梅花正断魂”，十四年后的《十一月二十六日松风亭下梅花盛开》“春风岭下淮南村，昔年梅花曾断魂”。

两年后的《红梅三首》是更为后人所称道的名作：

> 怕愁贪睡独开迟，自恐冰容不入时。故作小红桃杏色，尚余孤瘦雪霜姿。寒心未肯随春态，酒晕无端上玉肌。诗老不知梅格在，更看绿叶与青枝。（石曼卿《红梅》诗云：“认桃无绿叶，辨杏有青枝。”）
>
> 雪里开花却是迟，何如独占上春时。也知造物含深意，故与施朱发妙姿。细雨裛残千颗泪，轻寒瘦损一分肌。不应便杂夭桃杏，半点微酸已着枝。
>
> 幽人自恨探春迟，不见檀心未吐时。丹鼎夺胎那是宝（朱砂、红银，谓之不夺胎色），玉人頩颊更多姿。抱丛暗蕊初含子，落盏秾香已透肌。乞与徐熙新画样，竹间璀璨出斜枝。①

第一首是众选家青睐之作，因为诗中创造性地提出“梅格”的概念，对梅花审美地位的提升至关重要。据施宿《东坡先生年谱》，此诗作于元

① 《苏轼诗集》卷21，第4册，第1107页。

丰五年（1082），[①] 当时苏轼贬黄州团练副使已是第三载。诗以梅自况，咏物寓志，借凌霜傲雪、玉洁冰清的红梅，象征诗人刚正坚贞的品格。红梅独开迟放，不是“怕愁贪睡”，而是自知“冰容”、“寒心”难以入时，故作“桃杏”、“酒晕”之浅红，并非欲与群芳斗艳争妍，只是口诺心非，身不由己。故“诗老”石延年（曼卿）《红梅》诗篇之末虽有“未应娇意急，发赤怒春迟”，不愧全篇精彩之收笔，但其诗中“认桃无绿叶，辨杏有青枝”，终为有形无神之败句，此后元祐三年（1088），苏轼《东坡志林·评诗人写物》又说：“若石曼卿《红梅》诗云：‘认桃无绿叶，辨杏有青枝。’此至陋语，盖村学究体也。”[②] 此正可移笺“诗老不知梅格在”。这首《红梅》诗品出自人品，梅品照映人品，梅格与人格互衬，《唐宋诗醇》卷三十七评云：“不着意‘红’字则泛衍，然一落色相，则又如涂涂附矣。石延年句岂不精切，而诗谓其不知梅格，知此者可与言诗。”诗人自己也引为得意之作，还稍加损益，填为《定风波·咏红梅》：“好睡慵开莫厌迟。自怜冰脸不时宜。偶作小红桃杏色，闲雅，尚余孤瘦雪霜姿。休把闲心随物态，何事，酒生微晕沁瑶肌。诗老不知梅格在，吟咏，更看绿叶与青枝。”[③] 刘熙载《艺概·词概》评价说：“东坡《定风波》云：‘尚余孤瘦雪霜姿’，《荷花媚》云：‘天然地别是风流标格’，雪霜姿、风流标格，学坡词者，便可从此领取。”非仅可以学坡词，观“孤瘦雪霜姿”，还可得东坡独特的审美取向。所谓“孤瘦”，杨夔生《续词品》之形容有云：“怅焉独迈，憀于隐忧。悟出系表，天地可求。亭亭危峰，倒影碧流。空山沍寒，老梅古愁。味之无朕，揖之寡俦。遥指木末，一僧一楼。”《红梅三首》第二首尾句：“不应便杂夭桃杏，半点微酸已着枝。”第三首颔联：“丹鼎夺胎那是宝，玉人頩颊更多姿。”亦佳妙之笔。

又过了两年，元丰七年（1084），苏门弟子秦观寄来一首《和黄法曹忆建溪梅花》诗：“海陵参军不枯槁，醉忆梅花愁绝倒。为怜一树傍寒溪，花水多情自相恼。清泪班班知有恨，恨春相逢苦不早。甘心结子待君来，洗雨梳风为谁好？谁云广平心似铁，不惜珠玑与挥扫。月没参横画角哀，

---

① 王水照编：《宋人所撰三苏年谱汇刊》，上海古籍出版社 1989 年版，第 64 页。

② 《东坡志林》，《苏轼文集》卷 68，第 5 册，第 2143 页。

③ 薛瑞生：《东坡词编年笺证》，三秦出版社 1998 年版，第 322 页。

暗香销尽令人老。天分四时不相贷，孤芳转盼同衰草。要须健步远移归，乱插繁华向晴昊。”苏轼答以《和秦太虚梅花》，诗云：

> 西湖处士骨应槁，只有此诗君压倒。东坡先生心已灰，为爱君诗被花恼。多情立马待黄昏，残雪消迟月出早。江头千树春欲暗，竹外一枝斜更好。孤山山下醉眠处，点缀裙腰纷不扫。万里春随逐客来，十年花送佳人老。去年花开我已病，今年对花还草草。不如风雨卷春归，收拾余香还畀昊。

西湖处士指林逋（968—1028），林逋是钱塘（今浙江杭州）人。少孤力学，恬淡好古。早年放游江淮间，后隐居杭州孤山，相传20年足不至城市，以布衣终身。真宗闻其名，曾赐粟帛。及卒，仁宗赐谥和靖先生。和靖先生的文化符号就是梅妻鹤子。他对前辈杭州太守白乐天并不陌生，还颇有好感，有诗为证。诗云：“白公睡阁幽如画”，[①]“放达有唐惟白傅，纵横吾宋是黄州”。[②] 黄州即自称“本与乐天为后进”[③] 的王禹偁，咸平元年(998) 任黄州太守。86年后来到黄州的苏轼，接续了这段因缘。此诗步秦观梅花诗原韵。秦观诗回忆梅花，东坡也从忆梅归结到贬谪黄州的感慨。诗中说他因爱林逋和秦观的梅花诗而更爱梅花，但自己穷愁潦倒，有负大好春光，还不如让风雨送春归去算了。东坡不黏滞于咏梅，而能寓感慨于言外，寄托深远。全篇押“槁”字仄韵，诗句骈散交错，音韵流美。宋蔡正孙《诗林广记后集》卷八曾评价说：“前辈谓东坡梅花诗有押‘暾’字韵三首，皆绝妙，摆落陈言，古今人未尝经道者。愚谓此篇语意亦高妙，如‘竹外一枝斜更好’之句，写出梅花幽独闲静之趣，真不在暗香疏影之下也。”诗中描绘梅花，正面描绘仅“江头”、“竹外”一联，确实点染生动，传神微妙，造语新鲜自然。《诗人玉屑》卷十七引范正敏

---

① 《孤山寺》，《四库全书》本《林和靖集》卷二；《全宋诗》第二册，第1213页。

② 《读王黄州诗集》，《四库全书》本《林和靖集》卷三；《全宋诗》第二册，第1230页。

③ （宋）王禹偁：《前赋春居杂兴诗二首间半岁不复省视因长男嘉祐读杜工部集见语意颇有相类者咨于予且意予窃之也予喜而作诗聊以自贺》，《四库全书》本《小畜集》卷九；《全宋诗》第二册，第733页。

《遯斋闲览》评云："语虽平易，然颇得梅之幽独闲静之趣。"值得注意的是，诗中"点缀裙腰纷不扫"之"裙腰"二字，正出自长庆三年（823）白居易所作《杭州春望》诗："谁开湖寺西南路，草绿裙腰一道斜。"透过这则跨越261年历史风烟的用典，可以看到白苏之间一脉相承的文化血脉与渊源。无独有偶，五年后，元祐六年（1089），东坡另一首咏梅诗《再和杨公济梅花十绝》其五再用此典："春入西湖到处花，裙腰芳草抱山斜。"①

上引《诗林广记后集》所云："前辈谓东坡梅花诗有押'暾'字韵三首，皆绝妙，摆落陈言，古今人未尝经道者。"所谓前辈云云，见宋胡仔《苕溪渔隐丛话后集》卷二十一，苕溪渔隐曰："陈敏政《遯斋闲览》云：'荆公在金陵，有《和徐仲文颦字韵咏梅诗》二首，东坡在岭南，有暾字韵咏梅诗三首，皆韵险而语工，非大手笔不能到也。'余以《临川集》、《东坡后集》细细味之，颦字韵二首，亦未是荆公平日得意诗，其一云：'额黄映日明飞燕，肌粉含风冷太真。'其一云：'肌冰绰约如姑射，肤雪参差是玉真。'其余亦别无奇特句。至若东坡暾字韵三首，皆摆落陈言，古今人未尝经道者，三首并妙绝，第二首尤奇。"下面来看苏轼这三首60岁在惠州所作的"暾"字韵咏梅诗。

第一首《十一月二十六日松风亭下梅花盛开》：

> 春风岭上淮南村，昔年梅花曾断魂。岂知流落复相见，蛮风蜑雨愁黄昏。长条半落荔支浦，卧树独秀桄榔园。岂惟幽光留夜色，直恐冷艳排冬温。松风亭下荆棘里，两株玉蕊明朝暾。海南仙云娇堕砌，月下缟衣来扣门。酒醒梦觉起绕树，妙意有在终无言。先生独饮勿叹息，幸有落月窥清樽。②

此诗作于绍圣元年（1094）十一月。时苏轼在惠州贬所。松风亭，在广东惠州嘉祐寺附近。"昔年"句，作者自注："予昔赴黄州，春风岭上见梅

① （宋）曾季貍：（1118—1179年前不久）《艇斋诗话》，丁福保辑：《历代诗话续编》，中华书局1983年版，第309页。杨公济名蟠，时任杭州通判。

② 《苏轼诗集》，第2076页。

花，有两绝句。明年正月，往岐亭道上，赋诗云：‘去年今日关山路，细雨梅花正断魂。’”蜑雨，泛称南方海上暴雨。“海南”二句，把梅花写成善解人意的仙子，叩诗人的门拜访诗人。同是咏梅诗，此诗可与东坡《梅花二首》同看。一是刚从死地复生，贬黄州途中作；二是从大学士直落而下，南贬惠州所作。时隔十四年，同借梅花记贬谪情怀。悲伤断魂，幽人自叹，时光借着花开花落而交叠在一起，引动东坡无限感慨。年来踪迹无定，而每在寂寞落拓时分，唯孤梅相对，似有情长相伴，而不似人间情意淡薄，只相弃不遑顾。诗自昔年见梅情怀说起，写梅花虽流落荒蛮之地，仍洁身自好，清姿雅态，不同凡俗。梅与人相融一体，叹梅花知己，怜梅花落寞。梅在东坡的想象中，化成海南仙子，正如纪昀所评：“天人姿泽，非此笔不称此花。”(《纪评苏诗》卷三八)，又如汪师韩所赞：“秀色孤姿，涉笔如融风彩霭。”全诗寓目寄情，描写梅花形神俱佳，寓托幽微。

第二首是胡仔评以“尤奇”的《再用前韵》：

> 罗浮山下梅花村，玉雪为骨冰为魂。纷纷初疑月挂树，耿耿独与参横昏。先生索居江海上，悄如病鹤栖荒园。天香国艳肯相顾，知我酒熟诗清温。蓬莱宫中花鸟使，绿衣倒挂扶桑暾。抱丛窥我方醉卧，故遣啄木先敲门。麻姑过君急洒扫，鸟能歌舞花能言。酒醒人散山寂寂，惟有落蕊黏空樽。(岭南珍禽有倒挂子，绿毛红喙，如鹦鹉而小，自东海来，非尘埃中物也。)①

这首咏梅诗与上一首属自赓自和之作。罗浮山梅花村能够与大庾梅岭、西湖孤山、苏州邓尉、杭州西溪并列五大梅花风景名胜，与此诗尤其是首联有很大关系。接下来的“纷纷初疑月挂树，耿耿独与参横昏”一联，则更为后人艳称。宋周紫芝《竹坡诗话》谓，林和靖赋梅花诗，有“疏影横斜水清浅，暗香浮动月黄昏”之语，脍炙天下殆二百年，东坡“此语一出，和靖之气遂索然矣”。② 这一联中的“耿”字，是苏轼笔下体

① 《苏轼诗集》，第2076页。

② （清）何文焕辑：《历代诗话》，中华书局1981年版，第347页。

现“梅格”内涵的重要诗眼，既有明亮鲜艳之貌，又含坚贞正直之意，为苏轼咏梅诗所偏爱，如《忆黄州梅花五绝》“淮阳城里娟娟月，樊口江边耿耿参”，《次韵钱穆父王仲至同赏田曹梅花》“寒厅不知春，独立耿玉雪”，《次韵詹适宣德小饮巽亭》“涛雷殷白昼，梅雪耿黄昏”。上一首写刚到环境险恶的贬谪地，乍看到荆棘丛中的两株梅花，不禁牵动诗人丰富的情感。他将梅花比作善解人意的仙子，以博学多才为联想的底蕴，在诗中抒写梅花引发的翩翩美善情思，从而让自己内心产生无限慰藉之感。这一首把海南的一种叫倒挂子的鸟写成使者，而使者派啄木鸟敲诗人的门。麻姑是道教神话人物，据《神仙传》记载，修道于牟州东南姑馀山，东汉时应仙人王方平之召降于蔡经家，年十八九，貌美，自谓“已见东海三次变为桑田”，故以麻姑喻高寿。苏轼又有《西江月·梅》词：“玉骨那愁瘴雾，冰姿自有仙风。海仙时遣探芳丛，倒挂绿毛幺凤。素面常嫌粉涴，洗妆不褪唇红。高情已逐晓云空，不与梨花同梦。”其所用比喻，与此诗略同，再次展现出梅花的高贵情操和优雅风姿。明代杨慎《词品》评曰：“古今梅花词，以坡仙绿毛幺凤为第一。”

第三首《花落复次前韵》：

玉妃谪堕烟雨村，先生作诗与招魂。人间草木非我对，奔月偶桂成幽昏。暗香入户寻短梦，青子缀枝留小园。披衣连夜唤客饮，雪肤满地聊相温。松明照坐愁不睡，井花入腹清而暾。先生年来六十化，道眼已入不二门。多情好事馀习气，惜花未忍终无言。留连一物吾过矣，笑领百罚空罍樽。①

苏轼在惠州共作三首自唱自和的白梅诗，前两首咏盛开的梅花，待到梅花零落时，一直关心着梅花命运的诗人，又写下这首咏落花的诗。诚可谓“惜花未忍终无言”。首句“玉妃谪堕烟雨村”，梅花以玉雪为骨冰为魂，故比作玉妃，但“谪堕”二字出自《杨贵妃外传》，玉妃还暗指杨贵妃。而与杨贵妃密切相关的本应首选牡丹，苏轼却别出心裁将其与宋代精

① 《苏轼诗集》，第 2078 页。

神的象征——梅花联系在一起，以“谪堕”来转换，诚可谓先生作诗招魂之际的奇思妙想，出新而入化。《长恨歌》中的玉妃在后半部分的仙化描写，不知是否也对此诗有所启发。人间草木绝非玉妃愿意为伍，她要奔向月宫与桂花相伴。后面幻想暂断，先生再次回到人间。耳顺之年的先生已皈依佛法，佛法是不二之法。所谓“不二之法”，指“佛性非常非无常，是故不断，名为不二”，“无二之性即是佛性”，佛性既不是永恒不变的，也不是转瞬即逝的，所以，善根是不断灭的，无差别的本性就是佛性。那梅花怎么办呀！“多情好事馀习气，惜花未忍终无言。”先生自嘲，习气尚未除尽，“我”还留恋人间。为了这对梅花的留恋，“我”愿罚酒百杯，一空罍樽。拿不二之佛法，立爱梅之宣言，不能不令人惊叹。元人韦居安《梅涧诗话》云：“梅格高韵胜，诗人见之吟咏多矣。自和靖‘香影’一联为古今绝唱，诗家多推尊之。其后东坡次少游‘槁’字韵及谪罗浮时赋古诗三篇，运意琢句，造微入妙，极其形容之工，真可企微孤山。以此见骚人咏物，愈出而愈奇也。”这的确是知音之言。

东坡先生的咏梅佳作还有很多，佳句亦多可圈可点，除了上面提到的“江头千树春欲暗，竹外一枝斜更好”（《和秦太虚梅花》），“乞与徐熙新画样，竹间璀璨出斜枝”（《红梅三首》其三），“玉雪为骨冰为魂，纷纷初疑月挂树，耿耿独与参横昏”（《再用前韵》）之外，像“返魂香入岭头梅”，“数枝残绿风吹尽，一点芳心雀啅开”（《岐亭道上见梅花戏赠季常》），“玉蕊檀心两奇艳”（《蜡梅一首赠赵景贶》），“浮光风宛转，照影水方折”（《次韵钱穆父王仲至同赏田曹梅花》），“长与东风约今日，暗香先返玉梅魂”（《六年正月二十日复出东门仍用前韵》），“月地云阶漫一樽，玉奴终不负东昏”（《次韵杨公济奉议梅花十首》其四），“檀心已作龙涎吐，玉颊何劳獭髓医”（《再和杨公济梅花十绝》其七），“风蒲半折寒雁起，竹间的皪横江梅”（《赵令晏崔白大图幅径三丈》），“真态香生谁画得，玉如纤手嗅梅花”（《四时词》其四），“冷烟湿雪梅花在，留得新春作上元”（《二月三日点灯会客》），“殷勤更下山阴雪，要与梅花作伴来”（《次韵秦少游王仲至元日立春三首》之一），“从今莫入寻春会，为欠梅花一首诗”（《法惠小饮以诗索周开祖所作》），“秋来欲见紫髯翁，待得梅花细萼红”（《欲往湖州见孙莘老别公辅希元彦远醇之穆仲》），“山行尽日不逢人，浥浥野梅香入袂”（《自普照游二庵》），“已惊弱柳万丝垂，尚有残梅一枝亚”（《定惠院寓居月夜偶出》），“醉看梅雪清香过，夜棹风船骇汗流”（《次韵周开祖长官见寄》），“化工未议苏群槁，先向寒梅一倾倒”（《再和潜师》），“坐听屐声知有路，拥裘来看玉梅春”（《次韵陈履常雪中》），“为公过岭传新唱，催发寒梅一信春”（《次韵韶守狄大夫见赠二首》其二），亦各具梅姿，兼寓心志，或由梅而人，或由人而梅；或描摹梅态，借题发挥；或使事传神，清空入妙；或声情跌宕，韵险语工，无不各臻其致。

与白居易相比，苏轼对于梅花的审美更加独到而全面。他笔下的梅花清冷孤傲、不屈不挠，具有梅格的同时，又不失人性的细腻。从咏梅诗这一视角看，苏东坡对白香山既有受容，又有超越，其超越首先是建立在受容基础之上的超越。而其超越的重要原因就在于，苏轼将梅花置于了更为广阔的人生舞台上，将自己的人生际遇、宦途遭遇寄托在了梅花之上。其最大的超越处在于，将梅格与人品有机融合，使梅之高格逸韵，成为东坡的形象写真，并进一步将其升华为宋代文化淡雅精神的缩影。

人间有味是清欢

——论苏轼饮茶诗词

韩大强　韩　煦*

内容提要　饮茶之风在宋代普遍盛行，反映到文化上就是一大批饮茶诗词的涌现和文人茶现象的进一步加深。苏轼作为一代文豪，一生宦海沉浮，随遇而安，茶是他一生所好，其饮茶诗歌涉及了从生活到精神上的各个方面，包括茶之乐趣、茶之友情、茶之讽喻和茶道人生，本文就以此对苏轼的饮茶诗词进行具体的分析。

关键词　苏轼　茶趣　儒释道　人生

茶，兴于唐而盛于宋，宋代饮茶风气极盛，宋代吴自牧在《梦粱录·鲞铺》中曾说道："盖人家每日不可阙者，柴米油盐酱醋茶。"① 梅尧臣在《南有嘉茗赋》中也提及"华夷蛮貊，固日饮而无厌；富贵贫贱，亦时啜而不宁"。② 可见茶已经成为和柴米油盐等一样常见的生活必需品，而且饮茶之风在上层社会十分流行：王公贵族经常举行茶宴，皇帝也习于将贡茶赠予功臣以示恩宠。宋徽宗赵佶还撰写了一部研究茶叶生产、制作、烹煮、品鉴等的专门论述《大观茶论》。且不论王公贵族与平民百姓所饮茶叶品质之差异，这样的现象便可见饮茶已然超脱了社会阶层的限制，成为一种普遍的风气。在饮茶的过程中，茶逐渐成为文人们笔端吟咏的对象、

* 作者简介：韩大强，信阳师范学院教授，学报编辑部编辑室主任；韩煦，北京大学中文系研究生。

① （宋）吴自牧：《梦粱录》，三秦出版社2002年版，第264页。

② （宋）梅尧臣：《宛陵先生文集》（下），四部丛刊影印本，第141页。

成为沟通朋友间感情的砝码、成为体现品鉴能力的雅事，因此，茶不仅仅作为一种作物、饮料、生活必需品而存在，而且在其中沉淀了文化内涵，形成了“茶文化”。

“茶文化”这一概念，陈文华在其《中国茶文化学》中将其分为物态文化层、制度文化层、行为文化层和心态文化层，对于文人茶而言，内涵集中于“心态文化层”，即是“人们在茶叶生产和消费过程中所孕育出来的价值观念、审美情趣，在茶艺操作过程中所追求的意境和韵味，以及由此生发的丰富联想；反映茶叶生产、茶区生活、饮茶情趣的文艺作品；将饮茶与人生处世哲学相结合，上升至哲理高度，形成所谓茶德、茶道等等”。①

苏轼作为中国文人中全才的代表人物，一生宦海沉浮，无论是被贬黄州，知任杭州，还是再贬惠州，流落儋州，茶是其所好，对于茶事尤精，其一生共作茶诗近百首，覆盖到种茶、茶艺、茶道等各个方面，其内涵也涉及饮茶之趣、茶友之情、茶禅人生、以茶咏史等多个角度，从中也反映了苏轼的生活态度和艺术人生。

一　饮茶之趣

历来饮茶都注重对茶叶品质的甄别和茶道的欣赏，苏轼作为身体力行者，一向是历代文人中动手操作能力的楷模，曾在黄州酿蜜酒，在惠州造“罗浮春”酒，还发明了“东坡肉”，在饮食方面颇具造诣，因此在饮茶上也不甘“茶来张口”，自己种茶、煎茶，同时也在这过程中体验到了他人不曾感受到的乐趣，并写下了著名的种茶和煎茶的诗篇。

例如，苏轼的《种茶》，“松间旅生茶，已与松俱瘦”，首先写了茶树之长势并不好，之后“茨棘尚未客，蒙翳争交构。天公所遗叶，百岁仍稚幼。紫笋虽不长，孤根与独寿”皆言此意，但同时也指出茶树仍奋力生长挣扎的状态，之后再言移栽茶树幸得连月阴雨得以存活，虽然“未任供春磨”，产量很低不足以加工来赠予友人抑或是贩卖，但却足够他“摘嗅”，采撷一把新鲜的茶叶甚至不加以烘焙便煮以闻之，这种“味”当然只能是

① 陈文华：《中国茶文化学》，中国农业出版社2006年版，第5页。

出自“吾圃”了，那些享受着千团、百饼的大官以及让人沉迷激动的斗茶游戏都不足以为意，哪有趣味可言呢？由于这首诗歌是写于其贬官黄州生活困顿之时，所以在描写其种茶之事的行文间，也体现其超然之气，乐在茶中的情怀。

《问大冶长老乞以桃花栽东坡》也是一首谈种茶之趣的诗，“嗟我五亩园，桑麦苦蒙翳。不令寸地闲，更乞茶子艺”，开辟大片土地用来种植紫笋茶，用来去除昏俗尘劳，虽然种茶是“背本趋末”之举，但是当春天来临，冰雪覆盖的土地上冒出了紫笋茶的嫩芽的时候，连牛羊都需要呵斥才肯走过，“筐莒未敢睨”足以见得桃花茶之鲜嫩、青翠，并且期待明年新茶下时，可煮之于雪堂。这样的劳动场景和满心的收获欢喜勾勒出了一幅恬淡而又亮丽的种茶之乐的画面。

除了以种茶的乐趣为描写对象，苏轼的作品中还有不少以煎茶为由头的诗歌，包括《游惠山》、《试院煎茶》、《汲江煎茶》等，而且他“颇谙茶叶的烹饮，所提及的煮饮办法都是较科学的”。[①] 例如《试院煎茶》中“君不见，昔时李生好客手自煎，贵从活火发新泉。又不见，今时潞公煎茶学西蜀，定州花瓷琢红玉”中对于“煎水不煎茶”、饮茶器皿的要求等；如《汲江煎茶》中“活水还须活火烹”注重烧水之火、煮茶之水；再如《送煮茶赠包安静先生》“便须起来和热吃，不消洗面裹头巾”则是遵循“趁热连饮之，以重浊凝其下，精英浮其上，如冷则精英随气而竭”[②] 的原则。

越是不吝笔墨对细小的琐事加以描摹，越是能够体现出作者对于这件事情的重视与喜爱，苏轼便是这样一位对茶极具兴趣的文人，无论是种茶、采茶、焙茶、煎茶还是品茶，他都关注到平凡的被人所忽视的细节，可见苏轼对于茶的热爱与享受，故记述这些“繁杂琐事”的诗歌在苏轼的饮茶诗中恰能自成一体，表现出饮茶之乐。

二　茶友之情

茶叶，性质苦硬，尤其南方饮茶尚清淡，颇有君子之气、高士之风，

---

① 刘鹤飞：《读苏轼茶诗》，《茶业通讯》1990年第2期。

② （唐）陆羽：《茶经卷下·五茶之煮》，文渊阁四库全书子部谱录类二十，第844页。

正如《寄周安孺茶》中所言："有如刚耿性，不受纤芥触。又若廉夫心，难将微秽渎。"这样出类拔萃、超脱世俗之物必然受到文人的追捧与喜爱，因而也成为当时相赠之礼的佳选，以表对友人的关怀问候，同时也体现出"君子之交"的雅致。苏轼的茶诗中即有一批是以茶来表友情的诗歌，主要分为三种类型。

第一类是他将自己所得好茶赠予友人，例如《新茶送签判程朝奉》、《赠包安静先生茶二首》、《又赠老谦》、《寄周安孺茶》等。"从此升堂是兄弟，一瓯林下记相逢"（《新茶送签判程朝奉》）是对程朝奉称兄道弟以表友善与情深，颇有"天涯若比邻"的豪迈之气；"建茶三十片，不审味如何。奉赠包居士，僧房战睡魔"（《赠包安静先生茶二首》）是以平直晓畅之语来直表对其关心之意，助其在僧房打坐之时能够清醒舒畅。

第二类是对友人赠茶的感谢，例如《马子约送茶，作六言谢之》、《谢曹子方惠新茶》、《鲁直以诗馈双井茶次韵为谢》、《次韵曹辅寄壑源试焙新茶》、《和蒋夔寄茶》、《和钱安道寄惠建茶》等。"磨成不敢付僮仆，自看雪汤生玑珠"（《鲁直以诗馈双井茶次韵为谢》），以示对朋友赠予茶叶的珍视与喜爱，舍不得拿给小僮仆来烹煮，一定要亲自用预备好的雪水煮到蟹眼生，同时相约明年太湖画舫相见；"知君穷旅不自释，因诗寄谢聊相镌"（《和蒋夔寄茶》）则是直接对朋友远隔千里知道自己旅途困顿寂寥来慰问的感谢，因此诗作于贬谪之途，对朋友的挂念既感动又感慨，"我生百事常随缘"是也，同时也颇有茶禅悟道之感。

第三类是相互赠予茶叶的诗歌，例如《怡然以垂云新茶见饷报以大龙团仍戏作小诗》。在这首诗中，苏轼赞美了怡然和尚所赠的佳品"垂云新茶"，并且开玩笑般地让怡然将此茶与他回赠的大龙团茶品鉴优劣高低，"聊将试道眼，莫作两般看"，这种轻松而戏谑的态度，加上诗的颈联"晓日云庵暖，春风浴殿寒"，营造出一种悠然恬淡的禅意，整首诗既清雅又活泼，足以显示诗人与怡然和尚之间深厚的友谊。

三　以茶讽喻

"以茶讽喻"的思想在苏轼的诸多茶诗中都有所涉及，例如"雍容已厌天庖赐，俯伏初尝贡茗新"（《次韵曹子开从驾二首》）写了官吏们饮食安乐奢侈，御厨之食、天下之茶以贡，《寄周安孺茶》中的“颇见绮纨中，齿牙厌粱肉。小龙得屡试，粪土视珠玉”也体现了这个意思，“千团输大官，百饼炫私斗”（《种茶》）则讽刺了官吏们强占好茶并且流于相互攀比茶叶品质之事，对于苏轼而言，这简直是一种对茶及茶所代表的高贵品格的侮辱，《和钱安道寄惠建茶》中“谁知使者来自西，开缄磊落收百饼”则描绘出使者的横征暴敛、收取无度、贪婪无耻的嘴脸。这样的思想多散落在苏轼茶诗的只言片语之中，而《荔枝叹》则是整首借贡茶来讽刺社会的诗歌，具体如下：

荔枝叹

十里一置飞尘灰，五里一堠兵火催。
颠坑仆谷相枕藉，知是荔枝龙眼来。
飞车跨山鹘横海，风枝露叶如新采。
宫中美人一破颜，惊尘溅血流千载。
永元荔枝来朐州，天宝岁贡取之涪。
至今欲食林甫肉，无人举觞酹伯游。
我愿天公怜赤子，莫生尤物为疮痏。
雨顺风调百谷登，民不饥寒为上瑞。
君不见，武夷溪边粟粒芽，前丁后蔡相宠加。
争相买宠各出意，今年斗品充官茶。
吾君所乏岂此物？致养口休何陋耶？
洛阳相君忠孝家，可怜亦进姚黄花。

题目《荔枝叹》显然是取自杜牧《过华清宫》对唐明皇为博得杨贵妃“破颜”一笑，“一骑红尘妃子笑，无人知是荔枝来”中“荔枝”的典故，开篇“十里一置”、“五里一堠”写出驿站、关卡设置的密集，而“尘土飞”、“兵火催”则写出一派紧急的情景，堪比军火传书，而为博得这一笑，付出的竟是“惊尘溅血流千载”的代价，可见统治阶级的劳民伤财与骄奢，曾经是为啖荔枝，而今则是为了到处搜寻贡茶以满足统治阶级的享乐和附庸风雅的需要，故诗人发出“我愿天公怜赤子，莫生尤物为疮痏”

的感慨，竟祈盼苍天不要再让土地上长出如茶叶这样连累百姓的“尤物”了，讽刺了“争相买宠各出意，今年斗品充官茶”，并且不加避讳地指名道姓，斥责时任福建转运使的丁谓和蔡襄，认为他们与李林甫毫无差异，并且对一代名臣钱惟演“亦进姚黄花”的行为表示了失望和讽刺。

苏轼“难能可贵的是他的锐利目光，能透过宋代茶叶生产繁荣、茶道普及的表面现象，用自己的诗歌，反映茶农的疾苦，揭露贪官的秽行”，[①] 而在呐喊中超越了一般茶诗的意义，使茶叶成为折射社会现实的载体。

四　茶味人生

曾慥曾在《高斋漫录》中提到苏轼谈论“茶与墨”之间的异同：“奇茶妙墨俱香，是其德同也。皆坚，是其操同也。譬如贤人君子，黔皙美恶之不同，其德操一也。”[②] 宋徽宗赵佶也曾言：“至若茶之为物，擅瓯闽之秀气，钟山川之灵禀，祛襟涤滞，至清导和，则非庸人孺子可得而知矣，中澹间洁，韵高致静。……缙绅之士，韦布之流，沐浴膏泽，熏托德化，盛以雅尚相推，从事茗饮。”茶，之所以能够吸引众多文人雅士的喜爱，进而形成“文人茶”这种特殊而固定的文化活动，正是在于其有味道之处，这味道受宋代大的思想背景的影响，有着浓郁的儒释道三味合一的馥郁香气。而苏轼恰恰是儒释道三教合一的践行者，受其影响深远。

茶与儒家的交点，在于“茶德”，唐代文学家刘贞亮曾提出茶有“十德”，而这种“茶德”即建立在儒家中庸、和美等思想基础上的，具体到物质层面，也可以说是茶味之上品为不浓不淡不厚不薄。茶与佛家、道家思想的重合更多，在苏轼的诗中反映更多，也更值得探讨。

茶在佛教中有着很重要的作用，其意义正如咖啡之于基督教，最初是作为一种使人清醒的饮料而在宗教忏悔，打坐仪式中流行的，“清醒”在授业、忏悔、冥想中是一种非常重要的精神状态，《晋书·艺术传》曾载，名僧单道开曾以“饮茶苏”解乏防困，后来饮茶逐渐成为寺院规矩、和尚

① 金文凯：《浅谈苏轼的咏茶诗词》，《三明学院学报》2006 年第 9 期。

② （宋）曾慥：《高斋漫录》，钦定四库全书子部十二。

家风。在此之后，“僧侣们便把茶与佛教清规、饮茶论经、佛教哲学、人生观念融为一体，从而产生了‘茶禅一味’的佛教茶理。”① 这反映到苏轼的茶诗中，便是与僧人交游、共同品茗之时所写的诗，例如之前所举的《怡然以垂云新茶见饷报以大龙团仍戏作小诗》中“晓日云庵暖，春风浴殿寒”即是一种“茶味人生”，颇有悠闲自得，怡然自乐之感，但同时，它不是一味地突出优哉游哉之感，在此之外，也写了深藏在“暖”之后的“寒”。还有《宿临安净土寺》中写到宿净土寺中的生活，其中“觉来烹石泉，紫笋发轻乳”，即是写早起煮茶，“晚凉沐浴罢”出门赴约，看那“微月半隐山，圆荷争泻露”的清凉景色，实在心旷神怡，又有故人相伴，这美妙的生活让苏轼不禁感慨“废兴何足吊，万世一仰俯”，可见，在茶的滋润下，神清气爽，对于外物不再因之而悲喜，对于人生也有更深刻的体验，实在是茶味啊！

而在道教中，则把茶叶看作上天的精灵，求得的是卢仝“惟觉两腋习习清风生”的境界。“一一赋予君子性”的茶叶一碗入喉，飘飘欲仙也。苏轼的《水调歌头·桃花茶》即描绘了这样一个品茶的过程，“采取枝头雀舌，轻动黄金碾，飞起绿尘埃”展示了采茶时的一片热闹景象，用兔毫盏泡上一杯，“霎时滋味舌头回”，赞叹其品质如同好酒般唤醒味蕾令人回味无穷，登时神清气爽心旷神怡，睡魔散退，“两腋清风起，我欲上蓬莱”，仙风直逼卢仝，达到一种无有的境界，虽然是夸耀桃花茶的品质，但其夸耀的资本正是依据其与禅意的紧密结合。《惠山谒钱道人，烹小龙团口》也是一首表现茶禅人生的诗，“孙登无语空归去，半岭松声万壑传”，诗的尾句归于一种空境，正是禅所追求的“无”。

这一时期，儒道释三教的思想逐渐融合统一，彼此间的关系逐渐暧昧，故对苏轼的影响也是全方位的。在其人生观、价值观上也有深刻的反映。

“诗言志”，志，心所藏也。作诗重在表现心灵、观照人生，而苏轼一生并不一帆风顺，其仕途坎坷、一贬再贬，常漂泊在外，但茶始终与之为伴，“带给他心灵的慰藉和淡雅的情趣”②。在《汲江煎茶》中，“雪乳已

① 姚国坤：《茶文化概论》，浙江摄影出版社2004年版，第101页。

② 朱慧颖：《宋代茶酒诗的文化解读》，华侨大学（厦门）硕士学位论文，2011年。

翻煎处脚，松风忽作泻时声。枯肠未易禁三碗，坐听荒城长短更”即把煎茶之体验与景色、人生相联系，雪水泛沫、松风入茶，响声更衬托周遭寂静，热气腾腾入喉三碗，却肝肠寸断浮想联翩，只好静静地坐在夜中挨着时光，内心荒凉寒冷，这首诗作于苏轼贬谪儋州，处南岭之南远方之远，难免心情寂寞。再如《浣溪沙·从泗州刘倩叔游南山》一句“人间有味是清欢”道尽饮茶之欢山林之乐，忘却名利远离尘世，疏食素饮也颇得人生滋味，满含禅意。

不可否认，苏轼的饮茶诗词多作于贬谪之后，而这恰恰体现出茶对于人的精神信念的拯救作用，苏轼所饮之茶无论是传统的加桂圆入盐的茶汤，抑或是新起的清茶，微微的苦涩，有好茶相伴，人生似乎也不再那么无聊，贬谪的抑郁之情也慢慢消解，这便是饮茶之益处，但茶又非如酒般，使人沉醉不知归路，而是指向归路，让人清醒、节制、理性。

茶之于苏轼，正如他自己所言“从来佳茗似佳人”，有“佳人”相伴，种茶、煎茶、品茶之乐趣自不必多说，与友人之间“以茶为媒”的交往方式也颇具情趣与雅兴，将雅俗、清欢如此恰如其分地交融结合的饮品，除茶外，别无他物了。最重要的，茶已经超脱了舌尖之享，而成为精神之味——所谓清欢是也。

如水的人生与如水的诗

——略论苏轼诗中的“水”

刘洪生*

内容提要 从创作论看，每一个作家都有自己观物取象的方式，都有自己独特的语言群落和思维定式。“仁者乐山，智者乐水”，作为文人的苏轼，于万象之中独喜水，其诗、词、文中，多有对水的关照或寓写。这种对“水”的独特情结和情愫，寄寓着苏子独特的人格精神和情感认同。本文试图从抒情类型方面入手，探讨苏诗中有关“水”的描写，或许是对苏轼近3000首诗的一种新的解读。

关键词 苏轼 诗歌 水

阮堂明博士有《论苏轼对“水”的诗意表现与美学阐发》一文，①“考察苏轼对‘水’的诗意表现，揭示‘水’中所蕴含的苏轼鲜活生动的生命智慧与丰富、深邃的文艺美学思想”。并认为，“对于这样一个饶有趣味和意义的题目，学界所给予的关注，还显得很不够，值得作进一步的探讨”。然而，就阮堂明博士该论文看，对此一命题的立论，似乎过多取径于对苏轼笔下“水”意象的审美观照，而忽略了某种情感内容方面的表达，特别是在苏轼的诗歌中，该问题的研究尚有一定的空间。故笔者不揣鄙薄，崇学术愈究愈明之旨，将苏轼诗中关乎“水”的抒情类型条陈于下。

---

* **作者简介**：刘洪生，商丘师范学院文学院教授。

① 阮堂明：《论苏轼对“水”的诗意表现与美学阐发》，《文学遗产》2007年第3期。

苏轼对于自然之水的痴爱与钟情

在中国先秦哲学中，将水视为阴阳二气之所生，是万物的初始。特别是水澄澈、齐平、包容、守恒、处下、流动、虚而不丧、遇物无伤的物性，使它成为先秦时《周易》、《老子》、《论语》、《墨子》、《庄子》、《孟子》、《荀子》、《韩非子》等中认识论的一种充满德馨的伟大物质，而赋予种种形而上的含义，魏晋玄学所谓“澄怀味象”、“山水以形媚道”。对此，《荀子·宥坐》有全面解释：“孔子观于东流之水，子贡问于孔子曰：‘君子之所以见大水必观焉，是何?’孔子曰：‘夫水，大遍于诸生而无为也，似德。其流也埤下，裾拘必循其理，似义。其洸洸乎不淈尽，似道。若有决行之，其应佚若声响，其赴百仞之谷不惧，似勇。主量必平，似法。盈不求概，似正。淖约微达，似察。以出以入，以就鲜絜，似善化。其万折也必东，似志。是故君子见大水必观焉。’”① 西方古希腊七贤之一的泰勒斯（约前634—前547)，也提出了“水是万物的始基”的命题。② 可见，对于自然之水的认识，在中西古代哲学中有着惊人相似的理解和特别的关注。

秉承中国传统思想精华的苏轼，对此问题的体认尤为深切。《东坡易传》卷七，苏东坡言：“阴阳一交而生物，其始为水。水者，有无之际也，始离于无，而入于有矣。老子识之，故其言曰：‘上善若水’，又曰‘水几于道’。圣人之德，虽可以名言，而不囿于一物，若水之无常形，此善之上者，几于道矣，而非道也。若夫水之未生，阴阳之未交，廓然无一物，而不可谓之无有，此真道之似也。”③

> 阴阳之相化，天一为水。六者其壮，而一者其稚也。夫物老死于坤，而萌芽于复。故水者，物之始终也。意水之在人寰也，如山川之蓄云，草木之含滋，漠然无形而往来之气也，为气者水生，而有形者其死也。(《天庆观乳泉赋》)

---

① 《大戴礼记·劝学》(《说苑·杂言》中也有大致相类的记载)。

② 冷成金：《苏轼的哲学观与文艺观》，学苑出版社2004年版，第58页。

③ 《东坡易传》又名《三苏易传》，汇三苏论易之说。虽三苏思想有异，参以苏轼别文，此当是其哲学思想。

干以九二化坤之六二为坎，故天一为水。（《东坡志林·怀古》）

天一以生水，地以六成之，一六合二水可见。虽有神禹，不知其孰为一，孰为六。（《东坡禅喜集·七日》）

这些，都可以说是苏轼用看似玄奥之语，阐发其宇宙论和本体论思想，均表达了对水之物的敬重和独到的理解。

苏轼一生，性喜自由，守正不阿，简疏放适，恰如水的品质。因而，得江山之助的苏轼更对水情有独钟，他满怀豪情地宣告“宿缘在江海，世网如予何”（《次韵范淳甫送秦少章》）。在《送吕希道知和州》诗中，苏轼先是对吕希道大加称扬，对他的不得志深表同情，最后说：“我生本是便江海，忍耻未去犹彷徨。无言赠君有长叹，美哉河水空洋洋!”更是以水明志抒怀，表达对“江海”的品质、“河水”的精神的向往。在《龟山》中他说：“我生飘荡去何求？再过龟山岁五周。身行万里半天下，僧卧一庵初白头。地隔中原劳北望，潮连沧海欲东游。”这里水漂流不定的外在物质形态，被苏轼比喻为自己迁徙不定的游宦生涯，徒生了一种别样的情怀。在《送张职方吉甫赴闵漕六和寺中作》中，他称赞张“羡君超然鸾鹤姿，江湖欲下还飞去”。最后说：“门前江水去掀天，寺后清池碧玉环。君如大江日千里，我如此水千山底。”是羡慕那奔腾咆哮、一泻千里的大江，而不愿做静止不动的池水，仍是借水言志。

知颍州时，苏轼有《泛颍》诗云：“我性喜临水，得颍意甚奇。到官十日来，九日河之湄。”又解释自己为什么溺爱水，说：“吏民笑相语，使君老而痴。使君实不痴，流水有令姿。”接着具体描写了颍水的“令姿”之美：

绕郡十余里，不驶亦不迟。上流直而清，下流曲而漪。画船俯明镜，笑问汝为谁？忽然生鳞甲，乱我须与眉。散为百东坡，顷刻复在兹。此岂水薄相，与我相娱嬉。

在苏子笔下，澄澈的颍水似一面镜，倒映着画船中的诗人，波光粼粼中的他一会儿长满鳞甲，一会儿须眉模糊，一会儿又有无数个幻象，光怪陆离。诗人又诙谐地自我疏解道：这不是水在丑化轻薄自己，而是在与自己亲昵地嬉戏。真是一派天籁之音，充满全真之趣，难怪纪昀评说：“眼前语写成奇采，此为自在神通。”①

论水仅止于此，苏轼也就不是苏轼了，该诗中他进一步说：

声色与臭味，颠倒眩小儿。等是儿戏物，水中少磷缁。

在东坡看来，声色犬马，功名利禄迷失了现实社会中人们的灵魂，只有在水的世界中，才是纯洁、宁静、祥和的。因而王文诰、查慎行并引《传灯录》评此诗说：“过水观影”、“深于禅理”，② 可谓是真知苏轼者。

《次韵杨次公惠径山龙井水》一诗，更是表达了苏轼对水异乎寻常的痴情：

弃官纵未归东海，罢郡犹堪作水衡。幻色将空眼先暗，胜游无碍脚殊轻。空烦远致龙渊水，宁复临池似伯英。

诗中说自己虽然不能像汉代疏广那样辞归东海，但仍堪做水衡这样负责水利的工作，③ 此时的眼疾之患，④ 正是佛家所谓幻色为空的境界，正可作逍遥之游，但又遗憾空负了朋友的远赠之水，不能学张伯英“临池学书，池水尽黑”。⑤

在《六和寺冲师闸山溪为水轩》中写道：“欲放清溪自在流，忍教冰雪落沙洲。出山定被江潮涴，能为山僧更少留。”赞美水自由的品质，正如杜甫诗所言“江流大自在”（《放船》）。甚至在晚年，遭贬海南，遇赦北还时，苏轼依旧作诗云：

我本海南民，寄生西蜀州。忽然跨海去，譬如事远游。

① 王文诰辑注，孔凡礼点校：《苏轼诗集》卷三十四，中华书局1982年版，第1795页。

② 同上。

③ 苏轼一生在利用水利、治理水灾方面贡献颇多，治理西湖，对黄河的水患也有独到的见解，林语堂认为苏轼最早发明了中国的自来水工程。

④ 诗题下苏轼自注：“龙井水，洗眼疾有效”。

⑤ 《晋书·卫恒传》。

仍然对水表达了执着的痴迷情感。

苏轼在诗中写到的水，有江水、井水、泉水、雨水、洪水、海水、清水、浊水、野水、法水、心水、蜀水、越水、吴水、淮水、颍水、泗水、南海等，但苏轼曾两守杭州，仿佛对西湖情有独钟，对钱塘潮水常做雄奇浪漫的无限遐想：

梦想平生消未尽，满林烟月到西湖。（《惠州近城数小山类蜀道……未尝一日忘湖山也》）

人间胜绝略已遍，匡庐南岭并西湖。西湖北望三千里，大堤冉冉横秋水。（《赠昙秀》）

此意自佳君不会，一杯当属水仙王；水光潋滟晴方好，山色空蒙雨亦奇。（《饮湖上初晴雨二首》）

江边身世两悠悠，久与沧波共白头。造物亦知人易老，故教江水向西流。（《八月十五看潮五绝》）

甚至在离杭后，仍有《喜刘景文至》诗云：

平生所乐在吴会，老死欲葬杭于苏。过江西来二百日，冷落山水愁吴姝。新堤旧井各无恙，参廖六一岂念吾。别后新诗巧摹写，袖中知有钱塘湖。

此时的诗人，虽身在颍州，而杭州的湖、泉、井、堤，仍让他魂牵梦绕。诗中“参寥”、“六一”，系二泉名，他的《参寥泉铭》谓：“石泉槐火，九年而信。”《六一泉铭》谓：“君子之泽，岂独五世而已。”称它们为“信泉”和“君子泽”。诗中又说“参寥六一岂念吾”，可见苏轼早已将杭州之水视为久朋旧友，心目中的它们，也早已不仅是客观的自然物，而是被苏子无限地人格化了。这种自然的人格化，也是作者自我人格的对象化。

水是苏轼故乡和家园的象征

蜀地多水，苏轼的家乡眉州更是水脉纵横，岷江、清衣江、末水、若水交错而过。而且，蜀地地势极高，处在中国第一大水系长江的上游，《尚书·夏书·禹贡》有“岷山导江”的记载，认为这里是天下水之源。同时，蜀地又交通不便，苏轼21岁离乡宦游后，回蜀的次数很是有限，但无论他身到何地，迹到何处，见到水总有一种别样的情怀，水几乎成为这位游子心中故乡的代称。《初发嘉州》是苏轼最初远别家乡的诗，故乡留给他的印象是：

故乡飘已远，往意浩无边。锦水细不见，蛮江清可怜。

从此，故乡就以“水”为符号，绾结在苏轼胸中，成为一种深远绵厚的记忆。

一般认为，《游金山寺》是最能代表苏子风情的诗，而全诗22句，有10处提到“江”，从开头的“我家江水初发源，宦游直送江入海”，到结尾的“我谢江神岂得已，有田不归如江水”，整个以“江水”为线索驰骋想象，与其说是写金山寺，不如说是写江水，更像是诗人在面对江水倾吐胸中块垒，表达一种思乡、思隐而又宦游不得已的复杂情感。

在《东湖》中，苏轼说：

吾家蜀江上，江水清如蓝。尔来走尘土，意思殊不堪。况当岐山下，风物犹可惭。有山秃如赭，有水浊如泔。

在他的法眼中，除家乡的水之外，他乡之水是不堪入目的，真所谓“曾经沧海难为水”。①

“人间别久不成悲”，而苏轼并没有随着离乡时日的久远而淡漠对家乡的记忆，家的感觉总是和蜀江蜀水连接着，绵邈而清晰：

春来故国归无期，人言秋悲春更悲。已泛五湖思濯锦，更看横翠忆峨眉。（《法惠寺横翠阁》）

① 元稹：《离思五首》。

龙亦恋故居，百年尚去来……而我弃乡国，大江往北渡。（《与周长官、李秀才游径山》）

都是通过水表达一种不得还乡的遗憾之思。

苏轼甚至一见到水涨帆满时，就想象着可以溯流而上回到朝思暮想的故乡了：

造物知我久念归，似怜衰病不相违。风来震泽帆初饱，雨入淞江水渐肥。（《次韵沈长官》）

十年归梦寄西风，此去真为田舍翁。剩觅蜀冈新井水，要携乡味过江东。[①]（《归宜兴留题竹西寺》）

苏轼在送别乡人罢归的诗中说：

我家峨眉阴，与子同一邦。相望六十里，共饮玻璃江……何以待我归，寒赔发春缸。（《送杨孟容》）

穷通等是思家意，衰病难堪送客悲。好去江鱼煮江水，剑南归路有姜诗。（《次韵李修孺留别二首》）

浓浓的乡情和天涯沦落之感浸泡在蜀水中，纪晓岚认为“特多情致”。[②]

《西江诗》中说：

饮泉鉴面得真意，坐视万物皆浮埃。欲收暮景返田里，远溯江水穷离堆……愿求南宗一勺水，往与屈贾煎余哀。

他要酌西江之水与屈子、贾生同悲，这里贯穿历史、阅尽沧桑荣辱、

① 据《旧唐书·地理志》载，扬州竹西寺山上有井，陆羽品为天下第五泉，其水味甘如蜀江，杜甫有诗说“吴蜀水相通”（《咏蜀道图》）。因此，苏轼这里将竹西寺之水珍视为“乡味”。

② 王文诰辑注，孔凡礼点校：《苏轼诗集》卷二十七，中华书局1982年版，第1456页。

抚慰诗人心灵的也是水。甘冽的乡情仍是由蜀水系连着。

在脍炙人口的《寄蔡子华》中，苏轼说：

故人送我东来时，手栽荔子待我归。荔子已丹我发白，犹作江南未归客。江南春尽水如天，肠断西湖春水船。想见清衣江畔路，白鱼紫笋不论钱。

诗中的苏轼，仿佛见到水就想到了家乡，就会做一番“故国神游”的“坐驰”之梦。

《送运判朱朝奉入蜀》一诗，苏轼反复以岷峨云水和嘉陵江水作为诗的意境以致意：

蔼蔼青城云，娟娟峨眉月。随我西北来，照我光不灭。我在尘土中，白云呼我归。我游江湖上，明月湿我衣。岷峨天一方，云月在我侧。谓是山中人，相望了不隔。梦随西南路，默数长短亭。似我嘉陵江，跳波吹枕屏。送君无一物，青江饮君马。

可以说也是苏轼一生用典最少、最明快、最不隔的一首诗。

水是苏轼自我人格的写照

在苏轼看来，水是世间最纯洁之物，可以荡洗一切污垢。《庐山五咏》的《三泉》中苏轼吟道：

皎皎岩下泉，无人还自洁。不用此三星，清光同一月。

诗赋水以人格化，用水的自洁对应人的独善，是作者自我人格的写照，表达道德修养的自我完善。

《苏州江上夜起对月赠邵道士》一诗，化用李白诗，借江月、江水表达自己的坦诚无瑕：

江月照我心，江水洗我肝。端如径寸珠，坠此白玉盘。我心本如此，月满江不湍。起舞者谁与？莫作三人看。

在《和黄秀才鉴空阁》中，苏轼又说：

明月本自明，无心孰为境。挂空如水鉴，写此山河影。我观大瀛海，巨浸与天永。九州居其间，无异蛇盘镜。空水两无质，相照但耿耿。

诗的头两句化用柳宗元《禅室》诗“心境本同如，鸟飞无遗迹”，咏赞水与天的空明澄澈。整首诗对水与天的包罗万象，博大永恒，充满了无限敬畏和神往。

在《赠治易僧智周》中，苏轼盛赞僧智周治《易》的精诚和人格的孤耿，末两句以水的纯洁，隐喻易学足以“藻雪品性，疏瀹五脏”的精神力量：

寒窗孤坐冻生瓶，尚把遗编照露萤。阁束九师新得妙，梦吞三画（爻）旧通灵。断弦挂壁知音丧，挥麈空山乱石听。斋罢何须更临水，胸中自有洗心经。

《僧惠勤初罢僧职》苏轼赞惠勤诗作的清新，仍是以水的清纯，作为参照和品评诗文的标准：“新诗如洗出，不受外垢蒙。清风入牙齿，出语如风松。”《王巩清虚堂》又用水作譬，阐明佛家拈花微笑的禅境：“清虚堂里王居士，闭眼观心如止水。水中照见万象空，敢问堂中谁隐几？”诸如这种借水的纯洁，隐喻自我人格的高洁，而又脍炙人口，在苏诗中可谓是多不胜举的：

何以娱嘉宾，潭水洗君心。（《与梁先、舒焕泛舟得醸字二首》）
寒泉比吉士，清浊在其源。（《杜沂游武昌以酴醿花菩萨泉见饷》）
吴山道人心似水，眼净尘空无可扫。（《再和潜师》）

道人心似水，不碍照花妍。(《卧病弥月闻垂云花开》)

君看古井水，万象自往还。(《书王定国所藏王晋卿〈暮色山〉》)

归家且觅千斛水，净洗从前筝笛耳。(《听贤师琴》)

自江徂海，浩然无私。岂弟君子，江海是仪。(《洞酌亭》)

芒鞋不踏名利场，一叶轻舟寄淼茫。(《雨夜宿净行院》)

云散月明谁点缀，天容海色本澄清。(《六月十二日夜渡海》)

当门冽碧井，洗我两足泥。(《自雷适廉宿于兴廉村净行院》)

真可谓是如水的诗篇，如水的心胸，如水的一生。

借水怀古

初别家乡时，苏轼有《渝州寄王道矩》诗：

曾闻五月到渝州，水拍长亭砌下流。惟有梦魂长缭绕，共论唐史更绸缪。舟经故国岁时改，霜落寒江波浪收。

临水而思，使他对桨声水影中的古巴国和盛唐之事有着遥远而美丽的遐想。

《神女庙》极写巫山和巴蜀之国的历史传说和神话故事：“大江从西来，上有千仞山。江山自环拥，恢诡富神奸……”最后写众神：“茫茫夜潭静，皎皎秋月弯。还应摇玉佩，来听水潺潺。”整首诗神思妙想，雄奇壮丽，紧紧抓住江水为线索，简直就是一篇关于蜀国水路的“蜀道难”。《昭君村》以江水类比昭君的柔婉丰艳：“昭君本楚人，艳色照江水。楚人不敢娶，谓是汉妃子。”最后感叹“古来人事尽如此，反复纵横安可知”。

《汉水》则云：

襄阳逢汉水，偶似蜀江清。蜀江固浩荡，中有蛟与鲸。汉水亦云广，欲涉安敢轻。文王化南国，游女俨如卿。洲中浣纱子，环佩锵锵鸣。古风随世变，寒水空泠泠。过之不敢慢，伫立整冠缨。

面对浩淼的汉江，苏轼有感于汉水流域的文明，遥想周文王的开发汉水，顿发敬畏诚服之情，而人类生生不息的历史文明似乎是由江水见证着，也恰如水流一样是不会断隔的。

《鳊鱼》一诗，苏轼由鳊鱼的贪饵遭烹、沦为盘中之餐，联想自己宦海沉浮而志不获展的命运，“辍箸涕纵横”；又由当年杜甫对孟浩然的临流而忆，追慕一代先贤的遗风一如滔滔远逝之江水，让人无限伤挽：

> 晓日照江水，游鱼似玉瓶。谁言解缩项，贪饵每遭烹。杜老当年意，临流忆孟生。吾今又悲子，辍箸涕纵横。

笔者认为，作为宋诗的杰出代表和作为中国古代最伟大的文学家，苏轼的诗，除其所具有的诗情画意的艺术魅力之外，还充满睿智的哲理之思，具有某种穿透的历史感和沧桑感，也是苏诗广为人所喜闻乐道的因素之一。而这类借水怀古的诗也可略见一斑。

借水思隐

苏轼有《二月十六日与张、李二君游南溪》诗云：“终南太白横翠微，自我不见心南飞。行穿古县并山麓，野水清滑溪鱼肥……忽闻奔泉响巨碓，隐隐百步摇窗扉。跳波溅沫不可向，散为白雾纷霏霏。”极似韩愈的《山石》，描写南溪远离人世尘嚣的自然淳美。该诗最后：

> 褰裳试入插两足，飞浪激起冲人衣。君看麋鹿隐丰草，岂羡玉勒黄金鞿。人生何以易此乐。天下谁肯从我归？

借南溪水，抒发一种“振衣千仞岗，濯足万里流”的隐逸之气和迈往豪情。

《六月二十七日望湖楼醉书五绝》，被王文诰称为“随手拈出，皆得西湖之神”，诗中的“水枕能令山俯仰，风船解与月徘徊”、“无主荷花到处开”、“滞留江海得加餐”、“未成小隐聊中隐”，都是借西湖水写悠闲的处世姿态，“中隐”的思想是苏轼人生哲学的基准。

《初秋寄子由》苏轼因水流而倍感岁月的易逝，表达一种强烈的手足深情和归隐之志：

百川日夜逝，物我相随去。惟有宿昔心，依然守故处。

《送钱穆父出守越州绝句二首》其一云：

若耶溪水云门寺，贺监荷花空自开。我恨今犹在泥滓，劝君莫棹酒船回。

苏轼由若耶溪水、云门寺想到了富有传奇色彩的诗人贺知章，借他的告老还乡和不知所终，消解自己现实的痛楚。

《次韵程正辅游碧落洞》又云：

孤鸿方游弋，老骥犹在坰。鸟兽如可群，永寄槁木形。何山不堪隐？饮水自修龄。

是说自己像游弋的孤鸿和闲散在坰的老骥，如果鸟兽可以与群的话，宁愿栖身其间而终老林泉，仍然对水表达了特殊的感情，最后一句化用白居易诗“我心既无苦，饮水亦可肥”。

《赠昙秀》以水喻道，诉说一种豪迈激昂、遗世高蹈之情：

白云出山初无心，栖鸟何必恋旧林？道人偶爱山水故，纵步不知湖岭深。空岩已礼百千相，曹溪更欲瞻遗像。要知水味孰冷暖，始信梦时非幻妄。

晚年的苏轼，经过了炼狱般的人生经历，面对水天一色的南海，宇宙苍茫而人生如寄之感顿发，又常借助海的博大，抒发对人生的彻悟：

四州环一岛，百洞蟠其中。我行西北隅，如度月半弓。登高望中

原，但见积水空。此生当安归？四顾真途穷。眇观大瀛海，坐咏谈天翁。茫茫太仓中，一米谁雌雄？（《行琼、儋间……》）

卜水而居，以水为归的终极思想

苏轼认为，最理想的归宿之地，首先是必须有水，“为我买田临汝水，逝将归去诛蓬蒿”（《送李公恕赴阙》）。在《过新息留示乡人任师中》里，苏轼坦言：

昔年尝羡任夫子，卜居新息临淮水。怪君便尔忘故乡，稻熟鱼肥信清美。竹陂雁起天为黑，桐柏烟横半山紫。

表达对任师中临淮卜居的称道和羡慕。接下去他又说：

知君坐受儿女困，悔不先归弄清泚。

前半句用韩信被吕后所杀之典，感叹任师中不该离开临淮之居幽美恬静的处所，误落尘网，备受困辱；后半句化用白居易诗“行行弄云水，步步近乡国”（《自余杭归宿淮口》），抒发归隐田园的愿望，无不显示苏轼对水的浓浓的情愫。

苏轼的《书李世南所画秋景二首》，也是借尺幅之画，表达以水为归的思隐之情，其一云：

野水参差落涨痕，疏林欹倒出霜根。扁舟一棹归何处，家在江南黄叶村。

组诗《再和杨公济梅花十绝》其中的一首云：

白发思家万里回，小轩临水为花开。故应剩作诗千首，知是多情得得来。

仍然是表达苏轼对故乡水土的挂牵，末句用僧贯休事，《五代史外传》：“（贯休）入蜀，献王建诗曰：‘一瓶一钵垂垂老，万水千山得得来’。建大悦，因号得得和尚。”

苏轼对颠簸于淮水上的迁谪生涯是铭心刻骨的，多处有“好在长淮水，十年三往来”，“吾生七往来，送老海上城”之类的感叹，更在《淮上早发》一诗中倾诉：

淡月倾云晓角哀，小风吹水碧鳞开。此生定向江湖老，默数淮中十往来。

在《次韵子由所居六咏》中，苏轼又道：

井水分西邻，竹阴借东家。萧然行脚僧，一身寄无涯。

借赞美苏辙所居之处的清幽，谈论自己对理想的安居之地的标准，好水仍然是他的第一选择。

结　语

从创作论看，每一个作家都有自己观物取象的方式，都有自己独特的语言群落和思维定式。综上所述，分明可见，苏轼于万象之中独喜水，他对水有着独特的情感认同。他的一生和诗作，观水，游水，爱水，赞水，思水，与水同在，以水为归；如同庄子一样，水融入了苏子的血液和灵魂，甚至是他所有文学创作的不尽源泉，诚所谓“仁者乐山，智者乐水”。[①] 而文学作品，特别是诗歌，情感的东西应该是第一性的东西。因此，笔者认为，从抒情类型方面入手探讨苏轼对于“水”的情结和情愫，或许是对苏轼近3000诗的一种新的解读。

① 《论语·雍也》。

眉山"三任"与"三苏"往来事迹考略

刘　刚*

内容提要　眉山县有不少大的文人家族，其中在北宋末年时以苏家和任家最为光显。当时两家声望颉颃，但苏家以"文章著"而名布千年，任家气节虽高却因"少文"而在历史上逐渐黯然失色。眉山任、苏二氏有通家之谊：一是任伯雨父任孜、叔任伋时称"大小任"，与苏洵"尤为厚善"，三人学问气节"相埒"；二是任孜、任伋与苏轼、苏辙兄弟交往颇深；三是任伯雨自幼与苏轼颇有往来，其仕路背景和人生经历与苏轼也有仿佛之处。

关键词　三苏　任伯雨　任孜　任伋　通家

北宋时眉山苏家和任家声望相埒，苏家的代表人物为苏洵、苏轼、苏辙，任家的代表人物则是任孜、任伋、任伯雨。任孜是任伯雨之父，任伋是任伯雨之叔。历经千年的历史洗涤和文化选择，苏轼成为"三苏"的核心，任伯雨也成为"三任"中最有影响力的一个。任伯雨和苏轼相比，其才气和文章虽有不及之处，但在宋人以至明清人眼中其气节和风骨则要远过之。①

---

* **作者简介**：刘刚，广东海洋大学文学院讲师，历史学博士。

① 按：关于南宋皇帝对任伯雨气节的评价，参见李心传《建炎以来系年要录》卷四十六、卷九十二（《影印文渊阁四库全书》第325册，第636、639页，第326册，第300页）、《宋史·孝宗本纪》（《宋史》第3册，中华书局1977年版，第683页）。关于元代史家和诗选家对任伯雨的评价，参见《宋史·任伯雨传》、方回《瀛奎律髓》卷四十三（《影印文渊阁四库全书》第1366册，第478页）。关于明清帝王臣僚和学者对任伯雨的评价，参见张豫章等《御选宋金元明四朝诗》卷八十七（《影印文渊阁四库全书》第1444册，第215页）、商辂等《御批续资治通鉴纲目》卷九（《影印文渊阁四库全书》第693册，第316页）、傅恒等《御批历代通鉴辑览》卷七十九（《影印文渊阁四库全书》第338册，第279—280页）、王夫之《宋论》卷八（《续修四库全书》第450册，第430页）。

然而，今日知“三苏”者众多，却鲜有知“三任”者。鉴于此，我们将以任伯雨和苏轼为主要考察对象，对眉山“三任”与“三苏”在北宋中后期的往来行事略作考述。

一 任伯雨父辈与苏洵的相关情况

王称《东都事略》载：

> 任伯雨，字德翁，眉州眉山人。父孜，字遵圣，以学问气节雄乡里，名声与苏洵相上下，仕至光禄寺丞。其弟伋，字师中，亦知名，尝通判黄州，最后知泸州。当时所谓“大任”、“小任”者也。[①]

王称是南宋初年眉山县人，其父王赏曾在南宋高宗绍兴年间做过实录修撰官。王称继承父业，根据国史、实录和野史写成《东都事略》，专载北宋太祖至钦宗间人物事迹。[②] 王称的在世时间距任伯雨的在世时间不过数十年，[③] 和任伯雨又是同乡，故其所记任伯雨父子两代行事的可信度较高。由此可见，在任伯雨去世后不久，其眉山乡人仍有任孜和苏洵的学问气节不相上下的说法。

任孜和苏洵才气相埒，难分彼此，其弟任伋又如何呢？北宋末年，“苏门四学士”之一的秦观曾提到过任伋和苏洵之间的一些情况。任伋去世后，秦观曾为其作《泸州使君任公墓表》，其中载：

> 公讳伋，字师中，眉州眉山人。少学读书，通其大义，不治章句。任侠，喜事。与其兄孜，相继举进士中第，知名于时。眉人敬之，号之“二任”，而苏先生洵，尤与厚善。[④]

---

① （宋）王称：《东都事略》卷一百，孙言诚、崔国光点校，第859页，《二十五别史》本，齐鲁书社2000年版。

② （宋）洪迈：《举龚、王表》，王称：《东都事略》，孙言诚、崔国光点校，第1、2页，《二十五别史》本，齐鲁书社2000年版。

③ 按：关于任伯雨生卒年的推考详见下文。

④ （宋）秦观：《淮海集》卷三十三，《影印文渊阁四库全书》第1115册，商务印书馆1986年版，第602页。

古代墓表多为死者后人请托有名望的亲友而作，由此可知秦观和任伋应是有一定过往之人，而秦观对苏洵的了解则是自不待言之事，所以秦观的这段话当事出有据。据秦观所言，任孜、任伋兄弟相继考中进士，论学问在当时都颇具名望，论气节亦皆为人敬重，因而眉山当地人对其有“二任”之称。因此，任孜、任伋兄弟当日在眉山的影响力应难分伯仲。苏洵与任孜、任伋兄弟声气相通，又同为眉山大族，因而与其“尤与厚善”，三人关系非同一般。此三人为苏轼父辈，苏轼对三人的关系也曾有记述。任伋死后，苏轼有《任师中挽词》一首，其中有两句专门提到了任孜、任伋与苏洵的往来情况：“两任才行不须说，畴昔并友吾先人”[①]。这样看来，不仅任孜“以学问气节推重乡里，名与苏洵埒”，任伋亦当如此。

表面看来，“三任”父辈任孜、任伋与“三苏”父辈苏洵的学问、气节、名声难分彼此，但仔细推考，苏洵较之任孜、任伋还是略有缺憾之处。

早在北宋开国时期，为克服唐代重用武官所造成的藩镇割据的祸患，在官吏任用上采取重文轻武的政策，往往以文臣选任要职，而在文臣的选任中又不断提高科举出身官员的地位，以至有学者称宋代“管理国家的官员主要是由科举出身的士大夫来担任的”。[②] 北宋科举制度和明清大不相同，北宋的科举考试分进士科、明经科等多个科目，进士科重辞赋，明经科重经义。在科举出身的官员中，又以进士科出身的最为显要。《宋会要》中对进士科有这样的评价：“国家以来，文章取士，莫胜于进士之一科，名公贵卿，项背相望。”[③] 话虽如此，但实际上中了进士只是在仕途上有了一个有优势的起步而已，距离位至公卿之日路途遥远，甚至绝大多数人永无此日，因而这一说法在表述上显然有夸张之处，却由此可见北宋时期进士科出身的重要性及其在读书人心中的地位。

据《宋史·苏洵传》：

---

① （宋）苏轼：《东坡全集》卷十三，《影印文渊阁四库全书》第1107册，商务印书馆1986年版，第212页。

② 赵毅、赵轶峰：《中国古代史》，高等教育出版社2002年版，第596页。

③ （清）徐松：《宋会要辑稿》，选举二十二之八，中华书局1957年版，第4599页。

苏洵，字明允，眉州眉山人。年二十七始发愤为学，岁余举进士，又举茂才异等，皆不中。①

可见，苏洵不仅未曾中过考试难度大的进士科，即使相对容易考中的其他科类也未曾中过。苏洵既与科举无缘，其做官走的也就并非科举之路。《宋史·苏洵传》又载：

宰相韩琦见其书，善之，奏于朝，召试舍人院，辞疾不至，遂除秘书省校书郎。会太常修纂建隆以来礼书，乃以为霸州文安县主簿，与陈州项城令姚辟同修礼书，为《太常因革礼》一百卷。书成，方奏未报，卒。赐其家缣、银二百，子轼辞所赐，求赠官，特赠光禄寺丞。

可见，苏洵一生并未就任过有实际意义的官职，死后才得以封赠为光禄寺丞。而据秦观为任伋所作墓表，任伋“与其兄孜，相继举进士中第”。两兄弟皆中进士，这在北宋是一件十分显要的事情。也正是由于任孜、任伋兄弟进士科出身，所以其官职也远胜于苏洵。这是“三任”父辈与“三苏”父辈相较，苏洵的缺憾所在。但从《宋史》来看，任氏兄弟皆无专门传记，而苏洵不仅在文苑一门中专设传记，并且《宋史》编修者称其：

悉焚常所为文，闭户益读书，遂通《六经》、百家之说，下笔顷刻数千言。至和、嘉祐间，与其二子轼、辙皆至京师，翰林学士欧阳修上其所著书二十二篇，既出，士大夫争传之，一时学者竞效苏氏为文章。……所著《权书》、《衡论》、《机策》，文多不可悉录。

并以大量篇幅“录其《心术》、《远虑》二篇”。②

---

① （元）脱脱等：《宋史》卷四百四十三，第37册，中华书局1977年版，第13093、13097页。
② 同上书，第13093—13096页。

看来，苏洵在经学和文章方面又当胜于任孜、任伋一筹。

由上述可见，眉山"三任"父辈任孜、任伋兄弟与"三苏"父辈苏洵不仅各有所长，名声气节难分上下，而且交往"厚善"，有通家之谊。

二 任伯雨父辈与苏轼、苏辙的相关情况

先看"三任"和"三苏"的生卒年问题，以了解其年龄情况。由于北宋时眉山任家文名不盛，曾与"三苏"齐名的"三任"已在历史中被淡忘，因而"三任"的生卒年尚需推考。

在考察"三任"的生卒年时只有任伋有确切史料可据。据秦观所作墓表，任伋"以元丰四年（1081）三月二十四日卒于遂州西禅佛舍，享年六十有四"，则任伋生于1018年，卒于1081年。

任孜的生卒年只能模糊考得。苏轼《任师中挽词》中称"大任先去冢未干，小任相继呼不还"，则任孜和任伋离世时间当不过数月，其卒年暂可定在1081年。任孜和任伋分别于庆历三年（1043）和庆历六年（1046）中进士，[①] 由此推断兄弟二人年龄当相仿，姑且假定相差3岁上下，则其生年可暂定在1015年左右。

任伯雨的生年不可确知，而其卒年则可考得。《宋史》称其"宣和初卒，年七十三"。[②] 南宋高宗宣和年号共历7年，"宣和初"大概指宣和元年（1119）或二年（1120），由此上推72年，则任伯雨生于1047年或1048年。

现将推考结论罗列如下：任孜（1015？—1081），任伋（1018—1081），任伯雨（1047？—1119？）。"三苏"的生卒年已是学界通识：苏洵（1009—1066），苏轼（1036—1101），苏辙（1039—1112）。两相比较，可知"老任"和"老苏"的年龄差在9岁以内，"小任"和"小苏"的年龄差也大概为9岁。

"三任"都是正常离世，任孜、任伋死后，苏轼都为之写过悼亡诗。据《梁溪漫志》"东坡识任德翁"条目：

① （宋）章定：《名贤氏族言行类稿》卷三十三，《影印文渊阁四库全书》第933册，商务印书馆1986年版，第493页。

② （元）脱脱等：《宋史》卷三百五十四，第31册，中华书局1977年版，第10966页。

蜀人任孜字遵圣，以学问气节雄乡里，兄弟皆从老苏游，东坡所谓“大任刚烈世无有，疾恶如风朱伯厚”① 者，其后在京师有《哭遵圣诗》云“老任况豪俊，先子推辈行。”②

苏轼另有一首《送任伋通判黄州兼寄其兄孜》：

吾州之豪任公子，少年盛壮日千里。无媒自进谁识之，有才不用今老矣。别来十年学不厌，读破万卷诗愈美。黄州小郡隔溪谷，茅屋数家依竹苇。知命无忧子何病，见贤不荐谁当耻。平泉老令更可悲，六十青衫贫欲死。桐乡遗老至今泣，颍川大姓谁能箠。因君寄声问消息，莫对黄鹞矜爪觜。③

由此可见苏轼悉知任孜、任伋兄弟性情和才学，同情他们的仕路遭遇，并挂念他们的政治处境。

相对于任孜，苏轼与任伋的往来更多一些。据秦观《泸州使君任公墓表》所记：

公为吏通敏，吏民畏而爱之。其通守齐安也，尝游于定惠院。既去，郡人名其亭曰“任公”。时苏先生之长子翰林公轼以谴迁齐安，齐安人知其与公善也，复于其侧为“师中庵”，曰：“师中必来访，予将馆于是。”④

① 原诗为《任师中挽词》：“大任刚烈世无有，嫉恶如风朱伯厚。小任温毅老更文，聪明慈爱小冯君。大任先去冢未干，小任相继呼不还。强寄一樽生死别，樽中有泪酒应酸。贵贱贤愚同尽耳，君今不尽缘贤子。人间得丧了无凭，只有天公终可倚。”［（宋）苏轼《东坡全集》卷十三，《影印文渊阁四库全书》第1107册，商务印书馆1986年版，第212页。］

② （宋）费衮：《梁溪漫志》卷四，《影印文渊阁四库全书》第864册，商务印书馆1986年版，第714页。

③ （宋）苏轼：《东坡全集》卷二，《影印文渊阁四库全书》第1107册，商务印书馆1986年版，第70页。

④ （宋）秦观：《淮海集》卷三十三，《影印文渊阁四库全书》第1115册，商务印书馆1986年版，第602页。

为官地的百姓对任伋的敬仰及任伋与苏轼的交往都从中可见。

秦观《泸州使君任公墓表》又云：

> 明后，公卒，郡人闻之，相与哭于定惠者百余人，饭僧于亭而祭公于庵。而苏先生之少子中书公辄复为之记。余尝从翰林、中书公游，闻二任之风久矣。①

由此可以发现两点：一是任伋离世后，苏辙曾为之作记。二是苏辙亦当与任孜、任伋有所往来，可惜其详情未能见诸史料。

以上是"三任"父辈任孜、任伋兄弟与"三苏"子辈苏轼、苏辙兄弟的往来情况。

三　任伯雨与苏轼、苏辙的相关情况

记载任伯雨与苏轼往来事迹的史料较多，现将一些主要事迹加以推考。

（一）元祐八年（1093）六月至九月末任伯雨与苏轼的诗坛逸事

《唐子西文录》：

> 东坡作《病鹤诗》，尝写"三尺长胫瘦躯"，缺其一字，使任德翁辈下之。凡数字，东坡徐出其稿，盖"阁"字也。此字既出，俨然如见病鹤矣。②

考苏轼有《鹤叹》诗，内有"我生如寄良畸孤，三尺长胫阁瘦躯"，③ 盖此诗初名《病鹤诗》。一般认为此诗作于元祐八年（1093）十一月，为苏轼到定州后所作。孔凡礼认为任伯雨和苏轼的这段文字游戏发生在绍圣元

① （宋）秦观：《淮海集》卷三十三，《影印文渊阁四库全书》第1115册，商务印书馆1986年版，第602页。

② （宋）强幼安：《唐子西文录》，《续修四库全书》第1713册，上海古籍出版社2001年版，第404页。

③ （宋）苏轼：《东坡全集》卷二十一，《影印文渊阁四库全书》第1107册，商务印书馆1986年版，第321页。

年（1094）两人在楚、泗间相遇并同行之时。① 孔凡礼等人《鹤叹》诗的系年依据是诗中的自慨之意，观苏轼全诗以鹤自比，恐怕难以将其自慨之意定在哪一个具体的人生时段。

在没有确凿证据的情况下，诗歌系年的不确定性太大。我们认为这首诗当作于元祐八年（1093）六月至九月末苏轼由礼部尚书贬任定州知州后暂居开封时。依据有二：一是《鹤叹》的诗意也可以契合苏轼在这段时间的政治处境和心态。苏轼元祐八年（1093）六月被贬知定州，但直到九月底方动身，② 这三个月里其暂居开封，当时的“病鹤”处境和心态与到定州之后是一样的。二是这一时间具备构成“使任德翁辈下之”的场景条件。唐庚文中称“使任德翁辈下之”，则在场者与任伯雨年龄、身份相当的当有数人，但绍圣元年（1094）两人在楚、泗间相遇并同行之时，一个扶母柩归乡，③ 一个携子辈下岭南，而苏轼与任伯雨以同辈相往来，所以在路遇同行时不具备构成“使任德翁辈下之”的条件。与此相反，当时除任伯雨在京城任广陵郡王院教授，④ 苏辙任尚书右丞外，尚有不少其他京师友人。

我们对《鹤叹》诗的这一系年结论还可从另一个角度得到辅证，即唐子西所述这段故事的信息来源。《唐子西文录》是强幼安据唐子西的口述而成书，唐子西即有“小东坡”之称的唐庚，其从何处获知的这段逸事？唐庚15岁（元丰七年，1084）之前曾在薛州官学跟随任伯雨读书，颇受任伯雨垂爱。⑤ 另据《苏轼年谱》所考，唐庚元祐八年（1093）24岁时也曾在开封城外面拜谒过赴定州途中的苏轼。⑥ 这样看来，唐庚所言这段任、苏之间的诗坛逸事或在元丰七年（1084）之前得之于任伯雨，或在元祐八年（1093）得之于苏轼。若《病鹤》诗作于元祐八年（1093）六月至九月

① 孔凡礼：《苏轼年谱》，中华书局1998年版，第1130页。

② 同上书，第1094、1102页。

③ 按：详见下文。

④ 按：参见刘刚《任伯雨仕宦行迹考实》，《2014年广东省社科学术年会分会雷州文化学术研讨会论文集》，2014年，第86页。

⑤ （宋）唐庚：《上任德翁序》，《眉山文集》卷九，《影印文渊阁四库全书》第1124册，商务印书馆1986年版，第376页。

⑥ 孔凡礼：《苏轼年谱》，中华书局1998年版，第1106页。

末苏轼暂居开封期间，在时间上可与唐庚拜谒苏轼一事相合。

(二) 神宗元丰四年（1081）任伯雨命中举的子侄自蔡州赴黄州拜谒苏轼

苏轼《答任德翁》：

> 自蒲老行后，一向冗懒，不作书。子侄来，领手教，感愧无量。仍审尊体佳胜为慰。昆仲首捷，闻之欣快，起我衰病矣。当遂冠天下士，蔡州未足云也。陈季常归，又得动止之详。小四乃能尔，师中不死矣。此间凡事可问小大（按：小的和大的，指任象先和任谅兄弟），更不覼缕（按：详述），未期会晤，万万自爱。[①]

苏轼元丰三年（1080）十二月作《书蒲永升画后》称“永升今老矣，画亦难得”，[②] 则“浦老”当指著名画家蒲永升，[③]《书蒲永升画后》对其画作及为人有详述，此不引录。“子侄”当为任伯雨的儿子和侄子。据《宋史·任伯雨传》可知任伯雨有两子，长子任象先“登世科，又中词学兼茂举”。[④] 世科谓世代有人及第，故任象先和任伯雨一样曾中进士。《传》中称仲子“申先以布衣特起至中书舍人”，可知任申先未曾中举。任伯雨侄辈人数应不少，苏轼此处所指何人无须详考，据“昆仲首捷”、“当遂冠天下士，蔡州未足云”、“小四乃能尔，师中不死矣”三点便可锁定目标。据《名贤氏族言行类稿》：

> 任谅，字子谅，十四岁应蔡州举，魁其选，登进士第，任伋，字师中……孙谅。[⑤]

① （宋）苏轼：《东坡全集》卷八十，《影印文渊阁四库全书》第1108册，商务印书馆1986年版，第296页。

② （宋）苏轼：《东坡全集》卷九十三，《影印文渊阁四库全书》第1108册，商务印书馆1986年版，第500页。

③ 孔凡礼：《苏轼年谱》认为“此蒲老或为宗孟”（第526页），亦有可能。蒲宗孟，《宋史》有传，可参见。

④ （元）脱脱等：《宋史》卷三百五十四，第31册，中华书局1977年版，第10966页。

⑤ （宋）章定：《名贤氏族言行类稿》卷三十三，《影印文渊阁四库全书》第933册，商务印书馆1986年版，第493页。

任谅是任伋的亲孙子，盖因排行老四，又因当时任伋已去世，所以苏轼在听说任谅举人考试冠夺蔡州之后称“小四乃能尔，师中不死矣”。可见，苏轼所言“昆仲首捷”指任伯雨长子任象先和从侄任谅同时中举。

从上述可见，任象先和任谅中举后，奉父叔之命结伴赴世交苏轼处拜谒，这篇《答任德翁书》当是在任氏兄弟二人返程时，苏轼托其带给任伯雨的回信。任谅在《宋史》有传，《传》中称其徽宗宣和七年（1125）冬金人举兵犯燕山后“复起为京兆，未几，卒，年五十八”。[①] 由此可知任谅当死于靖康元年（1126），上推 57 年，其当生于神宗熙宁二年（1069），按常理推算其 14 岁魁举蔡州当在神宗元丰五年（1082）。但神宗元丰五年（1082）恰为任伯雨中进士之年，该年既是春闱之年，则其子侄秋闱乡试当在神宗元丰四年（1081）。盖任谅当卒于徽宗宣和七年（1125）冬，由此时间推算则任谅 14 岁中举时恰为神宗元丰四年（1081），当时苏轼任职黄州团练副使。

（三）绍圣元年（1094）任伯雨自开封扶母柩归眉山途中路遇苏轼并同行月余

苏轼《志林·梦寐》：

> 宣德郎、广陵郡王院大小学教授眉山任伯雨德公，丧其母吕夫人，六十四日号踊。稍间，欲从事于佛。或劝诵《金光明经》，具言世所传本多误，惟咸平六年刊行者最为善本，又备载张居道再生事。德公欲访此本而不可得，方苦卧柩前，而外甥进士师续假寐于侧，忽惊觉曰：“吾梦至相国寺东门，有鬻姜者云：有此经。……此大非梦也！”德公大惊，即使续以梦求之，而获睹鬻姜者之状，则梦中所见也。德公舟行扶柩归葬于蜀，余方贬岭外，遇吊德公楚、泗间，乃为之记。[②]

北宋广陵郡王院并非在广陵（今江苏扬州），广陵郡王只是一个虚名，与

---

① （元）脱脱等：《宋史》卷三百五十六，第 32 册，中华书局 1977 年版，第 11221 页。

② （宋）苏轼：《东坡全集》卷一百一，《影印文渊阁四库全书》第 1108 册，商务印书馆 1986 年版，第 608 页。

其他郡王一样，广陵郡王的府第在京城开封。[①] 任伯雨自开封扶母柩回眉州，既是舟行，据《中国历史地图集》其路线应是沿汴流自开封至泗州，自泗州（今江苏盱眙）至楚州（今江苏淮安），然后过扬州入长江，再沿长江逆流而上至江宁（今江苏南京），自江宁逆流至江州（今江西九江），自江州继续沿长江逆流而入四川。任伯雨沿汴流由泗州入楚州时与苏轼相遇，当时苏轼“方贬岭外”，当是其哲宗绍圣元年（1094）被贬英州、惠州时。

考苏轼《与程德孺》：

> 在定辱书，未裁答间，仓猝南来，遂以至今。比日窃惟起居佳胜。老兄罪大责薄，未塞公议，再有此命，兄弟俱窜，家属流离……任德翁同行月余，其见老兄处忧患，次第可具问，更不详书也。[②]

苏轼写给程德孺的这封信作于到达惠州后，从信中可知苏轼在南下路上曾与任伯雨同行月余。孔凡礼推测苏轼和任伯雨当沿长江同行至江州（今江西九江）而分道，[③]，轼自江州南下岭南，而任伯雨继续西去归四川。

两人同行至南京后，还发生了一段插曲。苏轼《与任德翁》：

> 半月不面，思仰深剧。辱书，承孝履如宜。金陵虽久驻，奉伺不至，知亦滞留如此。某在慈湖夹阻风已日，今日风亦不苦，顺且寸进，前去恐亦未能远也。不知德翁今晚能到此否？倾渴之至。[④]

慈湖夹之慈湖并非浙江奉化慈湖，而是北宋时期位于今安徽马鞍山慈湖

① ［美］贾志扬：《天潢贵胄：宋代宗室史》，赵冬梅译，江苏人民出版社2005年版，第44、61、63、78页。

② （宋）苏轼：《东坡全集》卷八十三，《影印文渊阁四库全书》第1108册，商务印书馆1986年版，第344—345页。

③ 孔凡礼：《苏轼年谱》，中华书局1998年版，第1162页。

④ （宋）苏轼：《东坡全集》卷八十三，《影印文渊阁四库全书》第1108册，商务印书馆1986年版，第344页。

乡的一个连接长江的湖泊，在长江上游约一百五十里处，现已消失。据孔凡礼推测，苏轼与任伯雨自楚、泗之间沿汴流同行入长江后，到金陵（今江苏南京）时曾“有短暂停留，忙于各自事务，未能晤面，致轼先离金陵”。[①] 我们根据《与任德翁》文意可继续推知：任伯雨和苏轼同行至金陵后，各自外出忙于事务，但任伯雨正值“承孝履”扶柩期间，不知其所忙为何事。两人在金陵分别前约定在各自办完事情后回金陵会面，然后继续同行。但苏轼在金陵等候多天后，任伯雨仍然未归，于是苏轼先行离开金陵，边行边等，其离开金陵时当留信托人告知后到的任伯雨。等苏轼舟行至慈湖夹时，遭大风急浪不可行船，被阻在慈湖夹数日。任伯雨依然未能追至，苏轼怀疑其被同一场风阻滞在某地。到苏轼写此信的这天，两人自南京分别已经半个月。这天风已经不是很大，勉强可行船，但因是逆流而上，加之逆风，所以他认为即便这天任伯雨动身前来，顺利的话也会船速极慢，恐怕不会行出太远。然而，苏轼依然渴望当晚任伯雨能到达慈湖夹。至于两人最终是否成功在慈湖夹会面继续同行，孔凡礼认为“自楚、泗间至金陵，舟行方便，为时当不逾一月”，而苏轼曾称与“任德翁同行月余”，是则“伯雨当应约至，然后同舟至江州，伯雨回川，轼遵路赴惠，其时在七月上旬”。[②] 笔者赞同这一说法。

（四）青年苏轼评价少年任伯雨

费衮《梁溪漫志》之“东坡识任德翁”条：

> 东坡……又云：“平生惟一子，抱负珠在掌。见之龆龀中，已有食牛量。”其子后立朝，果著大节，即德翁也。东坡眼目高，观人于龆龀间已能如此，妙矣夫。[③]

据苏轼所言，任伯雨是任孜的独子。苏轼生于仁宗景祐三年（1036）腊

① 孔凡礼：《苏轼年谱》，中华书局 1998 年版，第 1162 页。

② 同上。

③ （宋）费衮：《梁溪漫志》卷四，《影印文渊阁四库全书》第 864 册，商务印书馆 1986 年版，第 714 页。

月,[①] 任伯雨约生于仁宗庆历七年（1047），二人相差11岁。苏轼仁宗嘉祐二年（1057）22岁中进士时任伯雨方为11岁的孩童，所以苏轼称“见之龆龀中，已有食牛量”。因先秦古书中有“虎豹之驹，未成文而有食牛之气”,[②] 故古人常以“食牛”称赞人小志大的未成年人，如杜甫《徐卿二子歌》：“小儿五岁气食牛，满堂宾客皆回头。”[③] 苏轼对任伯雨的这一评价正应了“三岁看小，七岁看老”这一俗语。

（五）任伯雨与苏轼同编儋州

费衮《梁溪漫志》之“昌化盛事”条：

> 东坡眉人，贬昌化。任德翁亦眉人，后亦贬昌化。张才叔《赠德翁诗》云：“儋耳百年经僻陋，眉山二老继驱除。”德翁和云：“身投魑魅家何在，泽逮昆虫罪未除。”苏、任两公同乡里，同贬所，大节相望，顾儋耳独何幸也![④]

此张才叔即张庭坚,《宋史》有《传》云：

> 张庭坚，字才叔……擢右正言。帝方锐意图治，进延忠鲠，庭坚与……任伯雨皆在谏列，一时翕然称得人。……曾布因称其所论不常，帝命徙为郎，俄出为京东转运判官。任伯雨言庭坚立身有本末，不应罢言职。庭坚亦辞新命，改知汝州，又送吏部。伯雨复争之，乞以庭坚章付外，考其所言，毋使言者为三省所胁。李清臣从而挤之，改通判陈州。……后遂列诸党籍。又坐尝谈瑶华非辜事，编管虢州，再徙鼎州、象州。久之，复故官。[⑤]

---

① 孔凡礼:《苏轼年谱》，中华书局1998年版，第8页。

② 按:《太平御览》卷四百二谓“《文子》曰”、卷八九一又谓“《尸子》曰”。

③（清）仇兆鳌:《杜诗详注》卷十,《影印文渊阁四库全书》第1070册，商务印书馆1986年版，第423页。

④（宋）费衮:《梁溪漫志》卷四,《影印文渊阁四库全书》第864册，商务印书馆1986年版，第720页。

⑤（元）脱脱等:《宋史》卷一百五，第31册，中华书局1977年版，第10980—10981页。

通过《宋史·张庭坚传》所记，可知张庭坚与任伯雨的经历几乎相同，并且当二人同任谏官时，曾布企图将张庭坚调离言路，任伯雨曾反复抗疏阻止。《宋史·任伯雨传》载："为蔡卞所陷，与陈瓘、龚夬、张庭坚等十三人皆南迁，独伯雨徙昌化。"则徽宗崇宁二年（1103）正月张庭坚与任伯雨同时被贬，结合张庭坚《赠德翁诗》之句，该诗当作于此时。哲宗绍圣四年（1097）苏轼也曾"责授琼州别驾，移昌化军安置"，[①] 昌化军即儋州，故张庭坚称"儋耳百年经僻陋，眉山二老继驱除"。

费衮是南宋中期人，其言"苏、任两公同乡里，同贬所，大节相望，顾儋耳独何幸也！"若在此基础上略有所补便可作为我们对任伯雨和苏轼两人关系的总结。任伯雨和苏轼在江苏泰州和广东雷州两地同被入祠奉祀，《江南通志》：

> 思贤堂，在泰州学内，祀宋韩琦、欧阳修、刘敞、吕公著、苏轼、宋彭方，重建增祀陈瓘、任伯雨为七贤堂。[②]

《广东通志》：

> 西湖……边有十贤堂，咸淳间建以祀寇准、苏轼、苏辙、秦观、李纲、王岩叟、任伯雨、李光、赵鼎、胡铨十人。[③]

至此，我们把费衮的话稍改后将任伯雨和苏轼一生的往来大致归纳如下："苏、任两公同乡里，同贬所，同入祠，大节相望。"

余 论

宋代的眉山只是一个县，建制虽小，其人杰地灵却表现尤甚。当时眉

① 孔凡礼：《苏轼年谱》，中华书局1998年版，第1250页。

② （清）黄之雋等：《江南通志》卷四十，《影印文渊阁四库全书》第508册，商务印书馆1986年版，第297页。

③ （清）鲁曾煜等：《广东通志》卷十三，《影印文渊阁四库全书》第562册，商务印书馆1986年版，第485页。

山县有不少大的文人家族，其中在北宋末年时以苏家和任家最为光显。北宋时眉山苏家和任家声望颉颃，但苏家以“文章著”而名布千年，而任家气节虽高却因“少文”而在历史上逐渐黯然失色。在这种对比的背后有三点不为今人所悉：一是任伯雨其父其叔时称“大小任”，与苏洵“尤为厚善”，三人学问气节“相埒”，任伯雨与苏轼兄弟也交往颇深，眉山任、苏二氏有通家之谊。二是任伯雨做地方官时“抚民如伤”，做谏官时敢于反复弹劾章惇、蔡卞、蔡京，曾对北宋末年的政局产生过巨大影响，[①] 故其人格魅力为后世所推重，其为官甚至流徙途经之地的百姓建“三贤祠”[②]、“七贤堂”、“十贤祠”纪念他。三是在宋徽宗执政初期任伯雨曾在短暂的半年谏官生涯中连上百疏激浊扬清，他因这一壮举直到明清时期还被皇帝和朝臣尊为言官的典范。[③] 如此看来，无论是挖掘“流寓先贤”这类历史人物的人格事迹，还是研究北宋末年那段不堪的政治史，抑或使“三苏”研究再多一份“附丽”，都有必要对眉山“三任”与“三苏”的往来事迹进行一番考察和梳理。

---

① 按：《东都事略》载任伯雨“章八上，惇贬雷州”，“卞亦鼠窜”（王称《东都事略》卷一百，孙言诚、崔国光点校，《二十五别史》本，齐鲁书社2000年版，第860页），显然将章惇和蔡卞的贬斥直接归因于任伯雨的反复力谏。《宋史》之《任伯雨传》的编修者称“论曰：‘任伯雨抗迹疏远，立朝寡援，而力发章惇、曾布、蔡京、蔡卞群奸之恶，无少畏忌’”（《宋史》卷三百五十四，第31册，中华书局1977年版，第10967页）。

② 按：《江南通志》卷四十载“三贤祠，在（通）州治，祀州人张次山、流寓陈瓘、任伯雨”（见《影印文渊阁四库全书》第508册，第308页）。

③ 参见《宋史·任伯雨传》、方回《瀛奎律髓》卷四十三（《影印文渊阁四库全书》第1366册，第478页）、张豫章等《御选宋金元明四朝诗》卷八十七（《影印文渊阁四库全书》第1444册，第215页）、商辂等《御批续资治通鉴纲目》卷九（《影印文渊阁四库全书》第693册，第316页）、傅恒等《御批历代通鉴辑览》卷七十九（《影印文渊阁四库全书》第338册，第279—280页）。

论苏轼对张大千词作的影响*

周于飞**

内容提要 张大千是20世纪的著名艺术家，他的艺术成就举世公认，而他的文学创作，尤其是诗词创作，往往为画名所掩。从张大千现存词作来看，受到苏轼的影响不小，主要表现在词的形式、风格以及"檃栝"这三个方面。张大千的词多用题序和后记，没有形成明显的个人词风，但有不同风格的作品，其中"檃栝"词明显受到苏轼的影响。

关键词 苏轼 张大千 词 檃栝

苏轼与张大千，同为四川文化史上的名人，在文学、艺术方面都有很高的造诣。苏轼开豪放词派，提出文人画的概念，对后代词坛和画坛产生了深远的影响。张大千作为当代著名画家，对苏轼这位乡贤前辈非常推崇，曾在词作中以苏轼自况，有"海外东坡人似旧"语。① 张大千生前好友秦孝仪在《张大千诗文集》的序言中指出："尝谓大千之思想情致，盖植根于儒流，而旁通乎释老，自成其为大千之人格与风格，方诸古人，与唐之香山为近，然观其乌帽紫髯，仪型乃在东坡，而坡公固言'出处依稀似乐天'矣，夫事有旷百世而相感者，岂灵根慧业，有感而遂通耶?"② 张

* 本文系四川省教育厅人文社会科学（四川张大千研究中心）青年项目《张大千诗词联研究》阶段性成果，项目编号：ZDQ2013－19。

** 作者简介：周于飞，西南科技大学文学与艺术学院讲师，文学博士。

① 张大千：《满江红·戊寅五月别津沽作》，《张大千先生诗文集》卷四，台北故宫博物院1993年版，第4页。

② 张大千：《张大千先生诗文集》，台北故宫博物院1993年版，第6页。

大千不仅在人格风格上受到苏轼的影响，他的诗词创作也同样深受苏轼的影响。

一 词的形式

张大千的诗作传世数量较多，而词作较少，据台北故宫博物院编辑委员会编《张大千诗文集》统计，仅有卷四存词一卷，计有35首。从形式上看，大量使用题序和后记，是张大千词作的一个明显特点。

题序和后记，是词的重要组成部分。题序是位于词调之后词作之前的说明性文字，一般用来概括词作内容。词体刚产生时，词调与词题基本上是合一的。后来词的内容逐渐与词调脱离，词调不足以表明该词的内容，这才另加词题。也就是说词题的作用在于揭示词的主要内容。张大千词作，有29首用词题，仅有6首不用词题。这些词题可以分为两类，第一类是题画词，此类词数量最多，如《三姝媚·题天女散花图》、《浣溪沙·题画扇侍女》、《玉楼春·题薛涛制笺图》等。题画词大多是张大千自题所作画作，也有少数题他人画作，如《西江月·题吴湖帆临石涛澜石堆云图卷》；第二类是记游词，如《满江红·戊寅五月别塘沽作》、《满江红·庚辰登峨眉赋》、《蝶恋花·登巴西圣像山》等。词题字数较为凝练，从中了解的信息也受到限制。以题画词的词题为例，往往只能了解画作的名字，创作时间、地点等信息，就只能留待词序或者词作本身交代了。而词序的字数可长可短，从词序发展史上来说，苏轼大量创作词序，是第一位写作长序的词人，有的词序字数甚至超过了词作本身字数，近似于一篇短小的散文，兼有记叙抒情的功能。

张大千的后记多于词序，这与他的词多为题画词有关。题画词的后记，往往用以补充画作的创作动机、时间、地点及馈赠对象等，其中有部分后记本身就是一篇文字优美的抒情短文，兼有文献和审美的双重价值。如《浣溪沙·题畹华湖帆合作梅兰双清图词画》[①] 后记：

① 按该词在《张大千诗词集》中题为《浣溪沙·为梅葆玖补绘赠〈梅兰图〉》，后记文字略有出入，见李永翘编《张大千诗词集》下卷，花城出版社2009年版，第830页。

> 三十三年前在上海，与朋辈集湖帆丑簃，弄笔为欢笑，湖帆先撇幽兰一握，畹华为补梅花，乃索余以小令题之。稚柳且为余点易数字，畹华携归缀玉轩。顷者其公子葆玖莅香江，云此画已成陈迹，不在人间矣。其尊人与湖帆俱相继去世，倩友人要为补写。葆玖孝思如此，畹华当含笑九泉，而予车过腹疼，老泪纵横矣。八十四叟爰。[①]

1948年，张大千与梅兰芳（字畹华）、谢稚柳雅集上海吴湖帆（号丑簃）寓所。吴湖帆与梅兰芳合绘《梅兰双清图》，张大千以小令《浣溪沙》题之，此画由梅兰芳收藏。1981年，梅兰芳之子梅葆玖先生来香港演出，请求友人向张大千补绘此图[②]张大千应求补绘此图，赠予梅葆玖先生，并重题当年所作小令。在词的后记中，词人回忆起33年前的往事，依然历历在目，故友却已作古。原画虽不存于世间，这段友情却随着补画和题词被永久记录了下来。类似这样的后记，在张大千的词作中并不少见。由此也可以看出张大千作为一个艺术家，从中年到老年的心态变化。

二　词的风格

词以婉约为宗，从苏轼开创豪放词风，形成了婉约派词人和豪放派词人。但实际上词人的风格并非简单划分成婉约或豪放两种。以苏轼本人来说，他创作的豪放词仅是他词作的一部分，苏词还兼有婉约、旷达的特点。张大千创作的词作数量不多，没有形成鲜明的词风，但也有婉约、豪放、旷达等不同风格的作品。这点从他常用的词牌上也能看出一二。张大千的词，小令数量多于长调慢词，小令中《浣溪沙》写得最多，长调以《满江红》写得最多。从词的内容上说，《浣溪沙》多写题画，《满江红》多叙记游；从词的风格上说，《浣溪沙》多为婉约之作，《满江红》多为豪放之作。而词风的形成，除了受到词的内容影响，与词牌本身的特点也有一定的关系。

以《满江红》为例，此调有仄韵平韵两体。《钦定词谱》以柳永《满

---

① 《张大千先生诗文集》卷四，第11页。

② 许姬传：《大师隔海寄深情——张大千赠梅葆玖〈梅兰图〉》，《天水无垠——张大千生平和艺术》，中国文史出版社1991年版。

江红·暮雨初收》为正格。九十三字，前片四十七字，八句，四仄韵；后片四十六字，十句，五仄韵。此调沉郁激昂，词人多抒发怀抱，如岳飞《满江红·怒发冲冠》，被视为是豪放派的佳作。张大千所填四首同调《满江红》词作，《乙亥九月与友人登华山落雁峰》是较为典型的豪放风格的作品：

塞雁来时，负手立，摩天绝壁。四千里岩岩帝座，况通呼吸。足下河山沤灭幻，眼中岁月鸾飞疾。望浮云，何处是长安，西风急。

悲欢事，中年剧。兴亡感，吾侪切。把茱萸插遍，细倾胸臆。蓟北兵戈添鬼哭，江南儿女教人忆。渐莽然，暮霭上吟裾，龙潭黑。①

这首词在《张大千诗词集》中题为《满江红·华岳高秋》。② 据编者李永翘先生注释，该词原作于1935年（乙亥），1937年（丁丑）重写，是一首题画词。张大千在词后题跋写道："乙亥重九，登太华落雁峰所赋也，时隔三年，江南、蓟北无一片净土矣。丁丑重九，竹宅二兄方家嘱画，并请书正。蜀郡张爰。"③ 张大千诗词的一个特点是他很少从题目或者题材上直接描写时事，但这并不意味着他的诗词创作有意回避描写时事。正如词中所说"兴亡感，吾侪切"。国家民族到了生死存亡的关键时刻，张大千这一辈人有着深刻的切身感受。1937年抗日战争全面爆发，张大千被困于北京沦陷区，应友人范竹斋之求，作《华岳高秋图》并重题《满江红》词于画上。这首题画词，以重阳节登临华山起兴，抒发了词人身在他乡怀念亲友的思乡之情，并对时局艰危感到深深忧心。家国之感与个人身世交织在一起，情感沉郁悲凉，有以词为史的倾向。"望浮云，何处是长安，西风急"与沈祖棻的名句"有斜阳处有春愁"类似，均以景语寄托情语。张词与沈词，尽管风格不同，在爱国情感上却是一致的，那就是把个人命运与民族存亡紧密联系起来。张大千虽然不能亲上战场杀敌，但他在沦陷区期间拒绝与日寇合作，也体现了一个艺术家的铮铮

---

① 《张大千先生诗文集》卷四，第1页。

② 李永翘编：《张大千诗词集》下卷，花城出版社2009年版，第798页。

③ 同上。

铁骨和爱国之情。

三 词的檃栝

"檃栝"一词最早出自《荀子·性恶》，是指矫正曲木的工具。作为文学创作手法的"檃栝"，是指对原有作品进行改编再创作。词的檃栝是把其他体裁（如诗文）的作品改写为词的形式。宋代开始出现檃栝词，第一次在词中使用"檃栝"这个术语的是苏轼，因此历来都把苏轼视为开宋代檃栝词风气之先者。苏轼的檃栝词，据郑园先生考证有八首①，数量虽然不多，但是檃栝文体包括诗、词、文，作者有东晋陶渊明、唐代韩愈、杜牧、张志和，宋代欧阳修及苏轼本人。可以视为苏轼"以诗为词"，扩展词境的一种尝试。

"檃栝"是一种特殊的创作手法，檃栝词在词中属于"杂体"，不是创作的主流方向。但从宋代开始，历代不乏创作檃栝词的词人。词人们创作檃栝词的动机各不相同，但有一点可以肯定，檃栝词的创作，首先基于词人们对于檃栝作品的熟悉。要将不同体裁的作品改编为词，并非一件容易的事情。如果对作品都不熟悉，那就更谈不上去檃栝了。而这种"熟悉"，往往是建立在对于作品的欣赏和喜爱的基础上。檃栝的过程，不仅是文体改编进行再创造的过程，实际上也是欣赏和接受的过程。檃栝词的作者往往借他人酒杯浇自己块垒，以檃栝的方式，寄寓自己的思想情感。苏轼是开檃栝词风气的作者，而他本人的创作又成为后代檃栝词创作的对象。历代檃栝苏轼作品的词不少，以《赤壁赋》为例，有曹冠《哨遍》檃栝东坡《赤壁赋》，刘将孙《沁园春》檃栝苏轼前后《赤壁赋》等。

张大千的词作中有两首檃栝苏轼的作品，分别是《水调歌头》（檃栝苏轼《前赤壁赋》）和《满江红》（檃栝苏轼《后赤壁赋》）。值得注意的是，张大千很少写作檃栝词，而这两首词，恰好都是檃栝苏轼的作品。从风格上看，近于苏词旷达的特点。并且两首词的小序都明确指出是檃栝苏轼的作品，显然是有意为之。

① 郑园：《论东坡檃栝词》，《文学遗产》2006年第3期。

水调歌头

檃栝坡翁赋为之，辛卯之秋阳明山中作图。

横槊发浩唱，洒酒忆临江。武昌夏口相望，山水郁苍苍。何处舳舻千里，当时英雄一世，敛手避周郎。成败渺千古，人物费平章。

纵一苇，凌万顷，泝流光。盈虚消长，如彼逝水一何长。唯有清风明月，耳目取之无尽，物我足相忘。洗盏与君酌，枕籍向东方。①

满江红

既檃栝前赤壁赋，赋水调歌头，因复为此以俪之。

千古风流，谁得似髯苏赤壁。长相望，游情良夜，风清月白。绿蚁新醅玉出网，黄泥旧坂霜芟叶，破寂寥，人影答行歌，相从客。

波声起，岸千尺。寒水落，危岩出。曾几时重到，江山尽识。杖舄已惊栖鹘梦，啸歌欲动冯夷宅。有羽衣，归去揖临皋，逢畴昔。②

两首檃栝词，高度凝练地概括了两首《赤壁赋》的主要内容，有很明显的模仿苏轼文风的倾向，甚至直接以苏轼原文入词。这一方面体现了张大千对苏轼作品的推崇和喜爱，另一方面也是对苏轼创作檃栝词手法的继承。从这两首词中不难看出，张大千檃栝的苏轼，实际上也带有他本人的色彩。或者说张大千对于苏轼的追慕，有其自身的投影在里面。这点与历代檃栝词作者的创作心态并无二致。

① 《张大千诗词集》下卷，第817页。

② 同上书，第820页。

苏轼流寓人生的"最后一次行程"

——兼探苏轼灵柩从常州移至今河南郏县的路径节点

刘继增　萧根胜　刘彩萍*

内容提要　本文通过李廌相地卜兆授其子、苏过扶苏轼灵柩在汴渠遇参寥、丧舟"道出颍川"苏辙和李之仪郊外路祭、苏过郏城守丧等细节，可固化苏轼流寓人生"最后一次行程"自淮入汴、经惠民河至颍昌出陆至郏城的路径。宋孝宗绍兴九年诏敕苏轼郏城坟寺，可证其"最后一次行程"的终点在郏城小峨眉山当无疑义。

关键词　苏轼　流寓人生　终点　探究

北宋建中靖国元年（1101），苏轼卒于常州，次年，即崇宁元年（1102）春，苏过兄弟扶其灵柩移至长眠处，完成了他流寓人生的"最后一次行程"。

苏轼的"最后一次行程"究竟如何走？学界大致有"三说"并存，一是"自淮入汴至陈留，出陆西行至郏城"说："（崇宁元年）春，苏过兄弟扶苏轼灵柩自淮入汴，至陈留登陆西行。四月，苏迈往京师迁王润之及迨亡妻欧阳氏灵柩，至郏县待葬。闰六月，苏过兄弟葬其亡父亡母于河南郏县小峨眉山。"① 二是"自淮入汴、经惠民河至颍昌出陆至郏城"说："崇宁元年初，苏轼三个儿子苏迈、苏迨、苏过护其父灵柩从常州出发，经运河的润州（今江苏镇江）、扬州（今江苏扬州）、楚州（今江苏淮

* 作者简介：刘继增，中国苏轼研究学会理事，郏县苏轼研究会副会长；萧根胜，郏县苏轼研究会会长；刘彩萍，平顶山市委党校郏县分校教师。

① 舒大刚等：《三苏后代研究》第三编《苏过年谱》，巴蜀书社1995年版，第214页。

安），过淮水（楚州至泗州段），入汴水，沿泗州（今安徽泗县）、宿州（今安徽宿州）、南京（今河南商丘），至汴梁，入惠民河（汴梁—颍昌段）出颍昌，走旱路，沿许洛古道，移往郏城安葬。”① 三是“常州—霍山说”：从常州的运河、淮河至沛河，终点在庐州府霍山钓台乡上瑞里，即今安徽霍山县。②

苏轼流寓人生中“最后一次行程”究竟如何走？运用古典文献学、历史地理学、地方文献学的学科方法，以三维关照加以探究，尤其显得迫切和必要。

一　苏轼的流寓人生中确有“泝汴至陈留，出陆”的行程安排

陈留，又名凤凰城，距汴京东52里，是北宋京畿路转运司、提点刑狱司的驻地、治所，有“天下四通八达之地，利漕运而赡师旅”③ 之誉。“泝汴至陈留，出陆西行至郏城”说，虽未有直接文献依据支撑，但梳理苏轼诗文，可发现在苏轼流寓人生中，确有两次“泝汴至陈留，出陆”的行程安排和一次在陈留“得旨舟行”的经历。

一是别黄州赴汝州任。元丰七年（1084）三月，神宗手札，贬谪黄州四年的苏轼“量移”汝州，上《谢量移汝州表》。“数日念之，行计决矣”，遂致信王齐俞：“见已射得一舟，不出此月下旬起发，沿流入淮，泝汴至雍丘、陈留间，出陆至汝。”④ 王齐俞，字文甫，嘉州犍为（今四川乐山）人。苏轼妻族。先世戍黄寓居武昌（今湖北鄂州）。苏轼除贬黄州，无一旧识者，“居十余日，有长而髯者，惠然见过，乃文甫之弟子辩。留语半日，云：‘迫寒食，且归车湖。’仆送之江上，微风细雨，叶舟横江而去。仆登夏隩尾高丘以望之，仿佛见舟及武昌，乃还。尔后遂相往来。”⑤ 在黄州，苏轼自称“东坡居士”，雅称其为“江南蜀士”，足见二人交友之深厚。苏轼此次安排，后因至南都（今河南商丘）得旨“常州居住”

① 小流等：《苏轼葬郏经过初考》，载中国苏轼研究学会《中国第十二届苏轼研讨会论文集》，中央文献出版社2003年版，第259页。

② 苏勇：《苏东坡坟墓在安徽霍山》，《扬子晚报》2003年4月18日A40版。

③ 李焘：《续资治通鉴长编》卷269，中华书局1992年版，第6592页。

④ 孔凡礼点校：《苏轼文集》卷五十三，中华书局1986年版，第1588页。

⑤ 孔凡礼点校：《苏轼文集》卷七十一，中华书局1986年版，第2260页。

未果。

二是建中靖国元年北归。元符三年（1100），徽宗即位，苏轼、苏辙同时遇赦，苏轼以朝奉郎、提举成都玉局观，外州军任便居住，苏辙提举凤翔上清宫，上谢表归颍昌居住。苏辙为颍昌与子孙团聚，安顿下来之后，遂托黄师是致信其兄苏轼，劝其归颍昌相聚。苏轼行至金陵（今江苏南京），收到苏辙信后，"不忍违之"，改变"本欲居淮、浙间"的打算。"计泝汴至陈留，出陆也"，至颍昌与兄弟团聚。[①] 并请时任江淮发运副使的姻亲黄师是帮忙代觅挽舟之人："犹欲仰干一事，为绝少挽舟之人。四舟行淮、汴间，每舟须添五人，乃济。公能为致此二十人否？乞裁之。可否，幸早示谕。此间亦可求五七人，公若致得十五人，亦足用。"从"恃眷干扰，死罪，死罪"之语，可看出急于成行的心情。[②] 行期定在六月上旬。然而一个月后，东坡出于对朝政之忧，为"省力避害"，改变了赴颍昌居住的决定使之未能成行。

再者，在陈留苏轼有与蜀之里人相遇、"得旨舟行"的经历。元祐八年（1093）八月十三日，苏轼以端明殿学士兼翰林侍读学士知定州，其官衔全称：端明殿学士兼翰林侍读学士、左朝奉郎、定州路安抚使兼马步军督总管、知定州军州事及管内劝农使、轻车都尉、赐紫金鱼袋，据《宋史·地理志》载，定州路安抚使统定、保、深、祁、广信、安肃、顺安、永宁八州。绍圣元年（1094）四月十一日，落端明殿学士、翰林侍读学士，以左朝奉郎知英州（《宋大诏令集》卷二百六《苏轼落职降官知英州制》："十三日，复降左承议郎，仍知英州。"《长编拾补》卷九《本日纪事》："闰四月三日，罢定州任，责知英州。"[③]）行至滑州（今河南滑县）作《赴英州乞舟行状》，拟请"前去汴、泗之间乘舟泛江、倍道而行，至南康军出陆赴任"[④]。绍圣元年闰四月十八日，苏轼至陈留，蜀之里人杨济甫之子杨子微相遇。子微笃学有文，知数术，云轼必"不死岭表"。苏轼当即书《赠杨子微》云："若斯言有徵，当为写《道德经》相偿，此纸可

① 孔凡礼点校：《苏轼文集》卷二十四，中华书局1986年版，第1688页。

② 同上书，第1744页。

③ 同上书，第714页。

④ 孔凡礼点校：《苏轼文集》卷三十七，中华书局1986年版，第1042页。

所以志也。”[①] 至陈留折道汝州，与时任汝州知州的苏辙相聚，苏辙为减轻其兄的负担，“分俸七千，迈将家大半就食宜兴”。[②] 迨、过随父亲苏轼返陈留后“得旨舟行”。[③]

苏轼其弟苏辙也有“趋陈留，具舟赴任”的体验。绍圣元年（1094）三月，时任大中大夫、守门下侍郎的苏辙，因以“汉武帝比先朝”，哲宗震怒。遂依前大中大夫，知汝州。六月十二日，“再被告降三官知袁州，即治陆行，趋陈留，具舟赴任”。[④]

二 苏轼的流寓人生“最后一次行程”的路径节点

1. 苏过兄弟扶苏轼灵柩过汴渠，与参寥相遇而泣。

苏过在《送参寥归钱塘》诗中云：“我昨归来自炎州，师亦方解钟仪囚。握手流涕古汴沟，生死骨肉我未瘳。”[⑤] 参寥作有《东坡先生挽词》。

参寥和苏轼灵柩在汴沟何处相遇，从参寥《东坡先生挽词》“灵輀向崧洛，行路亦悽悽”[⑥] 看，相遇地点当在开封城中。汴水穿京都中，有上水门、下水门。惠民河由东京开封府外郭南垣普济水门入城，复由广利水门出城南流。参寥目送苏轼灵柩向嵩山南麓的郏城小峨眉山。后，八月，参寥又专程至郏城悼念。苏过的《送参寥归钱塘》作于郏城小峨眉山。

参寥是苏轼的诗友，两人交往深厚。苏轼南迁，参寥也受牵连。据《墨庄漫录》卷一载：“吕温卿为浙漕，既起钱济明狱，又发寥明略事，二人皆废斥。复欲网罗参寥，未有以中之。会有僧与参寥有隙，言参寥度牒冒名，盖参寥本名昙潜，因子瞻改曰道潜。温卿索牒验之，信然。竟坐刑之归俗，编管兖州。”[⑦] 参寥编管兖州时，苏轼曾专门寄书与东京潜使黄师是，嘱咐其代为关照，黄师是遂与兖州教授楼试可言，参寥由此结识楼试可，受其照顾接济，二人以此结交，成为他的难中挚友。

---

① 孔凡礼点校：《苏轼文集》卷七十一，中华书局1986年版，第2266页。
② 孔凡礼点校：《苏轼文集》卷三十六，中华书局1986年版，第1859页。
③ 孔凡礼：《苏轼年谱》，中华书局1998年版，第1151页。
④ 曾枣庄、马德富点校：《栾城集》，上海古籍出版社1987年版，第1362页。
⑤ 舒大川等：《斜川集校注》卷九，巴蜀书社1996年版，第119页。
⑥ 孔凡礼点校：《墨庄漫录》，中华书局2002年版，第47页。
⑦ 曾枣庄、马德富点校：《栾城集》，上海古籍出版社1987年版，第1389页。

楼异，字试可，明州奉化人。元丰八年进士，元符二年直至建中靖国间为登封宰。元符三年（1100）七月，参寥自兖州还，到登封小住。建中靖国元年（1101）苏轼病逝时，参寥尚在登封。清王昶《金石萃编》录有《三十六峰赋》碑刻一篇，碑文落款注明为“建中靖国元年九月二十三日，四明楼异撰，僧参寥书”。碑石现存河南登封少林寺碑林。

2. 苏轼、王闰之灵柩“道出颍川”，苏辙和夫人路祭。

崇宁元年四月二十三日，苏迈护继母王闰之灵柩“道出颍川”，苏辙和夫人以家馔酒果之奠致祭。有《再祭亡嫂王氏文》，文云：“兄归自南，没于毗陵。诸孤护丧，行于淮、汴，望之拊膺。”“自嫂之亡，旅殡西圻，九年于今。兄没有命，葬我嵩少，土厚水深。迈往告迁，及迨初妇，灵輀是升，道出颍川。”又曰：“茔兆东南，精舍在焉，有佛有僧，往寓其堂，以待兄至。”[①] 王闰之灵柩至汝州郏城茔兆旁宋仁宗敕修的广庆寺内停放，以待苏轼灵柩到达，择日同穴安葬。五月初一，苏轼灵柩由迨、过护送到颍昌，苏辙和夫人史氏以家馔酒果之奠致祭，有《再祭亡兄端明文》。

许昌，秦置颍川郡，唐曰许州，复置颍川郡，宋仍曰许州，元丰三年升颍昌府。故苏辙有“灵輀是升，道出颍川”之谓。苏辙此时在今许昌县椹涧乡西长店村寓居。[②]

3. 苏轼丧舟至颍昌，李之仪郊外路祭。

崇宁元年五月初二日，李之仪在《与赵仲强兄弟》简中云：“昨日已具马将北去，遽报东坡丧舟来，亟往郊外致奠。”[③] 据司马光《书仪》卷七载，有宋一代路祭“令勅诸丧之家，只许祭于茔所，不得于街衢致祭。然亲宾祭于丧家大门之内及郭门之外，亦非街衢也”。故李之仪路祭的地点在颍昌府城外。

李之仪，字端叔，自号姑溪居士，沧州无棣（今山东）人。元丰进士，与苏轼交游甚厚，曾从苏轼于定州幕府，此时在颍昌任职辇运。从东

---

① 曾枣庄、马德富点校：《栾城集》，上海古籍出版社 1987 年版，第 1389 页。

② 刘继增、马春玲：《苏辙晚年许昌颍川寓居初探》，载《全国首届苏辙研讨会论文集》，四川大学出版社 2012 年版，第 417 页。

③ 李之仪：《姑溪居士前集》卷二十五，《文渊阁四库全书》本。

坡丧舟至颍川，李之仪郊外路祭，可以看出，“诸孤护丧，行于淮、汴”，又经惠民河到达颍昌的。惠民河是从开封南下，过尉氏县朱曲镇、宋楼镇，经长葛县增福庙（今增福庙乡）抵至颍昌。

4. 李廌在郏城相地卜兆授其子。

苏轼流寓人生“最后一次行程”的终点——苏轼的墓地是由李廌勘定的。

据《宋史》卷四百四十四《文苑》六《李廌传》载：

> 轼亡，廌哭之恸，曰：“吾愧不能死知己，至于事师之勤，渠敢以生死为间！”即走许、汝间，相地卜兆授其子，作文祭之曰：“皇天后土，鉴一生忠义之心；名山大川，还万古英灵之气。”词语奇壮，读者为悚。苏过墓志铭又载：“先生（苏轼）还，至永州，稍还仕版，居阳羡，不幸疾不起。叔党兄弟得吉地于汝州郏城县之小峨眉山以襄事。”①

李廌，苏门六君子之一，此时在颍昌的长社居住。据《宋史》载，苏轼知贡举，李廌举试未中后，遂绝进取意，“谓颍为人物渊薮，始定居长社，令李佐及里人买宅处之”。② 长社隶颍昌府。

5. 苏过在郏城小峨眉山为父守墓，有《北山杂诗十首》传世。苏过“庐墓席苫，蕴泪吟血，情凄凄而哀婉，词郁郁而愁绝。陆放翁见而和之，感其情，美其词，非徒悯其人而悲其事也”。③ 陆游的《读苏叔党汝州北山杂诗次其韵》收入他的《剑南诗稿》卷四十四。

三　苏轼的流寓人生中“最后一次行程”的终点究竟在何处

苏轼的流寓人生中“最后一次行程”的“常州—霍山”说，其直接文献依据是现存安徽霍山县档案馆的清道光十九年（1840）霍山苏氏族人所编《苏氏宗谱》。霍山苏氏族人道光年间所编《苏氏宗谱》载有

① 《宋故通直郎眉山苏叔党墓志铭》，载晁说之《景迂生集》卷二十，《文渊阁四库全书》本。

② 《宋史》卷四百四十四，中华书局1977年版，第13117页。

③ 舒大川等：《斜川集校注》卷二，第123页。

《文忠公年谱》，其《文忠公年谱》有崇宁元年（1102）“六月（苏轼）葬于庐州府霍山钓台乡上瑞里，葬处张家湾双山苏家岩甲山庚向”的记载。

1. 清道光十九年（1840）霍山苏氏族人所编《苏氏宗谱》所载与正史和苏辙《亡兄子瞻墓志铭》不符。

《宋史》卷三百三十八的苏轼本传：“苏轼卒于常州，过葬轼汝州郏城小峨眉山。”①《建炎以来系年要录》卷一百三十二：绍兴九年（1139）九月十九日，“丙申，诏汝州郏城县故资政殿学士苏轼坟寺，以旌贤广惠为名。以孙礼部侍郎□符援范镇家赐刹例有请故也。”②

苏辙《亡兄子瞻墓志铭》也佐证《宋史》苏轼本传的记载：“建中靖国元年六月，请老，以本官致仕，随以不起，未终旬日，独一诸子侍侧，曰：‘吾生无恶，死必不坠，慎无哭泣怛化。’问以后世，不答。湛然而逝，实七月丁亥也。”“明年闰六月癸酉，葬于汝州郏城县钓台乡上瑞里。”③

2. 清道光十九年（1840）霍山族人所纂《苏氏宗谱》所载与宋人所撰苏轼年谱、纪年录不符。

（1）施宿《东坡先生年谱》：“以七月二十八日，公薨于常州城中，葬于汝州郏城县。公年六十六。”④

施宿（1164—1222），字武子，长兴人。宋绍熙四年（1193）进士。为翰林学士，尝注苏轼诗，施宿为之补注，复撰《东坡年谱》。

（2）王宗稷《东坡先生年谱》：建中靖国元年辛巳，“七月丁亥卒于常州。实七月二十八日也。子由作先生墓志云：‘先生七月被病卒于毗陵。吴越之民，相与哭于市。其君子，相与吊于家。讣闻于四方，无贤愚皆咨嗟出涕。太学之士数百人，相率饭僧惠林佛舍。’呜呼，先生文章为百世之师，而忠义尤为天下大闲，加之好贤乐善，常若不及，是宜讣闻之日，士民惜哲人之萎，朝野嗟一鉴之逝，皆出于自然之诚，不可以强而致也。以次年闰月六日，葬于汝州郏

① 《宋史》卷三百三十八，第 10818 页。

② 《建炎以来系年要录》卷一百三十二，《文渊阁四库全书》本。

③ 曾枣庄、马德富点校：《栾城集》，上海古籍出版社 1987 年版，第 1410 页。

④ 四川大学中文系唐宋文学研究室：《苏轼资料汇编》，中华书局 1994 年版，第 1711 页。

城县钧台乡上瑞里。”①

王宗稷，字伯言，五羊人。现存此谱最早见于明成化四年（1468）程宗所刻《苏文忠公全集》卷首，1.5 万字。明嘉靖十三年（1534）江西布政司重刻此本时对成化本年谱的错字予以校正，但此二本均无《永乐大典》本之“自记”，“自记”谓“绍兴庚申随外祖守黄州，到郡首访东坡先生遗迹，甲子一周矣。思诸家诗文皆有年谱，独此尚阙，谨编次先生出处大略，叙其岁月先后为年谱”。从此可知此谱编于绍兴十年（1140）之后，庆元六年（1200）之前。

（3）傅藻《东坡纪年录》：“建中靖国元年辛巳，先生六十六岁。”七月“二十八日。公薨，享年六十六。崇宁元年闰六月，迈葬公于汝州郏城县钧台乡上瑞里嵩阳峨眉山，遵公治命也。”②

傅藻，字荐可，仙溪人。仙溪傅氏有着研究苏轼的家学传统。傅藻《东坡纪年录》首见于南宋黄善夫家塾本《百家注分类东坡先生诗》。

3. 苏轼葬于庐州府霍山钧台乡上瑞里，与方志所载不符。光绪《霍山县志》卷十一“流寓”条有如下记载：“宋苏昶，四川文定公孙。南渡后避乱寓霍山，执有大观中子由告身一通，以蜀远难归居焉。”③ 光绪《霍山县志》卷七《祠祝志》载：“三苏祠，霍山县治西，开元寺左。乾隆三十四年灾，四十四年苏霁昭等重修。苏氏重修记：三苏之有祠自宋始，厥后子孙有居霍者，始有祠。”④ 嘉靖十八年霍山三苏祠重修，《重修三苏祠堂碑记》中明确载：“考老泉公墓在蜀，文忠公、文定公墓在郏县。”⑤

嘉靖十八年霍山苏氏宗亲重修三苏祠，邀邑人潘子正所撰。潘子正官至贵州布正司参政。显系已为霍山苏氏宗亲所体认。道光霍山《苏氏宗谱》所指的东坡墓，万历《六安州志》卷七⑥、同治《六安州志》卷五十四⑦、嘉

① 四川大学中文系唐宋文学研究室：《苏轼资料汇编》，中华书局 1994 年版，第 1741 页。

② 同上书，第 1765 页。

③ 光绪《霍山县志》卷十一，江苏古籍出版社 1998 年版，第 216 页。

④ 光绪《霍山县志》卷七，江苏古籍出版社 1998 年版，第 132 页。

⑤ 万历《六安州志》卷七，书目文献出版社 1999 年版，第 633 页。

⑥ 同上书，第 647 页。

⑦ 同治《六安州志》卷五十四，江苏古籍出版社 1998 年版，第 535 页。

庆《霍山县志》卷八[①]、光绪《霍山县志》卷一[②]记为“苏氏遗冢”。

苏轼墓在河南郏县，方志有载。《明一统志》卷三十一：“二苏墓：在郏县峨眉山，苏轼卒于常州，长子迈卜葬于此山，遵治命也。辙后亦葬焉。宋苑中诗：天涯流落两丘土，玉树并揜佳城中。举杯三酬不忍去，万木飒飒声秋空。”[③]《大清一统志》卷一百七十四：“二苏墓，在郏县西北小峨眉山。苏轼卒于常州，其子过卜葬于此。宋史苏过传：过葬轼汝州郏城小峨眉山。东坡年谱：葬于汝州郏城县钧台乡上瑞里。明统志：后苏辙亦葬此。”[④]《河南通志》卷四十九：“二苏墓在郏县城西北三十五里峨眉山。苏轼卒于常州，长子迈卜葬于此山，遵治命也。辙后亦葬焉。”[⑤] 正德《汝州志》卷四：“苏坟，在郏县西北峨眉山之阳，宋西蜀苏轼卒于常州，其子遵治命葬于此，其弟苏辙后卒亦葬此，世称苏坟。宋苑中诗：天涯流落两丘土，玉树并揜佳城中。举杯三酬不忍去，万木飒飒声秋空。”[⑥] 同治《郏县志》卷十：苏坟，仝平山云：“金史谓二苏及东坡之子过皆葬于郏之峨眉山，其地宋所谓钧台乡上瑞里也。元邑令杨允作老苏衣冠，葬其上，号曰‘三苏墓’。”[⑦]

“东坡葬汝州，其墓壁皆印‘东坡’二字，洛人王寿卿篆”（宋庄绰《鸡肋篇》卷下）。王寿卿（1160—1122），字鲁翁，北宋著名的善篆、隶的书法家。据洛阳出土的王寿卿墓志铭载，王鲁公寿卿，洛阳人，祖择之外孙。善篆、隶。尝召至京师，使篆字说，辞以与王氏之学异。后以命李孝拘。而鲁翁终身布衣。黄公庭坚称其篆法俊伟，甚遥阳冰，于今为天下第一。今苏轼墓祠为全国第六批重点文物保护单位。

四　余论

1. 探究苏轼流寓人生中“最后一次行程”的学术价值。苏轼被誉为

① 嘉庆《霍山县志》卷八，黄山书社1998年版，第407页。

② 光绪《霍山县志》卷一，江苏古籍出版社1998年版，第41页。

③ 《明一统志》卷三十一，《文渊阁四库全书》本。

④ 《大清一统志》卷一百七十四，《文渊阁四库全书》本。

⑤ 《河南通志》卷四十九，《文渊阁四库全书》本。

⑥ 正德《汝州志》卷四，上海古籍书店1963年影印本，第14页。

⑦ 同治《郏县志》卷十，郏县档案局藏本，第40页。

11世纪中华民族屹立世界民族之林的标志，[①] 探究苏轼流寓人生中"最后一次行程"、探究苏轼流寓人生中"最后一次行程"的节点，尤其是苏轼流寓人生中"最后一次行程"的终点，旨在为建设中华民族共有精神家园、对于华夏文明传承、创新战略的实施，提供其应有的学术支撑。

2. 苏轼的流寓人生"最后一次行程"的四个节点似可证其唯有一条路径。在苏轼的流寓人生"最后一次行程"中，苏过兄弟扶苏轼灵柩过汴渠与参寥相遇而泣，东坡丧舟"道出颍川"苏辙、李之仪郊外路祭，似可得出苏轼灵柩"行于淮、汴"，经惠民河至颍昌的初步结论，除此之外，似几无他途。

3. 苏轼的流寓人生中"最后一次行程"的终点在今河南的郏县应无疑义。苏轼的流寓人生中"最后一次行程"的终点，是苏轼灵魂的家园，也是苏轼"盖棺论定"的地方。从正史、方志、宋代苏轼年谱和苏过郏城守墓诗文，足可佐证苏轼的流寓人生中"最后一次行程"的终点在今河南郏县的小峨眉山。《建炎以来系年要录》卷一百三十二所载宋孝宗绍兴九年（1139）九月十九日的诏书更加固了佐证。苏轼流寓人生"最后一次行程"的"自淮入汴、经惠民河至颍昌出陆至郏城"路径当应是准确、可信的。

4. 正确认知中国的家谱之"双重性格"。家谱和正史、方志构成中国历史的三大支柱。中国的家谱"双重性格"体现在它丰约多姿却又鱼龙混杂，敦信真实却又诡异百出，相互矛盾却又和谐统一，形成家谱特有的学术研究价值和跨越时代的社会文化功能。[②] 一方面它"资料之丰富，且翔实，当属确论"；[③] 另一方面，"攀附显荣，借以光宠，以致认他人为远祖，断凫续鹤，遗人讥笑"，[④] 其攀附假托、隐恶扬善的笔法和孤证影响着它的史料价值，需要认真加以鉴别。近年来，不时看到一些媒体借所谓"专家"、"学者"之口，声称在某地家谱有了"新发现"，不是某一学术公论被推翻，就是某一段历史需重写。这种随意夸大家谱的史料价值，哗众不实、误导社会的不良倾向，应引起学界的关注和指正。

① 马为民：《西方人眼中的苏东坡》，《人民日报》2000年第11版。
② 陈支平：《福建族谱》，福建人民出版社1996年版，第1页。
③ 武新立：《中国的家谱及其学术价值》，《历史研究》1988年第6期。
④ 欧阳宗书：《中国家谱》，新华出版社1993年版，第132页。